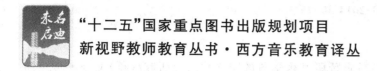

"十二五"国家重点图书出版规划项目
新视野教师教育丛书·西方音乐教育译丛

The Origins and Foundations of Music Education
Cross-Cultural Historical Studies of Music in Compulsory Schooling

音乐教育的起源和创立

义务教育阶段音乐学科的跨文化历史研究

〔英〕戈登·考克斯（Gordon Cox）
〔英〕罗宾·史蒂文斯（Robin Stevens） 主编

窦红梅 译
郭小利 校

著作权合同登记号　图字：01-2014-3057

图书在版编目(CIP)数据

音乐教育的起源和创立：义务教育阶段音乐学科的跨文化历史研究/(英)戈登·考克斯(Cox,G.)，(英)罗宾·史蒂文斯(Stevens,R.)主编；窦红梅译. —北京：北京大学出版社，2014.7

(新视野教师教育丛书·西方音乐教育译丛)

ISBN 978-7-301-24264-3

Ⅰ.①音… Ⅱ.①考… ②史… ③窦… Ⅲ.①义务教育－音乐教育－研究 Ⅳ.①G633.951.2

中国版本图书馆 CIP 数据核字（2014）第 105429 号

The Origins and Foundations of Music Education
Cross-Cultural Historical Studies of Music in Compulsory Schooling
© Gordon Cox, Robin Stevens and Contributors 2010
This translation is published by arrangement with Bloomsbury Publishing Plc.

书　　　名：	音乐教育的起源和创立——义务教育阶段音乐学科的跨文化历史研究
著作责任者：	〔英〕戈登·考克斯(Gordon Cox)　〔英〕罗宾·史蒂文斯(Robin Stevens)　主编 窦红梅　译　郭小利　校
责 任 编 辑：	赵学敏
标 准 书 号：	ISBN 978-7-301-24264-3/G·3826
出 版 发 行：	北京大学出版社
地　　　址：	北京市海淀区成府路 205 号　100871
网　　　址：	http://www.pup.cn　新浪官方微博：@北京大学出版社
电子信箱：	zyjy@pup.cn
电　　　话：	邮购部 62752015　发行部 62750672　编辑部 62754934　出版部 62754962
印 刷 者：	三河市博文印刷有限公司
经 销 者：	新华书店
	787 毫米×1092 毫米　16 开本　13.5 印张　260 千字 2014 年 7 月第 1 版　2014 年 7 月第 1 次印刷
定　　　价：	35.00 元

未经许可，不得以任何方式复制或抄袭本书之部分或全部内容。
版权所有，侵权必究
举报电话：010-62752024　电子信箱：fd@pup.pku.edu.cn

译丛说明

· 教育部高等学校全国优秀博士学位论文作者专项资金资助项目"音乐教育的理论研究与实践探索"(项目编号 201282)研究成果

· 两岸关系和平发展协同创新中心两岸文化发展研究中心两岸学校音乐教育比较研究成果

· 福建师范大学音乐学院音乐学音乐教育研究成果

"西方音乐教育译丛"总序

现代意义的学校教育发源于西方,现代意义的学校音乐教育也是19世纪末伴随着西方传教士的脚步进入中国的。回顾中国普通学校音乐教育百余年的历史,从20世纪初的"学堂乐歌"到21世纪的基础教育课程改革(包括音乐课程改革),中国普通学校音乐教育有其独特的发展轨迹。但是不可否认的是,作为世界音乐教育的一个有机组成部分,中国学校音乐教育仍会受到世界教育改革、文化思潮的影响,从最早的深受日本的影响,到中华人民共和国成立后受苏联影响,以及到20世纪80年代改革开放后欧美对我国音乐教育理论与实践的深远影响。表现在专业音乐教育领域的"学习西方"的理论与技术,以一种中西融合的视角创作新音乐;社会音乐教育方面也不甘落后,西方乐器学习进入中国儿童的世界,英国音乐考级制度于20世纪90年代进入中国后,促使琴童的数量以几何倍数增加;学校音乐教育也开始全面复苏与快速发展,西方音乐教育研究成果的译介、三大音乐教学法的介绍与推广、后现代多元文化思潮的影响、音乐教育哲学研究兴趣的高涨……这些音乐教育新景象与世界音乐教育发展趋势的渗透有着千丝万缕的关系。

对于中国广大音乐教育工作者来说,具备本学科的国际视野是应该追求的境界。但遗憾的是,迄今为止,我们对世界学校音乐教育的历史、现状与发展趋势的了解远远不够。目前,国内除了介绍美国、日本和德国学校音乐教育、三大音乐教学法的著作之外,对其他国家学校音乐教育的研究尚属空白,只有零星期刊文章。因此,比较音乐教育依然是我国音乐教育研究的薄弱领域。

正是源于上述原因,为了使我国音乐教育者(包括音乐教育专业学生和广大音乐教师)更好地了解世界各国学校音乐教育的历史、现状与发展动向,在北京大学出版社职业教育编辑部姚成龙主任的大力支持与帮助下,我们组织了一些青年学者(包括音乐教育和英语专业的学者)选择翻译了一些有价值的音乐教育英文专著,希望能够为我国比较音乐教育研究的发展贡献一份微薄之力。

为了确保学术性和准确性,本译丛尽量采用音乐教育和英语专业学者共同合作的方式完成,但由于译者水平有限,难免存在一些错误与遗漏,敬请各位读者批评指正。

郭小利
福建师范大学
2013年10月

译者序

这是一本汇集全世界主要国家(包括英国、法国、德国、爱尔兰、挪威、西班牙、加拿大、美国、阿根廷、古巴、澳大利亚、日本、南非等)早期学校音乐教育历史的学术著作。来自十几个国家的音乐教育学者们使用跨文化视角,对义务教育阶段学校音乐教育的历史渊源进行了深入全面的研究和分析。

本书集中围绕六个核心问题来论述各国学校音乐教育的起源和创立:(1)历史和政治背景;(2)音乐作为义务教育阶段必修科目的目标与内容;(3)教学方法;(4)教师培训;(5)学生体验;(6)反思音乐教育现状。全书共分三个部分。第一部分欧洲,包括英国、法国、德国、爱尔兰、挪威和西班牙;第二部分美洲,有加拿大、美国、阿根廷和古巴;第三部分非洲和亚太地区,重点介绍了澳大利亚、日本以及南非。虽然各个国家在义务教育阶段音乐教育的起源和创立背景都不尽相同,但"政治意识形态对音乐教育目标和内容的影响"是显而易见的。例如,19世纪,英国正处于其帝国殖民影响的巅峰时期,正好与崛起的学校教育大众化趋势相一致。因此,各种形式的"帝国民族主义"(imperial nationalism)都得到表现:澳大利亚的学校就有"帝国日"(Empire Day)的大型庆祝活动;在英国,政府将具有强烈政治动机的活动强加在爱尔兰人身上。正如戈登·考克斯(Gordon Cox)在本书中所指出的,英国的爱国主义无处不在,在英国几乎所有学校都使用过《国家歌曲教材》(The National Song Book);在加拿大,教授欧洲移民歌曲,目的是为了提高他们的英语语言能力,并使其具有爱国主义情感。相信读者在读过本书后一定会得出自己的判断和结论。

本书具有如下特点。

1. 全面性与系统性

本书较为全面与深入地梳理了十多个国家在义务教育阶段学校音乐教育的起源和创立,包括历史背景、政治取向、理论发展、实践走向、技术应用、重大事件、课程改革、教学方法、教师培训、学生经验以及现实反思等,将有助于我国音乐教育者了解世界音乐教育的历史、现状以及发展趋势,进而可以将中国学校音乐教育的起源、发展放到世界大背景中进行反思。

2. 学术性与参考性

本书不仅对所涉十多个国家的学校音乐教育的起源和创立进行了理性与客观的述评,还介绍了各国在学校音乐教育历史上的重要事件、思想争鸣以及具有重要影响的音乐教育家及其教育思想,为我国音乐教育者进行比较音乐教育研究提供了有价值的线索,也为我国音乐教师反思自己当前的音乐教育实践提供了有益的借鉴。比如,困扰欧洲早期学校音乐教育者的"首调唱名法"与"固定调唱名法"应用于学校音乐教育视唱中孰优孰劣之争,至今仍是我国音乐教育界众说纷纭的话题。音乐教育中融入爱国主义教育和道德教育,曾被我国专业音乐界自20世纪80年代以来所诟病,但这真的就一无是处吗?学校教育者如何为争取音乐在学校课程中的地位而辩护?是仅仅关注音乐自身的本体价值,还是兼顾音乐外在的社会价值?所有问题,当我们从"局内人"的身份跳出来,以"局外人"的视角看待世界各国的学校音乐教育者对这些问题的争论与辩护时,定会另有一番收获。

3. 广泛性和代表性

本书收录了十多个国家音乐教育专家的文章,各位作者源自不同国家、不同文化与教育背景。由于各国的具体音乐教育状况不尽相同,研究者的视角不同、研究课题侧重点不同,因而所提供的信息广泛而丰富,研究结论各具代表性。

本书中文版的出版将会填补我国比较音乐教育中一些国家或地区研究的空白(如法国、爱尔兰、澳大利亚、加拿大、南非、阿根廷、挪威、古巴、西班牙等国),将为广大中国音乐教育者了解世界各国的学校音乐教育提供一定的理论基础,促进他们以国际视野来反思中国学校音乐教育发展中所存在的问题,也为音乐教育研究者打开了一扇门,为其进一步比较研究开拓思路,提供一定的文献基础。

正如原书主编所说,希望"本书将会有助于音乐教育者达到国际交流的目的,有助于他们了解来自不同传统的教育史,并有助于我们更深刻地反省自己国家和其他国家的教育制度。我们也希望,这本书能够使那些乐于分享他们在音乐教学中快乐激情的音乐专家都拥有一种同在一个全球组织下的归属感"。

本译丛是国内第一套专门介绍国外音乐教育研究成果的系列译著,将对我国比较音乐教育研究具有积极的促进作用,将会产生一定的学术影响和社会影响,是音乐教师、音乐教育专业学生必读的专业文献资料。

最后有几点需要说明:(1)本书翻译的过程得到丛书主编、福建师范大学郭小利博士的热忱帮助,有关音乐方面的专业术语都是她精心审校的,在此谨向她表示敬意和感谢;(2)为方便读者查阅和理解,译者将原书的尾注调整为脚注,有个别术语或特殊语境的注释为译者所加;(3)书中的人名、地名、关键名词以及有些音乐术语,首次出现时一律附英文,书中还有大量希腊文、拉丁文名称,在译文中也附以原文(非英语的用斜体);(4)本书各位作者的英文表述都透显出其思维的缜密性、分析的逻辑性和语言的严谨性,因译者水平有限,难免有疏漏和不妥之处,真诚欢迎广大读者批评指正。

窦红梅

2013年10月

作者简介

埃里克·埃克若菲（Eric Akrofi）

美国伊利诺伊大学香槟分校音乐教育方向的教育学博士、南非乌木塔塔的瓦尔特·西苏卢大学音乐教育教授。他在加纳和南非一些大学从事教学工作30余年，学术研究领域包括音乐分析与理论、非洲音乐与艺术教育、非洲音乐与文化认同。除了在学术研讨会上的发言和发表过的文章外，他还出版了专著《知识与经验的分享：学者与音乐教育者恩凯蒂亚传》(Sharing knowledge and experience: A profile of Kwabena Nketia, scholar and music educator, 2002)，他也是《音乐与认同：转变与协商》(Music and Identify: Transformation and Negotiation, 2007)一书的作者之一。

弗雷德·奥拉·毕卓斯坦（Fred Ola Bjørnstad）

挪威斯多德/豪格斯桑德大学音乐与教育讲师。他从事音乐教师教育领域的工作，主要关注课堂音乐、合唱指挥和民间音乐；发表了大量关于挪威民间音乐的论文。目前，他正在主持一个国家级跨院校项目，主要研究1814年以来挪威校园歌曲集的理念与意识形态。

艾莉西娅·克里斯蒂娜·德·考芙（Alicia Cristina de Couve）

毕业于阿根廷国立音乐学院，音乐教育工作者，约翰·肯尼迪大学教育学教授。她还从阿根廷天主教大学获得历史副博士学位，是布宜诺斯艾利斯高级音乐学院教育政策、教学法和教育实践方面的教授，学术成果包括研究报告（与人合作）和论文，发表于《音乐教育历史研究公报》(The Bulletin of Historical Research in Music Education)、《艺术教育政策评论》(Arts Education Policy Review)、《国际音乐教育杂志》(International Journal of Music Education)以及《音乐教育研究公报》(Boletín de Investigación Educativo-Músical, CIEM, Buenos Aires)。

戈登·考克斯（Gordon Cox）

英国雷丁大学教育学院音乐教育方向高级讲师，已退休。他的研究领域主要是音乐教育史，著作有《1872—1928英国音乐教育史》(A History of Music Education in England 1872—1928, 1993)和《1923—1999学校音乐》(Living Music in Schools 1923—1999, 2002)。最新著作有《伯纳尔·雷鲍的四个世纪的音乐教学手册导论》(The Introduction to Bernarr Rainbow's Four Centuries of Music Teaching Manu-

als,2009)。他曾是《英国音乐教育杂志》(*British Journal of Music Education*)的编辑,国际音乐教育学会(the International Society for Music Education,ISME)历史常务委员会委员。

马格尼·埃斯波兰(Magne Espeland)

挪威斯多德/豪格斯桑德大学音乐与教育方向的教授,其研究领域包括课程研究、普通课堂音乐教学法以及艺术教育研究方法。埃斯波兰教授现在是斯多德/豪格斯桑德大学"文化、艺术和创造力"研究项目的课题主持人,在各大洲的国际会议上发表过论文,2009年4月在埃克塞特大学音乐教育大会上作了主题发言。他曾任2002年8月在挪威卑尔根市举办的国际音乐教育学会第25届世界大会的主席。

安娜·露西娅·弗莱格(Ana Lucía Frega)

阿根廷终身音乐教育家,音乐博士。在普通教育与专业艺术教育体系的所有学段,她都曾担任过教育教学工作。弗莱格博士在布宜诺斯艾利斯市科隆剧院的表演艺术学校担任过长达10年的校长职务,目前在阿根廷卡埃塞大学任教,并且在那里领导音乐教育硕士生项目的课程设置,这在阿根廷尚属首例。她出版的专著多达55本,是国际音乐教育学会终身荣誉会员,现任国际音乐教育学会历史常务委员会委员。

威尔弗里德·格鲁恩(Wilfried Gruhn)

德国弗莱堡音乐大学的音乐教育荣誉退休教授。从1972年起在萨尔布吕肯和埃森音乐学院从事教学工作,1977—2003年在德国弗莱堡工作。格鲁恩博士是好几种音乐杂志的编辑,国际音乐教育学院研究联盟主席(1995—1997),国际音乐教育协会理事会成员,戈登学院儿童早期音乐学习系的系主任。他的研究领域包括音乐教育的史学研究和经验式研究,尤其和音乐学习的发展性学习理论和神经生物学理论相关。

吉尔·汉弗莱斯(Jere Humphreys)

美国亚利桑那州立大学教授。作为一名史学家和定量研究者(quantitative researcher),他参与了100余部文献的编写工作,在28个国家巡讲和教学。他还是13个学术期刊的编委,《音乐教育历史研究》的编辑。在教学、研究和服务等方面,他多次获得提名或奖项,包括国家音乐学会(The National Association for Music Education,MENC)的最高(终身)研究奖。他是资深的富布赖特学者,第二版牛津大学出版社《新格罗夫美国音乐词典》(*New Grove Dictionary of American Music*)的撰稿编辑。

丽莎·罗仁兹诺(Lisa Lorenzino)

加拿大蒙特利尔市麦吉尔大学舒立克音乐学院音乐教育区域主席,从事本科和研究生课程的教学工作。博士论文写作激发了她对古巴音乐教学的兴趣,这一研究领域贯穿于她的整个学术生涯。她的其他研究领域主要有爵士乐教育、社会性别研究以及音乐教师的聘任。罗仁兹诺博士是一位具有 15 年丰富经验的高中乐队、合唱和吉他教师,也是一位热心的爵士长笛手和作曲家。

弗朗索瓦·马杜瑞尔(François Madurell)

巴黎索邦大学(巴黎第四大学)音乐学系的研究员兼教师。他是法国音乐观察项目中 MUSECO 研究小组的负责人,该研究小组成立于 2006 年,致力于音乐、认知和音乐教授之间的关系研究,以及这些关系在音乐学、社会学和教育学中的应用。而且,他还是《音乐教育研究杂志》(*Journal de Recherche en Education Músicale*)的编辑部主任,其研究领域有音乐认知科学和音乐教育。

玛丽·麦卡锡(Marie McCarthy)

她是美国密歇根大学音乐教育系教授和主席,其研究重点在音乐教育的历史、社会和文化基础。她出版了两本著作:《传承:爱尔兰文化中的音乐传承》(*Passing It On: The Transmission of Music in Irish Culture*, 1999)和《走向地球村:国际音乐教育学会 1953—2003》(*Toward a Global Community: The International Society for Music Education*, 1953—2003, 2004)。麦卡锡博士是国际音乐教育学会历史常务委员会主席。

小川昌文(Masafumi Ogawa)

在东京国立大学美术与音乐系,他获得了本科与硕士学位,在美国印第安那大学获得音乐教育博士学位,现任日本横滨国立大学音乐教育教授。他的学术研究领域主要有音乐教育课程比较研究、音乐教育哲学、音乐教育中"首调唱名法"的应用、合唱指挥等。他在几个国际杂志上发表文章,其中包括《国际音乐教育杂志》《音乐教育哲学评论》和《音乐教育历史研究公报》。

克劳迪娅·玳尔·皮诺(Claudia Dal Pino)

她是阿根廷 CAECE 大学音乐课程教学法的硕士计划与评估教授,国立大学艺术学院的方法论研究教授,布宜诺斯艾利斯市高级音乐学院的教育政策、教学法实践等课程的教授。她的研究成果包括与他人合作编写的研究报告和文章,发表于《音乐教育历史研究公报》《艺术教育政策评论》《国际音乐教育杂志》和《音乐教育研究公报》。

盖伯瑞尔·罗斯尼克(Gabriel Rusinek)

他在西班牙的马德里康普顿斯大学负责本科和研究生课程教学,负责音乐教育博士课程项目,并且组织召开年度研讨会。他的文章发表在西班牙和国际期刊上,也曾给《国际艺术教育研究手册》(*International Handbook of Research in Arts Edu-*

cation)撰稿。罗斯尼克博士是《国际教育与艺术杂志》(International Journal of Education and the Arts)和《音乐教育研究》(Music Education Research)杂志的咨询理事会成员,也是同行评审的开放性研究杂志《康普顿斯音乐教育评论》(电子版,www. ucm. es/info/reciem)的编辑之一。

苏珊娜·莎弗森(Susana Sarfson)

她任教于西班牙萨拉戈萨大学。出生于阿根廷的布宜诺斯艾利斯,学习过钢琴、古钢琴和西班牙语言学,后从西班牙的萨拉戈萨大学获得博士学位。其研究领域主要有音乐的教与学、音乐教育史、西班牙和拉丁美洲的巴罗克风格音乐。莎弗森博士在阿根廷、玻利维亚、智利、意大利、墨西哥、秘鲁、波兰和西班牙等国的大会上宣读过论文。

简·索恩科特(Jane Southcott)

澳大利亚的维多利亚州莫纳什大学教育学院高级讲师。她专门研究澳大利亚、美国和欧洲的音乐课程史,是一位富有叙事能力的历史学家,其研究成果多为传记。索恩科特博士还研究多元文化主义、音乐与积极老龄化。她是研究生教育项目的主任,从事研究生和职前教师教育课程的教学,主管研究生的研究工作,曾是澳大利亚和新西兰音乐教育研究协会的主席,也是多种国内与国际相关杂志的编辑委员会委员。

罗宾·史蒂文斯(Robin Stevens)

他曾是澳大利亚迪肯大学音乐教育副教授,现任墨尔本大学音乐学校的名誉首席研究员。他对音乐教育史的研究兴趣由来已久,尤其关注"首调唱名法"和"记谱法"的发展与传播,其文章发表于一些国内与国际杂志上,并被收入《澳大利亚音乐牛津手册》(The Oxford Companion to Australia Music,1997)。史蒂文斯博士是国际音乐教育学会历史常务委员会委员。

南希·F. 沃根(Nancy F. Vogan)

加拿大新不伦瑞克省萨克维尔市的蒙特爱立森大学音乐教授,从事教学工作35年,主要研究加拿大的音乐教育史和音乐史,与保罗·格林(J. Paul Green)合著了《加拿大音乐教育:一个历史性的报告》(Music Education in Canada:A Historical Account,1991)。另外,其论著还发表于一些著作、杂志和百科全书中,目前正准备写一本有关加拿大沿海各省歌咏学校和歌曲集历史的著作。

前　言

我们知道，没有音乐就没有人类文化。无论在哪里，只要有音乐，音乐学习就会作为社会进步的一部分而存在，正如文化价值观和生活习俗之代代相传一样。以我的祖国瑞典为例，从19世纪40年代起就有了义务教育，几乎同时全国第一本校园歌曲教材出版，这意味着引入了一种不同于当时本地传统风格的音乐——至少它是来自大城市或者更高的社会阶层。这些校园歌曲中也有一些是采用新音乐语言的民间歌曲，还有许多新创作的儿童歌曲也成为学校课堂音乐的一部分。所有这一切为现在每个人的基本音乐素养打下了基础。当然，也有一些人是在正规教育以外进行音乐学习的。

当你读到本书的日本音乐教育部分时，或者是任何其他国家，你也许会发现这和你自己国家的音乐教育有许多惊人的相似之处。世界上几乎每一个国家都在义务教育阶段开设了音乐教育，因此，在全球化的大背景下，乍一看，各国义务教育阶段的音乐教育似乎都很相似，但是仔细观察后，你会发现各国都有许多本土特色。我们常常把"东西比较"或者"南北对抗"理解为全球化，其实，这样笼统的分类，对于充分理解各个国家在自身民族背景下如何进行义务教育阶段的音乐教育是远不够精微的。

本书正是基于对各个国家义务教育阶段音乐教育的开设与发展情况的研究之后，得出的全新视角。它填补了我们对音乐教育认识的空白，为更进一步理解世界各国义务教育阶段的音乐教育奠定了基础。

本书的许多观点源自国际音乐教育学会举办的研讨会。在此，我谨代表国际音乐教育学会向本书的编辑和各章节作者表达我最诚挚的谢意。本书在两方面对国际音乐教育作出了重要贡献：一是加强了世界音乐教育者之间的全球性跨文化理解与合作，二是促进与改善了全世界各国的音乐教育。

国际音乐教育学会主席　哈肯·朗德斯托姆（Håkan Lundström）
瑞典蓝德大学马尔摩美术与表演艺术学院

致　谢

　　非常感谢提供稿件的各位音乐教育专家！为尽可能厘清音乐教育中复杂模糊的概念，他们参与了辩论，倾注了极大的热情，这些都对音乐教育起到了相当大的推动作用，并且发挥着深远的影响，在此向他们表示最真诚的感谢。还要感谢本书的各位编辑，是他们的辛勤工作使得整个编辑过程变成一个既令人兴奋又充满成果的国际对话。尤其感谢国际音乐教育学会历史常务委员会主席玛丽·麦卡锡（Marie McCarthy）女士，项目全面启动后，她给予了我们一如既往的支持和鼓励。还要感谢欣然同意为本书作序的国际音乐教育学会的主席哈肯·朗德斯托姆（Håkan Lundström）先生。

　　国际音乐教育学会（the International Society for Music Education, ISME）是在联合国教科文组织的赞助下于1953年成立的，其使命是：建立世界范围的音乐教育者社团组织，加强跨文化理解与合作，鼓励与促进世界音乐教育发展。学会下设的七个委员会，都持有综合全面的音乐教育观点。网址：www.isme.org。

目 录

序论 ……………………………………………………………………（1）

第一部分　欧洲

第一章　英国：迟到的"文艺复兴" ………………………………（15）

第二章　法国：一场不确定、不公平的战斗 ……………………（29）

第三章　德国：教育目标，课程结构，政治原则 ………………（44）

第四章　爱尔兰：动乱年代的课程发展 …………………………（58）

第五章　挪威：在欧洲边远地区，教育是前进还是停滞 ………（72）

第六章　西班牙：从有名无实到全面普及的历程 ………………（83）

第二部分　美洲

第七章　加拿大：几十年的多样化发展 …………………………（99）

第八章　美国：反思义务音乐教育发展与效率 …………………（110）

第九章　阿根廷：从"唱歌"到"艺术教育中的音乐" …………（125）

第十章　古巴：音乐教育与革命 …………………………………（136）

第三部分　非洲和亚太地区

第十一章　澳大利亚：反复出现且尚未解决的问题 ……………（153）

第十二章　日本：音乐是道德教育的工具吗 ……………………（169）

第十三章　南非：土著根源，外来文化的侵袭以及不确定的未来 ………（183）

译后记 …………………………………………………………………（197）

序　论

我们编写这本书,旨在了解一些具有代表意义的国家在义务教育阶段音乐教育的起源和创立的情况。此想法源自于一种担忧——担忧作为音乐教育工作者,我们会由于受到所服务国家边界的约束太久而孤陋寡闻。因此,在全世界范围内,我们越来越多地观察研究各种文化背景下的音乐实践和音乐发展趋势,我们需要面对这个现实,并且学习这些来自不同文化背景的实践运作。这样做的一个途径就是:找到目前我们所进行的音乐教育实践活动的起源,并且与来自全世界不同文化背景的音乐教育工作者一起将它们进行比较。这种研究可以使我们对音乐所发挥出的强大教育力量具有更丰富的理解,也对我们深以为然的教学法以及对义务教育阶段音乐教育所处地位的假设提出了质疑。然而,我们对于这一历史现象的共识是零星碎片的,非常有必要进行相应的系列研究,为广大音乐教育工作者提供更加全面系统的文献资料,以及从更广阔的国际视野中来审视(各自国家)学校音乐教育的基础。

但是,为了先给自己一个定位,我们需要考虑将音乐教育引入义务教育的渊源(Cummings,1997)。正规教育的社会起源可以追溯到几百年前,而且其产生背景多源自于宗教团体的倡议。在18世纪末的欧洲或者是稍晚一些的世界其他地方,社会变革孕育出一个理想——一个使大多数社会公众都接受教育的理想,而且要使各阶层公众全都接受教育。卡明斯(Cummings,1997)提出了现代教育的六个核心模式,即法国、普鲁士、英国、美国、日本和俄罗斯模式。在每一个模式中,负责建立现代教育体制的那个国家与民族,也决定创建一个"帝国",一个教育维度的帝国。因此,每一种体制对全球大众教育都产生了深远影响。威廉姆斯(Willams,1997)为我们提供了一个有助于了解义务教育发展的年代表:

义务教育在欧洲始于18世纪早期……它创始于欧洲周边的一些国家,先开始是在德国诸州和奥地利,然后是在丹麦、希腊和西班牙。到19世纪中期,欧洲以外的各国陆续开设义务教育,如海地、阿根廷、美国的马萨诸塞州,然后是日本。在欧洲,先是挪威和瑞典,最后在19世纪末,工业革命领导国法国、荷兰和英国也相继制定了义务教育法令。

如今,世界各国在普及初等教育的规定方面都已经取得了相当大的进展,联合国年度发展目标的第二部分明确提出:"到2015年,要确保世界各地的儿童,不论男女,都能上完小学所有课程"(UN 2008,第2部分:10)。然而联合国的报告也提醒我们,2006年仍然有7500万儿童尚未接受学校教育。

无论是为了当代的相关性研究,还是为了历史依据,将义务教育作为研究重点的潜力都是相当大的,特别是义务教育"自身很适合这种综合分析法"(Mangan,1984)。当我们思考到"学校应该教什么"时,随之就涉及一个古老的问题:"什么知识最有价值?"正如霍姆斯和迈克莱恩(Holmes and MacLean,1989)在他们的课程比较研究中所指出的:"一般的教育问题都会在各国教育体制中找到独特的表现。"

在国际音乐教育比较研究方面,凯姆普和莱夫德(Kemp and Lephred,1992)通过思考音乐在青少年和成人教育中的角色和地位,从该领域的重要事件开始,一直追溯到1953年在布鲁塞尔召开的联合国教科文组织会议,该会议的主要成果之一就是同年国际音乐教育学会(ISME)的成立(McCarthy,2004)。从那时起,莱夫德就以国际视角从事着音乐教育体制规定的比较研究和开拓性工作(Lephred,1988,1994,1995)。然而,在具体描述体制时,他谈及了学校音乐的当前现状与规定,却未提及重要的历史进程,如音乐作为一门学科课程的创设。

我们相信,只要音乐教育能够获得国际上的广泛关注,为了给当今和未来趋势的各方论证提供基础,这种对历史背景的关注是很有必要的。柯特·威尔兹尔(Kert-Welzel,2008)在其《二十一世纪的音乐教育》(*Music Education in the Twenty-first Century*)一文中指出,比较音乐教育是必要的,因为通过比较,人们可以处理国际化和全球化问题。但同时由于对独特领域的比较研究,国际和比较音乐教育,就有可能成为其他诸如音乐教育史等领域的一部分。为了在更普遍的层次上强调这种历史视角,克罗斯利和沃森(Crossley and Watson,2003)认为:"有很多比较和国际教育方面的历史需要撰写,这本身就是一个令人兴奋的未来愿景。"

本书还需要特别强调的是我们研究方法的另外两个方面。首先,我们采用一种跨文化的视角,此视角是柯特·威尔兹尔所坚持的。他指出,通过关注学校内外音乐学习的特殊方面,能够超越传统比较方法的边界。这种方法对音乐教育领域有两个重要贡献:坎贝尔(*Campbell*)的《来自世界的课程:音乐教授和学习的跨文化指南》(*Lessons from the World: A Cross-culture Guide to Music Teaching and Learning*,1991),以及哈格里夫斯和诺斯(Hargreaves and North)的《音乐的发展和学习:国际视野》(*Musical Development and Learning: The International Perspective*,2001)。其次,我们对义务教育阶段音乐教育的关注直接把过去和现在相互关联起来。在这方面,凯斯·沃森(Keith Watson,2001)强调:"对于比较教育学来说,重建其不可替代的角色位置真的非常有必要,因为它可以为未来的政策和法令提供比较历史视角。"

作为论证这些观点的第一步,两位编辑在2004年吉隆坡国际音乐教育学会的历史常务委员会会议上发起一个提议,建议启动一个项目,集中研究世界各国义务教育阶段音乐教育的起源和创立。随后,在2006年博洛尼亚国际音乐教育学会世界大会上,我们邀请到了来自8个不同国家的著名学者,研讨会上他们就其各自在此方面的研究都进行了详尽论述。自此,此项目就扩大到大约14个国家和19位作者,本书所收录的就是当时的成果。尽管没能在该领域进行一个全面的综合研究,但其结果却证明了音乐教育跨文化历史研究的潜在丰富性。

我们要求提供稿件的学者们探讨将音乐引入义务教育阶段课程作为必修课的一些核心课题。这些课题包含如下内容:
- 历史和政治背景
- 音乐作为义务教育必修课的目标与内容
- 教学方法
- 教师培训
- 学生体验
- 根据以往的发展,反思音乐教育的现状

然而,我们也强烈意识到,过分关注将会把历史因素的多样性变成对自身的不必要束缚。联邦政府与中央集权国家之间的不同,少数民族发展的不平衡,殖民主义的影响,革命和战争的损坏等诸如此类的问题,都意味着在音乐作为必修课的进程中,有多少相似之处就有多少不同之处,有持续就有间断。因此,读者会注意到,不同的学者会根据自己所研究的历史背景,在这六个核心问题上所关注的重点有所不同。

为了更加具有条理性,我们分三个区域来安排本书的框架:欧洲、美洲、非洲和亚太地区。我们决定以欧洲作为本书的开始仅仅是因为:第一,欧洲是义务教育的起始之地(Williams,1997);第二,很显然,通过殖民主义的宣教和军事影响,欧洲范式在我们所选国家公民义务教育的早期阶段最具影响力。

我们要求提供稿件的学者们集中关注上述六个核心问题,旨在为本书提供一个主题基础。各章节的主要内容概述如下。

从研究的初始阶段到比较教育与国际教育,大家一致认为,学校发展背景(历史、文化、宗教、经济、政治、社会等)对解释各国教育体制之间微妙而突出的差异至关重要(参见Crossley and Watson,2003)。迈克尔·赛德勒(Michael Sadler and Bereday,1964)也强调过这种观点:

在研究外国教育体制时,我们不应该忘记:发生在校外的事情,甚至比发生在学校内的事情更重要……一个国家的教育体制是鲜活的东西,被人们遗忘的挣扎和困难的伤痕,以及"很久以前的战争"的创伤……其中包含着某种难以解释清楚的民族潜意识。

特别是殖民主义和民族主义的政治意识形态对音乐教育目标和内容的影响,显然有其自己的轨迹。例如,19世纪,英国正处于其帝国殖民影响的巅峰时期,正好与崛起的学校教育大众化(mass schooling)趋势相一致。因此,各种形式的"帝国民族主义"(imperial nationalism)都得到表现,澳大利亚的学校就有"帝国日(Empire Day)"的庆祝活动,根据英国文化准则实施的、具有强烈政治动机的活动被强加在爱尔兰人身上。正如戈登·考克斯(Gordon Cox)在其所写的本书章节所指出的,英国的爱国主义无处不在,在英国几乎没有一所学校从未使用过《国家歌曲教材》(*The National Song Book*)。在澳大利亚,伴随着殖民国家的士兵分遣队被派往殖民地苏丹和南非,作为促进"帝国公民"的一种手段,具有爱国主义和民族主义情绪的歌曲广泛流行。在加拿大,教授欧洲移民歌曲,目的是为了提高他们的英语语言能力,并使其具有爱国主义感。

与殖民主义紧密联系在一起的是传教士的活动,他们在南非建立了教会学校,发展了深厚的音乐传统;在中国,公理教会的唱歌活动,最常见的是通过使用约翰·柯尔文(John Curwen)的"首调唱名法"来促进的。在讲述南非的发展情况时,罗宾·史蒂文斯(Robin Stevens)和埃里克·艾克洛菲(Eric Akrofi)告诉我们,传教士活动一个令人遗憾的后果是,不尊重而且抛弃了原住民的音乐和教育传统,比如,讲科莎语人(Xhosa-speaking)的启蒙学校。

西班牙帝国在拉丁美洲进行殖民扩张的过程中,是天主教传教士促进了阿根廷的音乐活动;而在古巴,则是西班牙的音乐家和教育家们试图加强当地居民的音乐技能,并且促使建立了一所创作西欧艺术音乐的古巴作曲家学校。同时,正如丽莎·劳莱森诺(Lisa Lorenzino)所解释的那样,非洲后裔的古巴黑人机构(不同于西班牙后裔)的发展,是为了控制和抑制(他们)而"被发展"的。如兄弟会(cabildos)或教友团(cofradias),都是由奴隶主创建,目的是为了敲鼓、唱歌和跳舞,而不是为了阅读文章和识文断字,因此,它是建立在使用模仿和口传心授的听唱基础上的。具有讽刺意味的是,一些非裔古巴人发现自己被鼓励成为专业的音乐家——作为一种职业,然而在当时,这却是一个不能获得稳定经济收入的职业选择。

正是政治上要求独立和保护民族利益的斗争才形成了当时学校的一切活动。例如,在阿根廷,学校的唱歌活动是为了激发人民起来革命的爱国情感,目的是建立一个具有代表性的、共和的联邦政府体制。灾难性的普法战争期间,在法国,类似的爱国热情通过学校体系中的音乐教育来提高,并且一直持续到20世纪20年代。与之相对应的是,在普鲁士,大部分校园歌曲都是表现具有强烈的民族个性和支持俾斯麦(Bismark)伪造一个新国家的主题。1905年挪威独立时,就非常渴望在学校通过音乐和歌曲的设置表现爱国情感。在爱尔兰,正如玛丽·麦卡锡所表述的,1921年后的政治独立导致了作为语言复兴运动衍生物的音乐教育框架的形成,为促进音乐文化和"国民素质",天主教音乐文化和爱尔兰民族进行了不懈努力,因此,校园音乐能够促进地道的爱尔兰文化和语言的发展。1959年卡斯特罗(Castro)领导古巴革命期间,重点关注教育、国民文化素养与民族自豪感,进而影响音乐教育。

但是革命和政治运动也可能对音乐产生负面影响。在西班牙,内战的结束标志着一个原教旨主义的天主教和男女分校的教育体系的确立,法西斯原则支配着学校的一切活动,尤其表现在校园音乐曲目的选择上,民间的、宗教的和法西斯的歌曲都有,整个成了大杂烩。在德国,纳粹的崛起阻碍了当时音乐课程对人们产生自由化的影响,从教育角度看,这是德国音乐教育停滞发展的时期。

与这些爱国主义和民族主义部分一起渗透在音乐课程中的也不乏高尚的思想,大多涉及将音乐作为人性和教化的力量。19世纪30年代期间的美国,与许多其他国家一样,弘扬宗教思想是音乐作为必修课的主导性理由。对于英国学校督察员亚瑟·萨穆维尔(Arthur Somervell)来说,音乐有助于塑造"理想公民",这种思想有着悠久的历史传承,包括柏拉图的"平衡身体和审美元素影响人格建构"的欧洲式观念,以及孔子所坚信的"音乐能够帮助提升社会和谐、提高道德修养"的中国式理念。更确切地说,音乐可以使居住在艰苦环境中的人们生活得宽慰一些,比如说在澳大利亚的金矿区和伦敦老城区的学校里就是如此。加拿大的埃格顿·瑞尔森(Egerton Ryerson)认为,音乐是一种"强有力的道德文化中介";日本音乐教育之父伊沢修二(Isawa Shuji)也坚持认为,音乐最重要的益处在于其对人们道德发展的影响。然而,这种高水准的思想也可能演变为家长式作风的实践:在澳大利亚南部,据说唱歌有助于解决说话含糊和澳大利亚"鼻音和俚语"的问题;在阿根廷,唱歌可以帮助矫正令人不快的各省的乡音土语。

与这些理由相关的一个更为根本的问题是,音乐很少因为它自身的理由而被纳入课程中。日本的小川昌文(Masafumi Ogawa)在其章节中论述到,如果音乐只是以一个为了达到某种目的的手段而存在着,那么其命运就不是由它自身价值所决定,而是由与之相关的其他领域的学习——尤其是道德教育来决定的。这是音乐的脆弱性之所在。

显然,学校音乐教学方法的使用在义务教育先期阶段的关键首先是视唱技巧,这种教学方法多数是以"唱名法"为基础,"唱名法"就是把"视唱音阶"作为帮助唱准音高的辅助记忆来应用。这种教学法在西方文化中至少可以追溯到11世纪时圭多·德·阿雷佐(Guido d'Arezzo)。据史蒂文斯(Stevens,2008)论述,"唱名法"不仅是最古老的利用音阶进行声乐教学的形式,也是现在使用最广泛的音乐教学形式。关于"固定唱名法"和"首调唱名法"(do总是主音)这两种方法各自优点的争论,文献已经有较多的记载,尤其是在肯尼斯·辛普森(Kenneth Simpson,1976)的研究成果中有专门记录。

在欧洲,"固定唱名法"的基础在法国,正如博基永·威廉姆(G. L. Bocquillon Wilhem)在其著作中所论述的,他在给巴黎工人们上课时所使用的就是这种方法,后来被称为"视唱练"(solfege)。弗朗索瓦·马杜瑞尔(Francois Madurell)在其所写的章节中指出,虽然"固定唱名法"在专业培训中可能很重要,那是因为人们认为完美音高即是音乐敏感性的音准,但是在法国的学校音乐教育中其优势至少没有达到预期的效果。正如安娜·露西娅·弗莱格(Ana Lucia Frega)、艾丽西娅·德·考芙(Alicia de Couve)和克劳迪娅·玳儿·皮诺(Claudia Dal Pino)所指出的那样,"固定唱名法"在阿根廷历来根深蒂固,在那里,来自意大利和法国专业音乐学校的影响尤为强劲。

在英国,约翰·赫尔(John Hullah)受到威廉姆方法的强烈鼓舞,将此方法应用于英国多所学校里,并且在赫尔的教学方法手册上注明该方法是经过时任政府许可的。这是一种有严重缺陷的方法,在教儿童唱歌时因其过于依赖"固定唱名法"而导致它的衰败,但是在此之前,虽然有所失败,还是被很多英帝国的殖民属国所采用,包括澳大利亚、加拿大和爱尔兰,这些在后面的章节中读者都会看到更加清晰的论述。

"首调唱名法"最初是由莎拉·格洛芙(Sarah Glover)创立并称其为"诺维奇唱名法"(Norwich sol-fa),后来由约翰·柯尔文(John Curven)进一步发展为"首调唱名法",很快就被接纳为最有效的儿童视唱教学法。通过传教士和接受过该方法培训的教师以及在海外工作的教师们的努力,"首调唱名法"迅速传遍整个大英帝国内外。

让·雅克·卢梭(Jean Jacques Rousseau)和埃米尔·谢威(Emile Chevé)创立了用数字来表示乐谱的方法。事实上,在法国它最初只是为了克服学生们在掌握传统的乐谱中有困难时才使用的,它也成功移植到普鲁士的学校体制里,在那里"唱名法"从来没有引起反对的争论。同样在挪威,据毕卓斯坦(Bjornstad)和艾斯贝兰(Espeland)说,这种符号或数字的方法被广泛使用,而且经常是和一种被叫作"帕萨尔摩迪康琴"(psalmodikon)的单弦乐器一起使用。

在大多数国家,唱歌除了"使用音符"之外,还有很多"通过听觉"来教歌曲的渊源,主要是由于许多教师的音乐专业水平相当有限。但是,通过听觉唱歌也与强调自发性和本质性的教育哲学观有关系。例如,在古巴,通过模仿唱歌就是机械式说唱剧(zarzuela)学习的反映。

虽然,正规的教学方法非常重视培养学生的视唱能力,不过也还有一些零散的利用乐器来进行教学的,比如,在澳大利亚有借助于"鼓和笛子乐队"的,在英国孟比(Manby)有运用小提琴教学的,还有利用打击乐队的等等。美国和古巴的学校发展了更专业的乐器教学,与其并列的还有西班牙和挪威的"音乐学校"和公立学校体制外的当地学校。

虽然人们普遍相信，音乐是所有学生都应该体验的一门学科，但也有少数人认为音乐是一个"女性"学科。例如，19世纪30年代的法国，歌唱实践对女孩子来说是必需的，而对男孩子却是可有可无的。盖伯瑞尔·罗斯尼克(Gabriel Rusinek)和苏珊娜·莎尔弗森萨(Susana Sarfson)指出，1942年在弗朗哥(Franco)领导的内战胜利一个多世纪后的西班牙还强调，新近复建的师范学院必须培训女性教师，专门给女孩子开设其"持家技能"组成部分的音乐课。

当我们在考虑教师培训这个问题时，可以预料到的是：很多时候在每个教师可以胜任音乐教学工作的初期，都会给他们提供必要的音乐技巧方面的教学培训课程，这就对学生和教师都提出较高要求。在法国，音乐教学旨在让学生能够准确唱歌，掌握一些基本的音乐知识以及一些基本的视唱练耳。在阿根廷，有关音乐知识的具体要求证明了培训的某种说教属性，当然这种方法离"先符号后声音"原则还很远。在英国，情况也大致相同，这导致了人们对维多利亚女王时代的教师培训颇有微词，批评其既不熏陶对音乐的热爱，也不传授对于音乐的任何理解。在一些国家，要求师范生不仅能视唱，还应具备基本的器乐技巧，使其能够在课堂上为唱歌作伴奏。在德国，要求师范生会拉小提琴；在挪威，要学会帕萨尔摩迪康琴和脚踏式风琴。

教学专业化的体制逐渐得到发展。在日本，随着1880年音乐研究委员会(Ongaku torishirabe kakari)的成立，政府进行了大胆尝试，开始对音乐教育领导者进行培训。作为培训内容的一部分，22个学生参与了学习歌唱、古筝、簧管风琴、胡弓(kokyu)、小提琴、和声、乐理、音乐史以及教学法。他们中有些人是宫廷乐师，有些人来自贵族家庭，尽管事实上他们都没有西方音乐背景，然而他们中的大部分还是取得了相当大的成就，而且后来成为师范学校的音乐系骨干，参与培训教师。在古巴和阿根廷，专业音乐院校的角色是专业音乐培训发展的关键，进而影响师资培养。尽管令人惊讶的是，直到1961年，古巴都没有一所由国家提供资金的师资培训机构。在美国，吉尔·哈弗雷斯(Jere Humphreys)解释说，教科书出版商最先赞助的是暑期音乐管理者机构，而对音乐教师培训的专业师范学校，则是1882年才在纽约的波茨坦成立。直到1914年，美国公立学校的音乐系如雨后春笋般在各教师教育学院和一些综合性大学成立。两次世界大战期间，法国制定了一种"教学资质证书"，只有持证者才能给高年级学生授课或者在师范院校任教。

我们必须承认，想要揭示儿童在学校音乐活动中的体验和描述发生在19世纪课堂中的具体情况绝非易事，因为当时并没有直接记录——尽管芬克尔斯坦(Finkelstein,1989)已经进行了一个关于当时美国小学教师课堂教学行为的专门历史研究。然而，在澳大利亚的章节中，罗宾·史蒂文斯和简·索恩科特(Jane Southcott)给我们提供了能证明儿童音乐活动的证据：学校报纸、学校音乐会的报告和儿童演出照。此外,在威尔弗里德·格鲁恩(Wilfried Gruhns)所述及的德国学校音乐课讨论中,当代印刷术的使用也为我们提供了了解德国音乐教师及其课堂的一些独特视角。

最后,我们根据过去的经验来反思一下学校音乐教育的现状。从大部分报告来看,除了西班牙在20世纪90年代时专业音乐教师的普及程度比较高之外,小学音乐教学在很大程度上仍然依赖于兼职教师。但是,在大多数章节中,所显示出的还是需要教育部门通过为音乐教师提供全面的音乐培训,以确保他们拥有必要的技能、知识和信心来有效实施课堂音乐教学活动。

读者们也许会发现,义务教育阶段的学校音乐教育已经有较大发展,开拓性工作的记录也得到不断加强。然而有些人还是担忧,在"艺术教育"大概念下,音乐逐渐会变成许多可供选择的学习科目之一,我们从一些国家看到了这种担忧,比如阿根廷、澳大利亚、法国、德国、南非、西班牙等。同样,很多新闻报道关注的是基础学科或者核心学科,如文学、数学、科学、语言等,在一些国家的必修课程中,音乐开始受到排挤,比如英国、法国、挪威。在美国和英国,对国家教育标准自上而下的控制导致了这种紧张局势。我们可以拿这方面与加拿大进行比照,正如南希·沃根(Nancy Vogan)所指出的,人们对于国家音乐课程普遍持谨慎态度。

当然,"全民普及音乐"(general music for all)的观念也有其可选择或补充的方面,包括美国电子乐队体系的发展以及古巴模式,这种模式不仅把音乐作为普通课提供给学生,还将其作为高水平发展的专业课提供给有天赋的学生,而且效果显著。在英国,《音乐的未来》(Musical Futures)一书的出版,是普及性音乐复兴的一个充满希望的标志,因为它强调非正式学习,强调大众音乐与课堂之间的紧密联系。

在编写这本书的过程中,我们清楚地认识到,这仅仅只是一次初步的探索,还有很多工作要做。我们建议未来有以下六个问题应该优先研究。

● 扩展音乐研究的地域和文化范围。例如,俄罗斯和原属苏联的诸国在音乐教育方面曾经很强势,以色列有丰富的犹太人音乐遗产,印度尼西亚和马来西亚都拥有突出的穆斯林文化的音乐。

● 进行分析比较。将某个观念从一个语境迁移到另一个语境中进行比较,就像格鲁恩(Gruhn,2001)在其文章中所论述的,把欧洲的"裴斯泰洛齐原理"(Pestalozzian)迁移到美国的唱歌教学中。通过这种研究,我们可以更清楚地了解到"观念和意识形态被迁移到一个不同的语境后会改变其内涵"。

● 绘出义务教育阶段学校音乐教育对于原住民音乐生活的历史影响(无论是好的还是坏的)流程图。这一点在澳大利亚、古巴、日本还有南非的有关章节中已经不同程度地被提及。但是也许随着普及小学教育的联合国千禧年目标的提出,这可能成为未来的研究者和音乐教育工作者优先考虑的一个课题。

● 对学龄儿童乐器教学发展进行历史性研究,因此在本书中也关注了声乐教学以期与之呼应。

● 将跨文化历史研究扩展到对音乐天才的专业教育领域以及高等教育等方面。例如,专业音乐院校已经强烈影响到一些学校音乐课程。鉴于此,费恩德和诺伊瑞(Fend and Noiray,2005)合著的《欧洲的音乐教育 1770—1914》(*Musical Education in Europe 1770-1914*)一书,可称为对专业音乐院校历史文献所作的一次大胆尝试——他们将其描述为"进入未知"的一个研究。显然,对欧洲以外的此类专业音乐院校进行调研有着极大的可行性。

● 对蓬勃发展的国家音乐教育者组织进行跨文化历史解读,因为许多这样的组织已经有效影响了各国的音乐教育政策。例如,美国的音乐教育者全国研究会(Music Educators National Conference,MENC),英国的全国音乐教育者联合会(National Association of Music Educators,NAME),以及加拿大的音乐教育者协会(Canadian Music Educators Association,CMEA)等。

的确,摆在音乐教育历史学家面前的任务是艰巨的,为使其研究具有全球性与包容性,他们需要完成一个非常宏大的议题。基思·斯万维克(Keith Swanwick,1997)论述到,通过这些工作,我们也许可以阻止音乐教育"滑向教育的边缘……我们必须认识到,在思想的自由市场上,音乐是一个重要的玩家"。当然,音乐教育史只是适合这种研究的领域之一,与之并列的还有国际比较教育学、教育哲学、民族音乐学和民俗学。然而,埃米尔·涂尔干(Emile Durkheim,1937/1977)在谈到教育史的独特目标时说道:"我们应该提醒自己,只有认真研究过去,我们才可以展望未来,然后理解现在。"

我们希望,这本书将会有助于音乐教育者达到国际交流的目的,有助于他们了解来自不同传统的教育史,并有助于我们更深刻地反省自己国家和其他国家的教育制度。我们也希望,这本书能够使得所有的音乐工作者们都拥有一种同在一个全球组织下的归属感,因为他们都非常乐于分享那些在音乐教学中的快乐和激情。

参考文献:

Bereday, G. Z. F. (1964), 'Sir Michael Sadler's "Studies of Foreign Systems of Education"', *Comparative Education Review*, 7, (3), 307-14.

Campbell, P. S. (1991), *Lessons from the World: A Cross-Cultural Guide to Music Teaching and Learning*. New York: Schirmer.

Crossley, H. and Watson, K. (2003), *Comparative and International Research in Education: Globalisation, Context and Difference*. London: Routledge Falmer.

Cummings, W. K. (1997), 'Patterns of modern education', in W. K. Cummings and N. F. McGinn (eds), *International Handbook of Education and Development: Preparing Schools, Students and Nations for the Twenty-First Century*. Oxford: Pergamon, pp. 63-86.

Durkheim, E. (1977), *The Evolution of Educational Thought: Lectures on the Formation and Development of Secondary Education in France*. London: Routledge & Kegan Paul.

Fend, M. and Noiray, M. (eds) (2005), *Musical Education in Europe (1770-1914): Compositional, Institutional, and Political Challenges*. Berlin: Berliner Wissenschafts-Verlag.

Finkelstein, B. (1989), *Governing the Young: Teacher Behavior in Popular Primary Schools in 19th Century United States*. New York: Falmer Press.

Gruhn, W. (2001) 'European "methods" for American nineteenth-century singing instruction: a cross-cultural perspective on historical research', *Journal of Historical Research in Music Education*, 23, (1), 3-18.

Hargreaves, D. J. and North, A. (eds) (2001), *Musical Development and Learning: The International Perspective*. London: Continuum.

Holmes, B. and McLean, M. (eds) (1989), *The Curriculum: A Comparative Perspective*. London: Routledge.

Kemp, A. E. and Lepherd, L. (1992), 'Research methods in international and comparative music education', in R. Colwell (ed.) *Handbook of Research on Music Teaching and Learning*. New York: Schirmer, pp. 773-88.

Kertz-Welzel, A. (2008), 'Music education in the twenty-first century: a cross-cultural comparison of German and American music education towards a new concept of international dialogue', *Music Education Research*, 10, (4), 439-49.

Lepherd, L. (1988), *Music Education in International Perspective: The People's Republic of China*. Darling Heights, Queensland: Music International.

Lepherd, L. (1994), *Music Education in International Perspective: Australia*. Toowoomba, Queensland: University of South Queensland.

Lepherd, L. (1995), *Music Education in International Perspective-National Systems: England, Namibia, Argentina, Russia, Hungary, Portugal, Singapore, Sweden, the United States of America*. Toowoomba, Queensland: University of Southern Queensland.

Mangan, J. A. (ed.) (1994), *A Significant Social Revolution: Cross-Cultural Aspects of the Evolution of Compulsory Education*. London: Woburn Press.

McCarthy, M. (2004), *Toward a Global Community: The International Society for Music Education 1953—2003*. Nedlands, Western Australia: ISME.

Simpson, K. (1976), 'Some controversies about sight singing', in K. Simpson (ed.), *Some Great Music Educators: A Collection of Essays*. Borough Green: Novello, pp. 107-122.

Stevens, R. (2008), 'Solmisation past and present: the legacy of Guido D'Arezzo', in M. Baroni and J. Tafuri (eds), *Abstracts: 28th ISME World Conference: Music at all Ages*. Bologna: ISME, pp. 193-4.

Swanwick, K. (1997), 'Editorial', *British Journal of Music Education*, 14, (1), 3-4.

United Nations (2008), *The Millennium Development Goals*. New York: United Nations.

Watson, K. (ed.) (2001), *Doing Comparative Educational Research: Issues and Problems*. Wallingford: Symposium.

Williams, J. H. (1997), 'The Diffusion of the Modern School', in W. K. Cummings and N. F. McGinn (eds) (1997), *International Handbook of Education and Development: Preparing Schools, Students and Nations for the Twenty-First Century*. Oxford: Pergamon, pp. 119-36.

第一部分

欧洲

第一章 英国：迟到的"文艺复兴"

戈登·考克斯
(Gordon Cox)

在本章，原则上我将主要论述1870—1927年间的英国音乐教育，因为这是"唱歌"纳入学校课程的关键时期。首先要强调的是视唱教学。1927年，在留声机唱片和电台广播引进学校后不久，教育委员会就将术语进行了改变，从此"唱歌"课被命名为"音乐"课。在本章总结时我将会概述近期发展状况。我的主要着重点在于整个英国国家——请牢记英格兰、威尔士、苏格兰以及北爱尔兰享有相同的教育史，在许多方面都有共同之处。然而，它们的教育模式从未完全相同过，而且随着时间的推移差异也越来越大。

音乐纳入学校课程的历史背景

从19世纪40年代开始,英国见证了被雷鲍(Rainbow,1967)称之为"学校音乐迅猛发展"的时期。早在中世纪就有开设"歌咏学校"的优秀传统,直到宗教改革时,"歌咏学校"还是修道院和教堂的必要部分(Plummeridge,2011)。宗教改革的成果之一就是音乐水平开始下滑,这在很大程度上是由于大多数歌咏学校的关闭所致。因此,对于大多数接受学校教育的年轻人来说,学习音乐的机会被严格地限制了。在17世纪和18世纪,教育思想开始具有功利主义和唯物主义倾向,虽然唱歌、器乐演奏还被看成是有价值的"成就",尤其对于女性来说,但艺术仍然被视为仅仅是提供娱乐服务的手段。到19世纪时,工人阶级和中产阶级出现了明显不同的教育特征,他们在课程设置、在校时间长短、上课率以及文化和社会目标等方面都被截然区分开来(参见 Lawson and Silver,1973)。

工业革命促使人们更加关注那些人口众多、矛盾比较突出地区的社会问题,那里没有供水设施、卫生条件差、治安没有保障,而且既缺乏教堂,又缺乏学校。因此,在1833年时,代表主流宗教机构的英国国家学校协会通过投票为公共教育投入2万英镑。

《1870年初等教育法》(The Elementary Act of 1870)是"英国19世纪历史上最可行的法律文献"(Lawson and Silver,1973),虽然没能引进免费或义务教育,但它却促成了两个可能性:一是它使得整个国家在教育方面行动一致,而这在以前绝非可能;二是它使得义务教育年龄到1880年时提高到13岁。在苏格兰,1872年通过的一个类似教育法案承认了义务教育。

就音乐方面而言,我们发现,19世纪的英国被称为"视唱世纪"(Scholes,1947)。19世纪40年代,"视唱狂热"传遍了全国。有两个人主导着这一运动,并且深刻影响了1870年以后的义务教育阶段学校音乐教学的方向。他们是约翰·赫尔(John Hullah,1812—1884)和约翰·柯尔文(John Curwen,1816—1880)。

在童年时,约翰·赫尔受到其母亲音乐天赋和父亲民主倾向的极大影响(F. Hullah,1886),他所接受的教育把他身上的艺术修养和民主意识联系起来。在伦敦皇家音乐学院学习之后,他产生了发展大众声乐教学学校的想法。他亲自到巴黎参观德国音乐家约瑟夫·美因茨(Joseph Mainzer)为劳动工人创立的唱歌班,不过,约翰·赫尔最后还是和法国音乐教育家威廉姆结盟,创立了导生制(类似于中国教育家陶行知的"小先生制")学校,为此威廉姆编写了一本音乐年鉴手册供他们使用。就像在学校里给班级上课一样,威廉姆致力于为尽可能大范围的成年人传播音乐技能,尤其是对劳动人民(Rainbow,1967)。

到1840年,约翰·赫尔已经受到了教育委员会秘书、教育改革家詹姆斯·凯(James Kay)的青睐,他要求约翰·赫尔把威廉姆的教学方法翻译成英文供学校使用,这就是人所共知的《赫尔手册》(Hullah's Manual,1842),也是约翰·赫尔所创建的"歌咏学校"的基本教材,手册出版后像野火一样传遍了整个国家。当讨论赫尔的教学方法时,我们必须明确,其视唱的载体是"固定唱名法"。不幸的是,《赫尔手册》所提倡的这种方法并不成功,一位评论家称它"零散、累赘、混乱而肤浅"(Barnett,1842),很少有学生能够学完这本书。

约翰·柯尔文成为"首调唱名法"的狂热发起人和推动者,"首调唱名法"的基础和特点在于"可移动的do":键盘上任意一个琴键音都可以作为"do"来定调。他的《为学校和民众而歌唱》(Singing for School and Congregations,1843)一书的出版,预示着一个新时代的到来:在"经济、易学、真实"的旗帜下,柯尔文的"首调唱名法"传遍了整个英国及其殖民附属国(参见Rainbow,1980)。柯尔文的"首调唱名法"是在萨拉·格洛弗(Sarah Glover,1786—1867)著作成果的基础上综合发展而成的,1867年他建立了"首调唱名法学院",使其成为他的唱名法运动的宣传之家,而且通过业余和假期课程,为一代又一代的音乐教师发展自己的视唱技巧提供了学习机会。

音乐引进到学校:音乐督察员

正如我们所看到的,《1870年初等教育法》使得免费的义务教育成为可能(Lawson & Silver,1973),该时期的学校正在实行《1862年修正条例》规定的"按成绩拨款"政策,简而言之,就是每年给学校的拨款要以督察员所测试的儿童学习成绩为考核条件。当时音乐教育正处于低谷期,事实上,在1871年它已经从政府法律中消失了。人们向政府施加压力要求恢复音乐课,于是在1872年,宣布给走读学校的拨款按一个教师1先令的比例减少,除非是督察员同意将声乐作为普通教育课程的组成部分,不过为了获得这笔拨款,学校只需通过口耳相传教几首歌曲即可。显然是这种消极情形难以令人满意,因此,迫于压力,《1874年条例》规定:如果唱歌课教得令人满意,就会按一位教师1先令拨款。为了对此进行督察,政府任命了一个专门的音乐督察员,此人不是别人而正是约翰·赫尔,还有他的继任者约翰·斯坦纳(John Stainer)。他们的工作就是严格监控英格兰、威尔士以及苏格兰各地的培训院校对音乐教学标准的执行情况,同时为政策和文件的制定等事宜提出至关重要的建议。

然而,渐渐地,学校督察员开始抱怨公共基础学校的教学质量下降,显然,大多数小学生都通过口耳相传——而不是乐谱——的方法学唱歌曲。1879年4月至7月间,赫尔被派往欧洲大陆调研初等学校的音乐教学情况。值得注意的是,雷鲍

(Rainbow,1985)指出,赫尔此行未去法国很可能是故意的,因为如果他去了法国的话,就有可能暴露了威廉姆的"固定唱名法"在19世纪40年代就已经被禁止以及简谱也就是数字谱(cipher notation)也已经开始普及推广的事实。此次调研之行的成果之一就是,他建议从1882年之后不再对唱歌给予财政奖励,除非是通过乐谱来教学(尽管这从来没有被彻底地实施)。问题是,他的"固定唱名法"扰乱了视唱的进程,而不是对其概念的阐明。

1882年,约翰·斯坦纳作为赫尔的继任者,担任了督察员一职。他是一个有着相当地位的音乐家(参见 Dibble,2007),是全国最优秀的风琴手、即兴演奏家之一,他还是圣保罗大教堂的风琴手,牛津大学的音乐教授。然而,他只有很少的(如果有的话)学校教学经验,因此,他委任麦克诺特(W. G. McNaught,1849—1918)做自己的助手来解决这个问题。麦克诺特是一名经验丰富的老教师,而且也非常热忱地倡导约翰·柯尔文的理念和"首调唱名法"。

为了开展学校的音乐教学工作,斯坦纳和麦克诺特之间的合作伙伴关系一度发展到密不可分。他们研究出一种理论并且应用于实践中,深入探究之后又作出调整以适应当时的"按成绩拨款"政策。当时学校里的情形是:用"口耳相传"法教唱歌只会得到每个学生每年6便士的薪金拨款,而那些"通过乐谱"教唱歌的就可以得到1个先令,值得一提的是:"按成绩拨款"政策在1901年被废止了。

同时也出现一种令人乐观的情形。麦克诺特指出,前一个年度里,1,504,675名儿童因为"通过乐谱"唱歌而得到了资助(Browne,1885),这使他有点过分夸张地声称:"只要我们在校儿童的初等音乐教育得到关注,我们的音乐教育就比世界上其他任何国家更成功。"(Browne,1885)。

此外,他们做到了赫尔未能做成功的事。麦克诺特引用了伦敦的一个校长的生动描述:

你使得我们驯服了我们用其他途径所不能驯服的狂野灵魂。正是那些最了解在底层社区学校里教学情况的经验才使得我们有了这种力量,再没有像这种音乐教学方法一样,可以对如此野蛮和粗鲁的灵魂施以良好的影响。我们把这种教学方法当作一种娱乐,当作一种慰藉,当作对我们学校的一种改变。没有什么能像音乐这样使学校如此吸引孩子们,如此受孩子们的欢迎,而这一切都发生在伦敦300所甚至更多的学校里(McNaught,1884)。

在斯坦纳去世后,人们都期望麦克诺特成为他的继任者而担任音乐督查员,然而1901年公布的任命却是亚瑟·萨穆维尔(Arthur Somervell,1863—1937)。民众公开反对是因为,虽然萨穆维尔是一位颇有成就的作曲家,但他几乎没有任何学校经验。他30年的办公室生涯正好吻合了当时音乐教育远离功利主义向艺术和教育自由主义转向的趋势(参见 Cox,2003)。正如我们后来所看到的,萨穆维尔的贡献正在于他将民族歌曲引进到学校,并使音乐教学的理想主义阐释得到了发展。

学校课程中音乐课地位的正当性

是什么样的价值观促使音乐教学进入到学校课程中的?约翰·赫尔深受维多利亚时代基督教社会主义者的影响,他们坚信通过基督教慈善机构的工作和提高民众教育,社会的苦难可能得以缓解。首先,赫尔认为,通过视唱音乐可以使人优雅而文明,通过协调"纺纱与唱和、放牧与和谐",人们可以将自己打造成公社的生产成员(Hullah,1846)。将大众的娱乐形式转换成有价值的教学活动,赫尔为此声名远扬。他认为,音乐鼓励积极的道德价值观——耐心、节制、专注、镇定、忘我、服从、准时(Hullah,1854)。他也承认,(这些)可能并没有直接关系,但是,一个表演者如果没有这些品质是没有办法做到演出成功的。在这里,我们看到有关音乐可能产生的外在价值的陈述。在社会救赎时可以看到这种教育的作用,不过我们应该注意的是:赫尔是在没有提及其内容的情况下,将音乐的这种救赎力与其活动联系在一起的。

斯坦纳和麦克诺特都是勇于实践的人,他们在很狭小的范围里最有效地行动着,几乎成了平民人物,我们甚至可以将他们描述为令人信服的政治家,最后他们都倾向于放弃对于音乐教育力量不切实际的要求。不过,斯坦纳毫不怀疑"美"与"善"之间存在联系。他相信,听音乐的过程就是一个激发艺术、思想、行为和道德融合的创造性过程,这种认识启发他得出了一个非常符合实际的结论:"此时此刻在英国,我们真正需要的不是专业的表演者甚至作曲家,而是聪明智慧的听(音乐)者。"(Stainer,1892)。麦克诺特同意并且声明,对于无限制夸大音乐学科作用的学说,他是持审慎态度的(*School Music Keview*,October 1896)。他说,他的音乐界朋友在伦理道德方面并没有比非音乐界的熟人们好到哪里去。他还补充到,音乐也许会通过情感对道德产生一种间接的影响,因为音乐确实具有使人智慧的价值,然而音乐却不能使人摆脱原罪!这两个人在谈论音乐的外在价值时都很谨慎,都害怕人们因为"为音乐而音乐"而只关注其方法和技术时,音乐可能会遭遇到兴趣减低的危险。

亚瑟·萨穆维尔是一个理想主义者。他著述中的关键词是"事情的整体",他非常认同柏拉图"真、善、美"的理念。他认为在科学、艺术和道德观念之间需要一种平衡,而且这种体验的统一可以解决社会分裂症;应当谨慎追求音乐教育的目标,不要将其局限于产生更多的歌唱家和演奏家,音乐可以塑建理想的公民形象。萨穆维尔的信念是"真正有用的人,是那些训练有素、有教养、有想象力的人"(萨穆维尔,1905),而艺术提供这样一个确定的基础。通过寻求柏拉图和亚里士多德的理论支撑,萨穆维尔将自己的音乐教育构想植入到马修·阿诺德(Matthew Arnold)的传统理论之中,这种理论持有将旧的人文主义文学当作是一种道德激励的观念。像阿诺德一样,萨穆维尔认为,艺术承担了宗教的许多功能。

内容与方法

很难再现当时初等学校唱歌课的实际情形了,我们只能依赖于督察员的著述。1876年约翰·赫尔进行了一项实验,实验中他用了两个星期给65个幼儿每天教20分钟音乐,偶尔在休息娱乐时教5分钟。实验结束时,他声称孩子能说出正确的音符,并且能唱出全音阶的音符。他们可以用双手打着节拍,按小节分配音符,用手将音高比划出来(把手用作人工五线谱)以使音调唱得更加准确。此外,他们还能看着黑板视唱,对于"耳眼并用"有强烈的兴趣和热情(Hullah,1878)。他的结论是:这些孩子的音乐水平比教师培训学院三分之二的学员所达到的水平还高。

斯坦纳和麦克诺特都不得不在"按成绩拨款"的政策下工作,学校更加乐意接受通过乐谱(而不是"口耳相传")来教唱歌,因为这样学校就能获得更多的拨款,这种政策显然倾向于鼓励机械式的教学。不过,麦克诺特坚信:真正的"首调唱名法"教学应该加进感情投入,关键是在实践中如何得以实现。通过一个期刊——《学校音乐评论月刊》(School Music Review)向音乐教师传播理念就是他的一个主要手段,在此期刊上,麦克诺特写了三篇系列的文章论述三个关键问题:

(1) 促使视唱有效实现的必要步骤是什么?
(2) "首调唱名法"和五线谱有什么关系?
(3) "首调唱名法"如何培养学生观察声音和分析声音的能力?

他认为,教学活动必须阐明音调之间的关系,而且通过"主和弦",他生动地勾画出智力影响理论怎样才能付诸实践:

向学生演示(不单是断言)"do"的坚定宁静,"sol"的大胆欢乐,"mi"的哀伤幽怨,高音"do"的狂喜得意(对于儿童来说"欢呼激动"可能更容易接受)……把每一个音符都赋予很多意义,这样的音乐给人生动印象。如果强烈的、欢快的、热切期望的"si"和温顺期待的"re"已经被充分展示过了,那么接下来就该介绍"fa"了。你一定有某种办法来在你学生的头脑中建立起对于"庄严、严肃、尊严、期望"这些概念的印象,通过多个精心挑选的插图你一定能使学生感受到的(McNaught,1894)。

与操作他所承担的其他任何项目一样,麦克诺特制订了一个简单实用的方案。一开始,他将重点集中在没有时值限制的曲调的教学上,然后再接着进行时值和节奏教学。只有当学生掌握了歌唱小节、强弱音和音的分布之后,才可以向学生介绍乐谱。但是这项技能至关重要,因为麦克诺特相信,对于这种教学能力来说,唯一合理的测试就是看学生是否具备根据标记击打节奏的能力和能否在所听到的乐谱上进行标记。

1913年，教育委员会的《伦敦初等学校唱歌报告》(The Report on Singing in the London Elementary Schools)为音乐发展提供了一个有益的指南,其重点关注四方面内容。第一,发声:如果使用头腔共鸣就可以发出持久悦耳的声音,但是,发声练习中发出的音与演唱歌曲中发出的音的质量高低不一致;设立专门课程以解决男孩"破声"的问题。第二,组织陷入困境:几乎很少有人关注教学课程的分级。第三,乐谱引起最大的关注:在很多时候,"首调唱名法"因为自身优势而被过分尊崇,儿童应该更熟悉五线谱。第四,虽然为竞赛性节日所选的音乐常常是感伤的或毫无价值的,但是那些被改良过的歌曲曲目(特别是民族的或者民间的)还是受到了好评。

19世纪后半叶,音乐和民族情感之间的关系渗透到流行音乐的教育中,《民族歌曲手册》(The National Song Book)出版后(Standford,1906),两者的关系日益紧密。在1901年上任的斯坦纳的继任者、富有争议的音乐督察员亚瑟·萨穆维尔支持下,手册发行量很大,影响十分广泛,毫不夸张地说,到1917年时全英国几乎所有学校都有这本手册(Cox,2003)。民族歌曲应该是表达一个民族的情感的,其流传历时久长,常常是由受人尊崇的音乐家们亲自创作,民族歌曲是"有目的地被流行"的(Greene,1935)。早在1842年,音乐和民族情感之间的关系从教育的角度来看一直就被认为是重要的:正如用歌曲表述许多传奇那样,唱歌教学可以用音乐语言来武装儿童的头脑(Hullah,1842)。

世纪之交时期民族歌曲正处于其流行的巅峰状态。但是,我们如何知道学校里实际上演唱了什么歌曲呢?基于本章的目的,我将标示出一首歌曲在1884—1906年间出版的6个主要歌曲专辑的被转载的次数(参见Farmer,1895;Hadow,1903;Nicholson,1903;Sharp,1902;Standford,1884,1906)。我们发现有8首歌曲家喻户晓:《英国掷弹兵》《清晨》《古英格兰的烤牛肉》《来吧,姑娘们和小伙子们》《美人鱼》《祝陛下健康长寿》《橡树之心》和《规则,布列塔尼亚》。这些歌曲所蕴含的价值观非常清楚,比如,尊重权威的必要性、对敌人的蔑视、民族优越感以及对乡村生活的缅怀和历史价值观。就音乐本身的特点来说,这些歌曲都是大调,除了两首之外,其余的都是两拍的或者四拍的歌曲,而且音域非常宽。

人们对于"民族歌曲"在学校一统天下局势的抵抗主要是通过民间歌曲来实现,这些民间歌曲通常都被认为是大众创作的、表达集体共同情感的、源于口头传统的,"其本身就是大众的"(Green,1935)。我们可以理解的是,广为传播的民间歌曲不需要借助乐谱,其口耳相传的传统势必会危及到音乐教育者,因为他们的主要目的是培养学生具有看着乐谱演唱的能力。1905年的大辩论中这两种传统相互碰撞,当时,教育委员会(1905)公布了一个"民族歌曲或民间歌谣"曲目单,著名民间歌谣收集者塞西尔·夏普(Cecil Sharp,1895—1924)对于把这两类歌曲放在一起非常愤怒(参见Cox,2003)。他坚称,曲目单中"几乎没有一首真正的农民创作的民歌"

(*School Music Review*,June 1906)。他下决心在接下来的 20 年中要为学校的真正民间歌曲而奋斗。具有讽刺意味的是,民间歌谣最终变成与体现国家价值观的民族歌曲紧密联系的严肃正统音乐的一部分。

不过,与民族歌曲相比较而言,无论是支持还是反对民间歌谣,大家都认为,音乐教育必须与流行文化(尤其是歌厅歌曲)的负面影响作斗争。萨穆维尔所持的观点是:在道德方面,民族歌曲是优秀的,而流行音乐是庸俗的,因此会对人的性格产生坏的影响;坏的音乐之所以受欢迎是因为它很有吸引力。

音乐师资培训

早期的培训学院指导所有学生如何教授唱歌,到 19 世纪末,许多学院也为学生提供乐器以练习演奏,但是没有一所学院培训音乐专家。学生们的年终考试包括一个视唱测试,一个限时测试,一个听力测试以及独唱表演。除此以外,学生们共同呈现一个合唱表演,然后被要求理论考试。斯坦纳和麦克诺特递呈了一份详细报告(Committee of Council on Education Reports,1883—1899),这些给我们提供了关于音乐培训的细节情况。

在第一个报告中,斯坦纳(1883)关注了大多数学生缺乏音乐训练的问题。他认为,除非小学音乐教师练出敏锐的音乐听觉,否则的话,巨大的改变不会自然出现,他估计要实现这个目标可能需要 10 年或 15 年。他对高校教师克服种种困难开展教学工作给出了高度评价,因为他们面对的是一帮没有练过声、没有训练过听力,甚至不知如何识谱的学生。他目睹了高校教师们所做的非常多有价值的工作,称赞他们简直是创造了奇迹。事实上,通过观察,斯坦纳发现了"培训学院学生的音乐品味上升趋势"的证据(1897)。斯坦纳所采取的行动之一,就是于 1885 年要求取消学生的和声学习,他感到这占用了学员太多时间,而且对大多数人来说确实是一个技术难题。他的总体战略之一就是消除那种"理论比实践更重要"的观念。

斯坦纳所希望的最理想的状况是,他能观察到学生在实习学校进行音乐课讲授,但是现实中这并不具备可行性(1886)。按照麦克诺特的观点,学生应该带着一系列要求才能离开学院:会唱十几首歌曲,还有卓有成效的限时课、音调课以及表情课。然而,斯坦纳却警告说不要对培训学院期望太多,期待他们直接出炉成熟的、具有实践经验的音乐家是不切实际的。

然而,对维多利亚时代培训学院音乐教学的一个评论(Board of Education,1928)指出,斯坦纳和麦克诺特应该对音乐教育体制中存在的缺憾负有责任。评论认为,他们所提供的东西本质上是非文化的,受限于其对初等学校要求的严重依赖性,受限于对以特定方式呈现的教学大纲的遵守:"它并不激发对音乐的热爱,也未能传授对音乐的任何理解。"

从"唱歌"到"音乐"

从"唱歌"到"音乐"命名的变化是由官方通过教育委员会的刊物《给教师的建议手册》(*Handbook of Suggestions for Teachers*,1927)所确定的,这标志着该学科所包含范围的扩大,加入了两个新内容——旋律练习(鼓励儿童创作属于自己的曲调)和鉴赏(被视为"练耳"的高级形式)。根据 1933 年的报道,教师在上音乐课时面临着一种"既尴尬又丰富"的情形,课堂内容广泛到包括音乐鉴赏、团体合唱、留声机、学校管弦乐团、打击乐队、节奏训练课以及无线广播课等(Board of Education,1933)。这篇报告以胜利的口吻结束:"从 1850 年开始,整个英国音乐史呈现出从黑暗到光明的转变,毫无疑问,学校音乐在整个转变中发挥了巨大的作用。"

1945 年以后,中学音乐活动范围有了相当大的拓展,有合唱团、管弦乐队、军乐队、无伴奏合唱团和歌剧团等;器乐教学受到鼓励,柯达伊(Kodaly)和奥尔夫(Orff)的音乐教学法逐渐盛行。20 世纪 60 年代,人们对在课堂上使用当代音乐的兴趣越来越浓厚,孩子们既是表演者又是作曲者。到了 70 年代,音乐教育可以划分成两大阵营:一些音乐教育者提倡"学科中心"课程模式,关注点在于技巧、音乐素养与西方音乐传统的传授方面;另外一些音乐教育者认可"儿童中心"课程模式,主张以实验、创造力和当代音乐风格为主要内容(见 Cox,2002)。20 世纪 80 年代到 90 年代《国家课程》(*National Curriculum*)的引入才终止了这场辩论。

面对当前和未来

在近代史上,促使音乐成为学校课程的一门主课的最为重大的事情是:全英国首次实行了《国家课程》,包括英格兰、威尔士和北爱尔兰。1987 年 11 月颁布的《大教育改革法案》(Great Education Reform Bill)规定:所有 5—14 岁的适龄儿童到 1989 年 9 月为止都必须接受新的《国家课程》核心科目的教育,包括英语、数学、科学(在威尔士是用威尔士语进行教学),到 1992 年 9 月为止,基础学科中出现了音乐课。有人认为,音乐并不是自动纳入课程中的;也有人说,音乐并不是必修课(见 Barber,1996)。改革中必不可少的内容就是"教育标准办公室"(Office for Standards in Education,Ofsted)的成立,其职责就是为了维护和提高整个标准,对学校及其教学定期实施缜密检查。

就音乐课程而言,争论的焦点在于作曲、表演、聆听和评价。虽然形式有所改进,这种务实的、世代相传的教学方法还是保留在随后修订的《国家课程》里,这在很大程度上要归功于约翰·潘特(John Paynter)和基思·斯万维克(Keith Swanwick)的开创性工作。2008年最新版的《国家课程》面世,根据当时一份报纸的大标题,承诺要促进"课堂革命,以便课程融入现代生活"(*The Independent* 13 July 2007)。更确切地说,其颇具特色的主题就是:鼓励基础教育的跨文化发展(参见www.curriculum.qca.org.uk)。

20世纪90年代后期,引起人们特别关注音乐作为学科课程的一个富有影响力的理由是:学习的迁移性概念的提出。根据埃弗里特(Everitt,1998)所述,科学研究表明,音乐在大脑活动中扮演着非常重要的角色,行为心理学家已经证实音乐有助于促进学习。因此,人们认为,如果把减少音乐课的时间增加到"读、写、算"的学习上的话会导致相反的结果;在诸如数学和文学等许多领域,音乐都可以帮助孩子提高他们的学习效果。此理念引起了教育部长大卫·布朗凯特(David Blunkett)等政治家们的注意,他宣称要优先考虑提高"读、写、算"的标准,而且,如果音乐有助于此,岂不是更好(*The Educational Supplement*, 22 May 1998)。

今天的教师培训模式的形成大多是由《国家课程》及其测试和目标而确定的。然而,一个重要的发展情况是,目前大约四分之一的新教师是在学校任职时而非是在大学里接受培训的(*The Economist*, 11 April 2009),而且,学校和大学的培训都是基于同一套教师国家标准。

毫无疑问,近几年音乐教育取得了很多令人鼓舞的新发展。《音乐宣言》(*The Music Manifesto*, DFES, 2004)为音乐教育承诺了一个新的"联盟"政策。学校标准部部长大卫·米利班德(David Milliband)重申了政府的承诺:不久之后,所有的小学生,只要他想学习乐器就将能够学习乐器。政府从五个关键方面对音乐教育作出承诺:(1)《音乐国家课程》的重要基础;(2)专业联盟;(3)使学校和专业音乐人一起工作的新灵活机制;(4)为音乐创新规划的新方向;(5)财力支持,2007年,政府宣布了一笔3.32亿英镑的音乐教育资金。

目前,接受政府资助(2009)的项目有:"更多机会方案",使初等教育阶段所有适龄儿童获得乐器学习的费用;"唱起来运动",旨在使初等教育阶段所有儿童到2012年能参与到唱歌活动中;还有英格兰和苏格兰的几个项目,通过复制委内瑞拉的一个30年"音乐救助体系"的计划,致力于"该项目通过在日常生活中渗透古典音乐,潜移默化改变了近万名贫困区儿童的生活"(Higgins, 2009)。这还没提到具有高度影响力的"音乐的未来"倡议活动,此项活动是由保罗·哈姆林(Paul Hamlyn)基金会资助,目的是为了设计出新的、富有想象力的方式,奖励给所有的11岁至19岁的献身于音乐活动的年轻人(参见www.musicalfutures.org.uk)。更确切地说,它其实是试图将正式与非正式的音乐学习联系在一起(见Green, 2008)。

另外,我们应该注意到,上述项目中至少有两个存在历史共通之处。首先,在

"音乐救助体系"中,"音乐作为社会再生力"的理念与早期音乐督察员关于"音乐在课程中地位的正当性"的思考紧密相关。其次,20世纪初期有关"民族歌曲"的公开辩论是源自《每日电讯报》2008年5月14日一个标题为"民族歌曲教材项目没有达到预期效果"的报告,其内容非常引人入胜。政府教育部长一直都希望,每个11岁儿童都应该知道以30首歌曲为基础的"唱起来运动",而实际上却并非如此。"唱起来运动"的一位领导人物格雷斯·马隆(Gareth Malone)解释道:"从文化方面讲,这只是一个烫手的山芋。"目前替代"民族歌曲教材"的是一个民族歌曲曲库,包含了100多首歌曲。对于"民族歌曲"问题,存在一些相同或者不同的思考,折射出对巩固课程基础思考的间断性和连续性。

除了上述真实的成就外还有一些其他关注,最近,教育标准办公室(Ofsted,2009)就公布了一份报告,《更多的音乐活动:学校音乐评估2005—2008》(*Making More of Music: An Evaluation of Music in Schools 2005—2008*)。尽管这份报告带来了大量的额外资金,人们还是觉得需要更好的目标、更多的影响。结论是:对于学校音乐教育来说,虽然这是一个非常积极的时代,但是太多各自为政的孤立发展使得一些项目并没能解决学校与教师的迫切需求。

小结

在英国,音乐作为学科课程的地位几乎总是模棱两可的。一方面,音乐有一个古老而显赫的教育传统,形成于学术严谨的中世纪文艺复兴时期,是当时的"四艺"(算数、几何、天文、音乐)之一;另一方面,它又常常被视为与教育无关紧要,与休闲和大众传媒的操控有关。在本次历史研究中,有过去和现在的对应关系,在某种条件下赋予音乐在学校课程中应有的地位;有从严格的实践应用到自由的思想放飞,给予这门学科所涉及范围多样化的解释;有关于教学法和音乐课程内容的激烈辩论;有关于音乐教师培训是应该遵循学校实践还是寻求改变的争论。

最近英国音乐教育界一直在谈论"迟到的文艺复兴"(参见Rainbow and Cox, 2006),毫无疑问,其部分原因是由于音乐教育者关于通过音乐教育实践和政治目的把音乐教育本质和目的联系起来的公开对话(见Woodford, 2005)。即使在这样不确定的时代里,或许还有一席之地可以留给我们持谨慎的乐观态度。

参考文献:

Barber, M. (1996), *The National Curriculum: A Study in Policy*. London: Keele University Press.

Barnett, J. (1842), *Systems and Singing Masters: An Analytical Comment Upon the Wilhem System as Taught in England with Letters*, *Authenticated Anecdotes and Critical Remarks Upon Mr John Hullah's Manual and Prefatory Minutes of the Council in Education*. London: W. S. Orr.

Board of Education (1905), *Suggestions for the Consideration of Teachers and Others Concerned in the work of Public Elementary Schools*. London: HMSO.

Board of Education (1913), *Report on the Teaching of Singing in the London Elementary Schools*. London: HMSO.

Board of Education (1927), *Handbook of Suggestions for Teachers*. London: HMSO.

Board of Education (1928), *Report on Music, Arts and Crafts and Drama in Training Colleges*. London: HMSO.

Board of Education (1933), *Recent Developments in School Music*. Educational Pamphlets No. 95. London: HMSO.

Browne, M. E. (1885-6), 'Music in elementary schools', *Proceedings of the Musical Association*, 12, 1-22.

Committee of Council on Education (1873-1899), *Reports of the Committee of Council on Education*. London: HMSO.

Cox, G. (2002), *Living Music in Schools 1923-1999: Studies in the History of Music Education in England*. Aldershot: Ashgate.

Cox, G. (ed.) (2003), *Sir Arthur Somervell on Music Education: His Writings, Speeches and Letters*. Woodbridge: Boydell Press.

Curwen, J. (1843), *Singing for Schools and Congregations*. London: Curwen.

Daily Telegraph, *The*, 'National song-book project falls flat', 14 May 2008.

Department for Education and Employment (DfEE) (1999), *The National Curriculum for England: Music*. London: DfEE.

Department for Education and Skills (DfES) (2004), *The Music Manifesto*. London: DfES.

Dibble, J. (2007), *John Stainer*. Woodbridge: Boydell & Brewer.

Economist, *The*, 'Not so loony', 11 April 2009.

Everitt, A. (1998), 'Cerebral software', *Times Educational Supplement*, 24 April.

Farmer, J. (1895), *Gaudeamus: A Selection of Songs for Schools and Colleges*. London: Cassell.

Green, L. (2008), *Music, Informal Learning and the School: A New Classroom*

Pedagogy. Aldershot: Ashgate.

Greene, R. L. (1935), *The Early English Carols*. Oxford: Clarendon Press.

Hadow, W. H. (1903), *Songs of the British Islands: One Hundred National Melodies selected and edited for the Use of Schools*. London: Curwen.

Higgins, C. (2009), 'Now for a samba', *The Guardian*, Wednesday 14 January, www.guardian.co.uk/uk/2009/jan/14/scotland-venezuela/print.

Hullah, F. (1886), *Life of John Hullah LLD*. London: Longmans Green.

Hullah, J. (1842), *Wilhem's Method of Teaching Singing Adapted to the English Use under the Superintendance of the Committee of Council on Education*. London: John W. Parker.

Hullah, J. (1846), *The Duty and Advantages of Being Able to Sing. A Lecture Delivered at the Leeds Church Institution*. London: John W. Parker.

Hullah, J. (1854), *Music as an Element of Education: Being One of a Series of Lectures Delivered at St Martin's Hall, in Connexion with the Educational Exhibition of the Society of Arts, July 24, 1854*. London: John W. Parker.

Hullah, J. (1878), *How Can a Sound Knowledge of Music be Best and Most Generally Disseminated? A Paper read... at the Twenty-Second Congress of the National Association for the Promotion of Social Science*. London: Longmans Green.

Independent, The, 'A classroom revolution as curriculum embraces modern life', 13 July 2007.

Lawson, J. and Silver, H. (1973), *A Social History of Education in England*. London: Methuen.

McNaught, W. G. (1884), 'Music in primary schools', in *The Health Exhibition Literature XIII. Conference on Education*. London: William Clowes, pp. 417-30.

McNaught, W. G. (1894-5), 'How to teach note singing pleasantly and expeditiously', *School Music Review*, 3, 15-16, 23-24, 61-62.

Musical Futures initiative, www.musicalfutures.org.uk.

Nicholson, S. H. (1903), *British Songs for British Boys: A Collection of One Hundred National Songs: Designed for the Use of Boys in Schools and Choirs*. London: Macmillan.

Ofsted (2009), *Making More of Music: An Evaluation of Music in Schools 2005-08* London: Ofsted.

Plummeridge, C. (2001), 'Music in schools', in S. Sadie and J. Tyrrell (eds), *The New Grove Dictionary of Music and Musicians* (2nd edn). London: Macmillan, pp. 614-29.

Qualifications and Curriculum Authority (2008), www. Curriculum. gov. qca. org. uk.

Rainbow, B. (1967), *The Land without Music: Musical Education In England 1800-1860 and its Continental Antecedents*. Borough Green: Novello.

Rainbow, B. (1980), *John Curwen: A Short Critical Biography*. Borough Green: Novello.

Rainbow, B. (1985), 'The land with music: reality and myth in music education', in A. E. Kemp (ed.), *Research in Music Education: A Festschrift for Arnold Bentley*. Reading: ISME Research Commission, pp. 19-32.

Rainbow, B. with Cox, G. (2006), *Music in Educational Thought and Practice* (2nd edn). Woodbridge: Boydell Press.

Scholes, P. (1947), *The Mirror of Music 1844-1944: A Century of Musical Life in Britain as reflected in the Pages of the Musical Times*. London: Novello and Oxford University Press.

School Music Review, October 1896, June 1906.

Sharp, C. (1902), *A Book of British Song for Home and School*. London: John Murray.

Somervell, A. (1905), 'The basis of the claims of music in education', *Proceedings of the Musical Association*, 31, 149-66.

Stainer, J. (1892), *Music in its Relation to the Intellect and the Emotions*. London: Novello, Ewer.

Standford, C. V. (ed.) (1884), *Song-Book for Schools (being a Graduated Collection of Sixty-four songs in One, Two and Three Parts adapted for the use of Children)*. London: National Society's Depository.

Stanford, C. V. (ed.) (1906), *The National Song Book*. London: Boosey.

Times Educational Supplement, The, 22 May 1998.

Woodford, P. (2005), *Democracy and Music Education: Liberalism, Ethics, and the Politics of Practice*. Bloomington: Indiana University Press.

第二章 法国：一场不确定、不公平的战斗

弗朗索瓦·马德瑞尔
(François Madurell)

在《学校音乐教学》(*L'enseignement musical à l'école*)这篇具有里程碑意义的文章中，莫里斯·舍韦（Maurice Chevais，1880—1943）深入分析了法国的音乐教育状况，并且强烈呼吁到：

也许有一天，在法国我们要向那些人致敬，向那些既负责传播大众音乐教育也承担弘扬音乐传统的人们致敬！因为我们终于意识到，为了进一步促进儿童的和谐成长，一切都需要求助音乐与合唱(Chevais,1931)。

他的愿望从未全部变成现实。上述言论指出了把音乐教育和学校整合在一起时结构上的困难，揭示了音乐教育在教学方法、学习目标和课程方面长期存在并且根深蒂固的分歧。造成这种情形的原因，主要有历史发展的背景、爱国情感的力量、教学方法的争论等负面影响以及教师培训问题。这些问题从不同角度出发，不可避免地互相交织在学校音乐教育的各项功能中。按照法国音乐文化固有的观点来看，为所有儿童提供音乐教育都是违背"天赋"的理想主义，因为拥有音乐天赋常被视为是上帝或大自然的礼物，而与教育或培训无关。

本章重点关注1870年和1940年之间的一段时期，更确切地说，是追溯音乐在法国作为一门学校课程的起源、音乐教育与爱国主义的关系、关于简谱与音高的两种教学方法的辩论以及音乐教师的培训。最后，经过对莫里斯·舍韦在法国学校音乐教育的重要影响进行深刻反思之后，作者谈论了对当前音乐教育现状的研究和看法。

音乐作为一门学科引进学校课程中

早在1819年,音乐就被引进到巴黎的各小学里。作为一门学科,它曾受到高度重视,这要归功于那个被称为威廉姆(Wilhem,1781—1842)的纪洛姆·路易斯·博基隆(Guillaume Louis Bocquillon),他是合唱的坚定倡导者,也是1835年成立的巴黎教育部分管学校的主任。威廉姆编制了一个唱歌手册(1836),用于班级教学体制(大班分成小组,每一组都有组长负责)。在威廉姆的教科书中,他按照计划好的顺序把朦胧的音乐分割成一些简单的步骤以供初学者使用,这种作为预备阶段的声乐练习是基于"音阶"的原理,在视觉上,音阶是以一系列全音阶呈现的,其中个别音以半音递高。后来他使用"手指谱"(phonomimie),也就是手可以被当作五线谱使用,练习中随时可以在另一只手上指出音符。威廉姆的方法旨在把音乐教学拓展到成人群体中,他教的成人班学员有技师,有劳动者,还有他们的雇主,不过这种方法很显然是建立在学校音乐学习的基础上的。威廉姆还坚持对儿童实施听力训练和视唱练习相结合的综合课程(使用法国传统的"固定唱名法")。1841年前后,据估计在巴黎的学校里,大约有12000名儿童正在接受用他的方法教授的唱歌课,还有他的成人班,大约有1500名学生(见Rainbow,1967)。

然而,即使是被称为"巴黎特例"(Fijalkow,2003)的音乐教育,也无法掩饰其成为整个法国教育一部分和作为学校必修课应有地位的过程中所遇到的困难。虽然1833年的《居佐法案》(Guizot Law,1833)要求,每一个城镇都应为男孩子开办一所学校并且规定一个学习音乐的地方,到1836年法案还要求开办女校,但是,"唱歌练习"对女孩子来说是强制性,对男孩子来说却是随意性的,这种性别歧视是社会角色的影响力在学校的反映。学校,被称为价值观的发源地,远非是一尘不染的圣洁之所,仍然必须服从于当时的传统。1850年,《佛洛克斯法案》(Falloux Law)又规定音乐为所有学生的选修课,可是随后又不确定。可见,法律对于音乐在学校地位的规定也受权力机构心血来潮的影响。

1881年,这种情况再次发生。在教育专家连续发表了7篇报道之后(Alten,1995),官方教学大纲颁布了"1882年7月27日项目",取消了所有性别歧视的规定,并且确立了明确的政治倾向:初级义务教育阶段的所有儿童,都必须接受唱歌课的教育。因此,直到1882年7月27日唱歌课才在非宗教区学校教育体制内的小学里享有应有的地位。虽然如此,吟唱还是被列在课程表的最后。音乐教学因为以唱歌为基础而逐渐开始吸收"首调唱名法"的基本原则。1882年的教学大纲一直沿用到1923年新规定的出现,新规定限制学生必须通过唱歌考试才可以获取初级学习证书(Programmes et instructions 1923)。这项措施从1924年开始生效,但是为了实施附带强制性考试的教学大纲,许多小学教师并没有经过充分的音乐培训。除了学校教师需要接受充分音乐培训的关键问题之外,强制性考试的引入,也是当时法兰西共和国学校音乐教育所呈现问题复杂性的一个缩影。

一方面,在课堂时间有限的情况下,存在着对于音乐要求相对不高的问题(大多数是一周1个小时);另一方面,不容忽视的社会文化和政治诸方面又期望应该给全体公民提供音乐教育,而且音乐还要作为爱国主义教育的工具和手段。关于音乐课应该如何教授及其教学目标如何实现也一直争论不断,这加剧了音乐界各种观点的冲突:对于一些教师来说,专业音乐学院的建议常常被作为参考观点来考虑;而另外一些教师认为这些建议不现实,赞成最适合学校背景特点的音乐教学方法,因此他们偶尔把教师们有限的教学技巧纳入考虑之中。梵肯(Vancon,2004)对于这个问题有着更加详尽的阐述。

音乐教育和爱国主义

灾难的普法战争导致了拿破仑三世的倒台,迎来了法兰西共和国的宣告成立。俾斯麦根据1919年凡尔赛公约要求将阿尔萨斯-洛林(法国东北部地区,1871年法兰克福和平协定割让出去的)归还给法国,因此,根据《教师论坛》(*Tribune des Instituteurs*)的建议,在学校"培养忠诚的爱国精神"(Ferro,2003)被视为能否获得民族自豪感的成功标志。

因此,爱国主义歌曲在学校歌曲曲目中占有很重要的地位就不足为奇了,在日益紧张的国际环境中就更以为甚。米歇尔·埃尔顿(Michele Alten,1995)对于学校音乐中爱国主义教育倾向的高涨趋势进行过分析,指出其影响痕迹一直残留到19世纪20年代。在第一次世界大战前20年间,要求阿尔萨斯-洛林回归法国以及报仇雪耻的浪潮,渗透到前共和国学校的道德教育和公民教育中。孩子们深受日益高涨的爱国主义精神的影响,其中军事英雄主义也受到高度赞扬,因此整整一代人都被教育得毫无畏惧、时刻准备着前赴后继地为国捐躯。

第一次世界大战之后,对祖国的崇拜仍然通过伟大战争的纪念活动维持着。活动中学校师生扮演着重要角色,他们在课堂上教唱的歌曲内容多为法国地区的风土民情,例如:卢瓦尔河畔的传统歌曲《卢瓦尔之歌》(*Chansons populaires du val-de-loire*)(Chevais,1925),法兰西各省的传统歌曲《法兰西之歌》(*Chansons populaires des provinces de France*,1925),还有《学校诗集和校外歌曲》(*Anthologie du chant scolaire et post-scolaire*)中的第一部分《法兰西,我的艺术,我的学校》(*Société française l'art à l'école*,1925)。但伴随着和平主义的普及,新的社会观点层出不穷(尤其是在工会运动出现期间),学校教师逐渐抛弃了曾经广受欢迎的爱国主义理想。

这种对爱国主义的关注并不是当时唯一的社会要务。音乐教育纳入学校课程时，法国正经历着大规模工业化——当时其本质上还是农业社会，许多来自农村的儿童更是增加了工人的负担，导致他们不得不在新工厂里竭尽全力、日复一日地劳动。人们越来越深刻地认识到，对于这种环境中的成年工人来说，唱歌是非常有益的(Alten,1995)。

学校音乐教育能够幸免于重大的政治和社会改革，那是因为人们承认音乐具有这些特殊的益处，但是它在课程中仍然处于无关紧要的地位，其教学方法和实践仍然缺乏普遍的关注度和认可度。

教育学问题：简谱以及绝对音高和相对音高之争

教育委员会颇具影响力的一个委员，阿曼达·谢威(Amand Chevé)在1882年指出，学校分配给音乐课的时间有限，致使学生在音乐读谱学习上遭遇困难(参见 Alten,1995;Vancon,2004)，因此，他以"葛巴谢谱式"(Galin-Paris-Chevé)①的使用作为一个案例来说明(参见 Chevé,1852,1862;Lee-Forbes,1977)。简单来说，简谱就是用数字1到7来代替主要音阶，在这个音阶中，1代表大调的主音，其目的是在学习视唱的初始阶段使用，使得学生可以放弃传统复杂的五线谱学习，尽管后期五线谱还是会促进音乐更易于学习一些。虽然1882年的官方文件没有特别推荐该方法(简谱)，但是1883年7月23日的部长级会议确实授权学校使用简谱(参见 Chevais,1931)。1905年8月4日部长级政令(119号文件)颁布后，简谱就被纳入到教育学院的学校课程中，最后出现在1905年的《通用手册》(Manuel General)上。

尽管"葛巴谢谱式"仅代表被试用的许多可能的方法之一，包括20世纪20年代由它激发的一场法国人欢迎而实际上令人乏味的辩论。同其他方法相比较，"葛巴谢谱式"确实使得简单旋律的学习更快捷，而且为"以唱歌为中心内容"的学校课程提供了一定的优势。"以简谱为基础"的官方文件下发到教育学院时，甚至舍韦自己都不能很好地适应这种教学方法。他承认这种方法确实有一些教学优势，特别是音高、时值的简单化，以及所有大小调简化为两个音阶：C大调和A小调。舍韦(1931)认为，简谱"作为暂时的音乐教学手段"是非常有用的，但是在遇到更复杂的音乐表现时，五线谱就变得必要了。

对于"是否使用简谱"的争论持续了将近30年，简谱不适合器乐学习，因而遭到专业音乐教师的强烈反对。从1923年起，官方教学大纲里就不再包括简谱的学习。

---

① 法国著名思想家卢梭提出数字简谱之后，经葛林(Galin)、巴丽(Paris)、谢威(Chevé)三人的改进与完善，因此简谱也称作"葛巴谢谱式"，或简称"谢氏谱式"。[译者注]

另一个重要的教学法问题是,比起"首调唱名法"来说,法国人更加偏爱"固定唱名法"。正如其他拉丁语国家一样,法国人见证了许许多多有关"相对唱名法"和"固定唱名法"孰优孰劣的讨论,这些争论使得学校音乐教学效果逐步降低。最终,1859年的部长政令确定了标准音(摄氏18度,435赫兹),并且被1885年的国际大会所接受,这对法国来说简直是出乎意料的结果,因为在开始时也不过是一个惯例的采用而已。然而,随后逐渐就导致了基于"固定音高"(相对于"相对音高"而言)的一种音乐教学方法,而且也导致了对于其他任何方法(采用相对音高方法)应用的疑虑和担忧,比如,由柯尔文、沃德(Ward)、柯达伊和热达尔热(Gedalge)所设计的那些教学方法,"固定音高"虽不尽完善,但趋势一直盛行到今天。这种关注"绝对音高"的方法遭到了音乐学家雅克·沙伊(Jacques Chailly)的强烈反对。他在一段时期的犹豫后,最终承认了音乐教学方法大范围改革的必要性,并且指出了这种方法僵持局面所带来的消极影响(Chailley,1980)。其他更加具体的尝试并没有得到使这种创新繁荣发展的足够支持,如雅克·里比埃尔·莱沃莱特(Jacques Ribière-Raverlat,1975,1978)提出的将柯达伊的方法进行法国化改编。

作为音乐敏感性标准的完美音高被赋予过多的期望,过于强调"视唱练耳"技巧的重要性,对专业音乐教学的过于关注,使得学校普通课堂音乐教学对学校音乐的发展产生了事与愿违的结果。而且,许多兼职教师都感到,他们所接受的音乐培训根本没能为他们有效控制音乐课堂提供自信心。

音乐教师的培训

兼职教师与音乐知识的关系本质上取决于两个因素:一是个人在音乐活动实践中的先前经验;二是教师教育课程中专业音乐培训的总量。一些在第三共和国时期接受过培训的学校教师就有作为歌手或器乐师的先前经验,而这些经验使他们在课堂从事音乐活动时至少有一些自信心,少数人甚至在课堂上还可以弹奏乐器,而这在当时那种高度理性教育背景下是不常见的。音乐,作为"最后一门学科"被纳入课程教育中,因其与感情和身体的参与相关,所以常常引发教师们的疑虑和担忧,当然那些被任命为音乐督察员的音乐家除外。然而,在大多数情况下,学校教师对教授音乐课都感到没底气。

尽管有官方的指导,在音乐方面教师培训的质量还是各不相同。按照曲调演唱时,最好是拥有基本音乐知识,"视唱练耳"的基本原理对那些本应该把大部分时间和精力都用来教授儿童读、写、算的教师提出了相当高的要求。直到两次世界大战期间,才提出"教学资质证书",在两个层面上,授权给那些符合"音乐家——教师"双重标准的人们,使他们可以在更高级别的学校或教育学院任教。阿尔滕(Alten,1995)注意到,在许多地区这种政策执行起来依然困难重重。于是在1993年,时任基础教育督察员的安德鲁·费瑞（Andre Ferre）认真考虑了为教师建立可持续发展的专业培训，与此同时法国的各级管理机构（国家级、部门级甚至行业内部会议）也分别组织授课。然而，教师培训计划在法国各地的实施依然很矛盾，只有在拥有着高级文化生活和高度专业化教师的巴黎，才能提供连续的、高水准的教师音乐培训。

莫里斯·舍韦（Maurice Chevais）

法国，作为一个长期以来被推崇为拥有典范教育体制的集权制国家，从来没有令人满意地解决了基础教育阶段的音乐教育问题，尽管在音乐基地或音乐学校专业的音乐培训方面取得了令人惊叹的进步[①]。成熟而实际的教学方法的匮乏、强有力政治意志的缺失，几乎无助于冷静反思的无果争执……这一切都遮蔽了最基本的实用主义，而少数具有洞察力的教师在早期却能实施贯彻之。我们已经讨论过威廉姆的开拓性努力，但是还有一个在今天几乎已被遗忘却更具影响力的音乐教师，他就是莫里斯·舍韦。

两次世界大战期间，莫里斯·舍韦是引领学校音乐教育发展的主导人物（参见Fijalkow，2004）。他的思想具有认识论的广度，他非常关注与音乐教育有关联的许多方面，他根据孩子们的实际知识进行教学，几乎涵盖了各个方面，诸如课程教学、教学目标、教学策略、学校教师的培训以及更为广泛的学校音乐指导的趋势。通过关注莫里斯·舍韦的贡献，我们可以更多地了解两次世界大战期间有关音乐教学的主流思想。

从一开始，莫里斯·舍韦就醉心于推动一个更宽广的学科发展，因而他宁愿讨论"音乐教育"，也不愿对受限制的圣歌进行任何议论（参见Chevais，1925）。他断言，感性方法是至高无上的，超越于任何理论尝试。在第一阶段，从6岁到9岁，抽象概念是被禁止的：指导应该是口头上的，并且主要依赖于吟唱，其目的是培养嗓音、听觉和乐感。因而，唱歌不再是以前提出来仅供考虑的理论方法的例证阶段，转而成为音乐教育的主要工具。舍韦设想的诸如游戏、韵律和体育锻炼等活动，都是令儿童愉快的活动，并且能够逐步形成儿童持续学习的动机。

在第二阶段，从9岁到12岁，音乐教育继续致力于依靠视觉来强化乐谱教学，这是音乐教学的初始阶段，一个不应该阻碍前一阶段所获得的声乐、聆听或审美等技巧的教育过程，一个很多教师并不知道该如何避免的陷阱。"首调唱名法"的基本原理将教师始终联系儿童的活跃融洽的课堂气氛涵盖其中，舍韦将这种教学方法运用

---

① 就中等学校而言，19世纪末就给女孩子教授音乐，但是直到1937年男孩子才开始接受音乐教育。这种情形是在1969年"兰德沃斯基计划"颁布后才得以改善的。参见Lanowski(1979)。

在他为学校文化节所收集的民歌民谣和哑剧剧目中,并且得到实践检验。1909 年舍韦出版了《手势之歌》(*Chansons avec gestes*)一书。后来改为《手势校园之歌》(*Chants scolaires avec gestes*)。在这本书中,文字、音乐以及身体运动之间的关系得以体现。舍韦并不拒绝先前的诸如"和弦标注"(phonomimie)之类的方法,这种方法是一种巧妙地表现 C 大调音阶的乐谱体系,一般把和弦标注在小节线左边,而把其他音符标注在右边。

在第三阶段,针对 12 岁以上的儿童,音乐教学基本上以和声和复音的合唱为基础。舍韦相信校外合唱活动的有效性,它不仅是课堂音乐教学的有力补充,而且在儿童未来成人生活中也相当重要,是体现其公民及艺术价值的社会活动。

由舍韦所倡导的范式和成就也许引起了一些不同见解的评论,特别是他对"音调感觉天赋说"的信仰,但是他著作中的人道主义应该得到肯定,还有他对儿童在教师的指导下逐渐成为一个成熟的、具备技巧的音乐参与者的关注也是值得肯定的。在法国教育的大背景下,舍韦的方法,无可争辩地成为"行动核心"方法中最重要的一种方法。而且,由于他的教学法影响着校外的音乐学习,特别是在提倡大众教育的运动中,因此其目前更趋完善(参见 Andrieux, in Pristone 1983)。

时至今日,我们认识到舍韦对音乐教育的贡献是相当大的(参见 Mialaret, in Fijalkow 2004),特别是其将理论方法转为感官方法的关注。通过将感官方法付诸实践,以及对学习障碍的界定,舍韦成为教育革新的主要人物之一,与其一起工作的还有蒙台梭利(Montessori)和达尔克罗兹(Dalcroze),他们也介入了对儿童心理学的研究。舍韦对在世纪之交时对儿童心理研究学会的阿尔弗雷德·比奈特(Alfred Binet, 1857—1911)的著作非常感兴趣(见 Avanzini, 1974; Binet and Simon, 1908)。比奈特给予舍韦的影响是显而易见的,这可以从他将比奈特著作中的"儿童心理功能"与自己的教育过程发展视角的结合运用中窥见一斑。

如果没有对由舍韦倡导的"先进的"教学法的深度剖析,就不可能捕获目前作为研究工具而应用的重要心理学原则。与以读谱为核心来学习音乐的大多数先辈们不同,舍韦的"心理教育"结合法,不是依赖于学习的视觉模式,而是将听觉和歌唱相结合(参见 Drake and Rochez, 2003)。这种具有启迪意义的决策绕过了法国乐器培训中的流行做法,当时"视觉语义"和"视觉行为"共同占据着学术主导地位。优先考虑实践和反对抽象要求的观点使得舍韦的理论相当接近于后来达尔克罗兹、柯达伊和奥尔夫三人所倡导的教学法。又一次,舍韦在使歌唱成为音乐教育中最重要部分中表现出敏锐的洞察力,因而得到普遍认可。今天,一种坚定的认识是:歌唱,在很大程度上,有助于知识和技巧从音乐的一个领域迁移到另一个领域中(参见 Drake, McAdams and Berthoz, 1999; Drake, Rochez, McAdams, McAdams and Berthoz, 2002)。

学校对于音乐的引进以及将其整合到核心教育系统中所遇到的困难,为一场关于音乐教育学的持续而富有成果的大讨论提供了机会。面对不友好的环境,音乐教师们不断地进行着将学校机构改编为一个研究机构的阶段性尝试。这种音乐教育实践的演变以及年报中的记载(参见 Augé,1889;Bouchor,1895;Marmontel,1886)都表明了,课堂音乐教育(尽管比较慢)已经打破了原先盛行的为了培养器乐演奏者和歌手的音乐教育模式。因此,对音乐教育在学校中特殊地位的承认和对音乐成为学校体系中专业的认可来之不易,这个过程形成了贯穿法国音乐教育史前两个阶段(1833—1882 和 1882—1923)的主线。

但是学校音乐教育有什么意义呢?作为强制推行的学校课程的后来者,音乐教育的益处,诸如促进社会和谐、激励民族自豪感以及培养艺术审美感等功能,逐渐都得到了认可,而这在很大程度上要归功于舍韦,是他将音乐看作儿童发展个性表达的必要手段和通往增强人类敏感性的捷径,而这正是由最后一个伟大的音乐教育先驱所教授的"伟大的课程"。

今天的音乐教育

1984 年,在对普通教育中的音乐课程进行了短期的研究之后,安妮·拉布希尔(Annie Labussière)对当时学校的情形进行了一个毁灭性的批判:

当今学校的音乐教育,除过其显而易见的复兴和繁荣,还受到了许多外在因素(经济、政治、社会)的影响和束缚,但是更为严重的是来自内部的问题(方法、曲目、教育定位),而这些问题也许并不是通过经验来解决,而是通过在科学程序(音乐学、经验心理学、心理教育学)和课程与教学模式之间的交互妥协来解决的。而且,自本世纪开始,人们可能观察到一系列的改革、设计、修改、再修改,这些实践应用(经常是短命的或是不充分的,有时还会遭到批评)的失败或者搁浅的情况,基本上会发生在那些没有将音乐充分纳入到整个学校课程的国家中(参见 Labussière,1984)。

今天,尽管音乐教育的心理学基础已经被全世界所广泛承认,但是在学校体制内还没有实施以此为基础的相应内容,由于它是在"艺术教育"(*Bulletin Official*,3 February 2005)的外衣下发展,并且处于和其他艺术性实践竞争的地位,因此,音乐教育就失去了它先前定义的清晰与明确。很难确保音乐还能否作为一门固定的学校学科得以幸存;同时,对于学校音乐的开拓者所提主要问题的现实意义的阐释说明也备受打击;通过对比过去和现在的情况(事实上让人很惋惜),表明了这些至今没有得到满意解决的问题的顽固性和复杂性;兼职教师在音乐教学中常常感到缺乏自信的状况并未改变(参见 Jahier,2006)。曾经一度,这样的现象循环发生,严重地限制和削弱了未来兼职教师的音乐培训,然而按照预期,如果教师们在教育学院获得了充分的培训,就能够完成他们的使命。兼职教师在音乐领域的可信性仍然是个悬而未解的问题,这也是一个音乐教育开拓者在早期就提出的难题。音乐,通过走后门进入了第三共和国的学校里——相对安全的庇护所,最终在本地政府所控制的专门机构(比如音乐学校或学院)中确立了更为坚实的地位。在今天,如果我们把历史的视野放得更宽阔一些,那就是为了建立小学教育和专业音乐家之合作关系所需要的努力将会获得一些积极的效果,也就是负责班级管理的教师能够胜任那些本该需要艺术家做的工作。在维持音乐教育地位方面,有效的教师培训是一个不可或缺的前提条件,而且也是一个非常敏感的问题。

20世纪初,为了音乐之外的其他目标(多指社会或政治方面)的利益,学校音乐教育被迫通过以纯粹音乐之外的(价值)辩解来证明自己存在的正当性——目前情况依然如此。在这方面值得强调的是,在儿童社会化和相关能力的迁移方面,音乐作出了不可争辩的贡献,至少对于音乐的研究表明它有助于扩大学习的其他领域。调查显示(参见 Drake and Rochez,2003),本地区人口在音乐实践上花费的时间量远高于法国小学生。鉴于此,这种争议只能谨慎地用于法国学校教育中,因为这是一把潜在的双刃剑。

最先反对我们现在称之为"音乐教育"的是一些负责任的音乐家,他们清醒地意识到,为了摆正其在学校课程中存在的地位,音乐,(无论多么值得赞许)也不需要藏在外在(价值)理由之后。为了(使人们)充分认识到音乐的内在价值,就强使音乐的规则去服务于其他功能或其他教育目标,这不过是对迎合教育当局顽固性的反应罢了。音乐在课程中所呈现的知识与技能层面上的地位仍然是微不足道的。

总而言之,学校音乐教育的困境折射出音乐在法国社会中模棱两可的地位,而这常常被曲解至漫画一样的观点。尽管是无论什么时候当它与贵族音乐培训机构相关时,社会精英都很重视音乐,但对于中下层阶级来说,音乐的功能就只有娱乐性了。在教育方面人们一直认为,只要它不损害所谓的更重要的基础学科的学习,音乐实践还是不错的。至于大多数学生的音乐活动,就很难与校外活动联系在一起了,换句话说,在说教活动与社会知识之间有一种裂痕,结果是学校的音乐活动很少能够达到"社会实践可资借鉴"的地位(参见 Martinand,1981)。根据其他法规,学校课程引入音乐教育也具有合法性,正如在1995年3月9日的《政府公告》(*Bulletin Official*)中所显示的那样,政府将使用一贯的"支持学校音乐教育"的言辞,但实际上却不是这样的。如果要想出现明显转机,一个将音乐纳入教师培训中的规划就是不可或缺的,哪怕是暂时的雄心勃勃和自成体系。此外,音乐教育是培养儿童个性形成过程中的一个积极因素,这种认识必然会引起一场应用于所有学校的课程改革,然而这种改革仅是部分的,因为犹豫不决的态度从来都没有完全消失。

因此，致力于音乐教育工作的教师们，为改变公众怀疑的观点花费了大量精力；为了使自己的理念被接受，他们在学校体制中付出了不懈的努力。通常在一个有限的环境中，这些音乐教育者所付出的努力只会带来中庸的结果，而这种结果很少能得到政府决策者和长官们的理解。其实，这些不懈努力和一次次的小成功所组成的基本工作，本应该获得政府机构的大力支持。不能认识到学校音乐教育的益处依然是一门学科发展的一个主要障碍。

后来的事实证明，社会和学校体制之间的相互影响似乎已经使音乐教育成为一个大家讨论的"热点"，而实际上围绕着它却从来没有真正达成一致意见，结果，学校音乐教育成了法国社会对于音乐艺术感知重要趋势的单一检验剂。这是一种追求高水准音乐的实践展示，作为培养演奏家和作曲家沃土的法国，这种音乐实践提供并确保其文化力量的卓越，与之对应的涉及更多人的大众音乐教育却受到冷遇。对于卓越的高调追求导致其对学校环境内建立稳固基础的忽略，尽管无数音乐教师、作曲家和其他开明人士都本着良好的愿望进行了艰苦卓绝的努力，但是，从学校音乐实践到著名音乐家最卓越的演奏这样大的范围内，(高水准音乐实践)都从未成功地建立起它自身稳固的体系。

这些特定的社会历史条件注定了法国在音乐教育方面不同于其他欧洲国家，如德国或者匈牙利等。法国音乐生活受到认识分歧的影响，精英人物的认识和那些支持对大多数儿童实施音乐教育的认识显然是不同的。一个人如果没有被问到伤脑筋的社会文化问题，或者至少对政府的态度表示怀疑，那么他就不能深入探究法国音乐教育是如何纳入学校体制的，那么当他谈到音乐教育的关键问题时，就会倾向于通过立法规定，而法律的规定已经显示出它是意志脆弱的而非武断的。正是那些勇于牺牲和奉献的教师，在诸多不尽如人意的条件下还努力为自己的学生提供音乐教育，这些都为教育方法带来了极大的多样性，与此同时或许也造成了清晰关注点的缺乏。

总结

在法国，音乐教育纳入学校课程的进程，表现出一个前进和退缩、热衷和放弃交互更替的过程。在最后这个简短的概述中，最重要的印象可能就是一场不确定的、不平等的战斗——学校音乐教育的历史似乎是在原地踏步。然而，在一个世纪的历程中，音乐已经逐渐设法澄清了自己的目标和内容，并且使其适应了那些(政府)分派给学校的毫无价值的方法和手段。音乐也已经展示出在与儿童心理学合作贡献方面的包容性，而且也乐于接受巨大的心理学上的论辩。官方的规定和成功的计划揭示出这种长期性的变化，这种变化导致音乐已经开始从娱乐演变成一种装饰或者是在近期被人们认为是锻炼和发展个性潜能的学科。然而,教育机构的人们仍然认为音乐教育有它真正的价值,那些忽略学校课程的管理机构仍然清楚地规划音乐教育的意义。今天,正如在开拓的时代一样,这些情况都还没有出现。

目前的形势仍然是严峻与成功可期并行,并且带有严重缺陷的,因为通常不被学校充分认知,甚至没有媒体曝光。正如在《政府公告29》(*the Bulletin Officiel 29*, 20 July 2006)中所报道的那样,当前法国教育的目标是强调基础教育,并且把音乐教育归类于更大的艺术教育框架中。这些措施只是教育构想中的一部分,在这些构想中,功利主义的成见融入科学与技术效率的标准中。在这样的背景下,需要牢记并且要一再重申的是音乐教育先驱者们的信念和承诺,以便于音乐教育者可以找到一条复兴之路,可以意识到怎样才能适应一个不断发展着的世界的要求[①]。

参考文献:

Alten, M. (1995), *La musique dans l'école de Jules Ferry à nos jours*. Issy-les-Mounlineaux: EAP.

Augé, C. (1889), *Le Livre de musique*. Paris: Vve P. Larousse.

Avanzini, G. (ed.) (1974), *Binet: Écrits psychologiques et pédagogiques. Choisis et présentés par Guy Avanzini*. Toulouse: Privat.

Binet, A. and Simon, T. (1908/2004), *Le développement de l'intelligence chez les enfants*. [Reprod. en fac-sim. de l'édition de 1908, Paris: Masson]. Paris: l'Harmattan.

Bouchor, M. (1895), *Chants populaires pour les écoles. Poésies de Maurice Bouchor*. Paris: Hachette.

Buisson, F. (1887), *Dictionnaire de pédagogie*. Tome 2. Paris: Hachette.

Bulletin Officiel n 5, 9 March 1995, 'Nouveaux programmes de l'école primaire'.

Bulletin Officiel n 5, 3 February 2005, 'Circulaire d'orientations sur la politique d'éducation artistique et culturelle(...)'.

Bulletin Officiel n 29, 20 July 2006, 'Socle commun de connaissances et de compétences'.

Chailley, J. (1965), 'Solmisation relative ou solfège absolu', *L'éducation musicale*, 21, (123), 26-7.

---

① 下面附加的参考资料有助于那些希望进一步探索法国音乐教育发展史的研究者: Chailley(1965, 1966); Chevais(1937, 1939, 1941); Dauphin(2004); Genet-Delacoix(1992); Kleinman(1974); Lescat(2001); Prost(1968); Roy(2002)。

Chailley, J. (1966), 'Solmisation relative ou solfège absolu', *L'éducation musicale*, 21, (125), 18.

Chailley, J. (1980), 'Hauteur absolue, hauteur relative', in H. P. M. Lithens and Gabriel M. Steinschulte(eds), *Divini cultu splendori, studia musicae sacrae necnon et musico-paedagogiae. Liber festivus in honorem Joseph Lennards*. Rome, pp. 125-30.

Chailley, J. (1983), 'La solmisation Kodály, révélateur des problèmes de hauteur absolue et de hauteur relative dans les pays latins', *L'Éducation musicale*, 40, (295), 7-10.

Chevais, M. (1909), *Chanson avec gestes*. Paris: A. Leduc.

Chevais, M. (1925), *Chansons populaires du Val-de-Loire. Orléans-Blois-Tours et des pays avoisinants*. Paris: Heugel.

Chevais, M. (1931), 'L'enseignement musical à l'école', in A. Lavignac and L. de Laurencie(eds), *Encyclopédie de la musique et Dictionnaire du Conservatoire* (Part II, vol. 6). Paris: Delagrave, pp. 3631-83.

Chevais, M. (1937), *L'éducation musicale de l'enfance*. Vol. 1: L'enfant et la musique. Paris: A. Leduc.

Chevais, M. (1939), *L'éducation musicale de l'enfance*. Vol. 2: L'art d'enseigner. Paris: A. Leduc.

Chevais, M. (1941), *L'éducation musicale de l'enfance*. Vol. 3: Méthode active et directe. Paris: A. Leduc.

Chevais, M. (n. d.), *Chants scolaires avec gestes sur des mélodies recueillies ou composées par Maurice Chevais [...]1er recueil*. Paris: A. Leduc.

Chevé, E. (1852), *La routine et le bon sens ou les conservatoires et la méthode Galin-Paris-Chevé*. Paris: Chez l'auteur.

Chevé, E. (ed.)(1862), Galin, P., *Exposition d'une nouvelle méthode pour l'enseignement de la musique*. Paris: E. Chevé.

Dauphin, C. (2004), 'Les grandes méthodes pédagogiques du XXe siècle', in J-J. Nattiez (ed.), *Musiques. Une encyclopédie pour le XXIe siècle*. Vol. 2: Les savoirs musicaux. Arles: Actes Sud, pp. 833-53.

Drake, C., and Rochez, C. (2003), 'Développement et apprentissage des activités et *perceptions musicales*', in M. Kail and M. Fayol(eds), *Les sciences cognitives et l'école*. Paris: PUF, pp. 443-79.

Drake, C., McAdams, S. and Berthoz, A. (1999), 'Learning to sing a novel piece of music facilitates playing it on the violin but not the other way round: evidence from performances segmentations', *Journal of the Acoustical Society of America*, 106, (4), 2285.

Drake, C., Rochez, C., McAdams, S. and Berthoz, A. (2002), 'Sing first, play later: singing a novel piece of music facilitates playing it on an instrument but not the other way round', *7th International Conference for Music Perception and Cognition (ICMPC) Proceedings*, Sydney: ICMPC. CD-ROM.

Ferro, M. (2003), *Histoire de France*. Paris: Odile Jacob.

Fijalkow, C. (2003), *Deux siècles de musique à l'école: chroniques de l'exceplion parisienne, 1819—2002*. Paris: L'Harmattan.

Fijalkow, C. (ed)(2004), *Maurice Chevais (1880—1943). Un grand pédagogue de la musique*. Paris: L'Harmattan.

Galin, P. (1818), *Exposition d'une nouvelle méthode pour l'enseignement de la musique*. Paris: Rey et Gravier.

Gédalge, A. (1926), *L'enseignement de la musique par l'éducation méthodique de l'oreille*. [The teaching of music by the methodical education of the car. English trans. by Anna Mary Mealand.] Paris: Libr. Gédalge.

Genet-Delacroix, M-C. (1992), *Art et état sous la IIIe république: le système des beaux-arts*, 1870—1940. Paris: Publications de la Sorbonne.

Jahier, S. (2006), 'L'éducation musicale à l'école: les pratiques pédagogiques et le rapport au savoir musical des enseignants du primaire' (doctoral thesis, University of Paris X-Nanterre).

Kleinman, S. (1974), *La solmisalion mobile: de Jean-Jacques Rousseau à John Curwen*. Paris: Heugel.

Labussiére, A (1984), 'Pédagogie et éducation musicale', in J. Chailley (ed), *Précis de musicologie*. Paris: PUF, pp. 431-42.

Landowski, M. (1979), *Batailles pour la musique*. Paris: Le Seuil.

Lee-Forbes, W. (1977), 'The Galin-Paris-Chevé method of rhythmic instruction: a history'. London: University Microfilms International.

Lescat, P. (2001), *L'enseignement musical en France de 529 à 1972: 71 plans, chronologie, lieux, élèves, maîtres, études, emploi du temps, classes, manuels*. Courlay: J. M Fuzeau.

Manuel général de l'instruction primaire (1905). Paris: Hachette.

Marmontel, A. (1886), *La première année de musique. Solfège et chants à l'usage* de l'enseignement élémentaire. Paris: A. Colin.

Martinand, J-L. (1981), 'Pratiques sociales de référence et compétences techniques. À propos d'un projet d'initiation aux techniques de fabrication mécanique en classe de quatrième', in A. Giordan (ed.), *Diffusion et appropriation du savoir scientifique: enseignement et vulgarisation. Actes des Troisièmes Journées Internationales sur l'Education Scientifique*. Pairs: University of Paris (Paris7), pp. 149-54.

Mialaret, J-P (1978), *Pédagogie de la musique et enseignement programmé*. Paris: EAP.

Pistone, D. (ed.) (1983), *L'éducation musicale en France. Histoire et méthodes*. Actes du colloque de l'Institut de recherches sur les civilisations de l'Occident moderne, 13 March 1982. Paris: Presses de l'Université de Paris-Sorbonne (Paris IV), p. 8.

Programmes du 27 juillet 1882, *Bulletin administratif du ministère de l'Instruction publique*. Paris: Imprimerie Nationale.

Programmes et instructions de l'enseignement élémentaire (1923). Chambéry: Éditions Scolaires.

Prost, A. (1968), *Histoire de l'enseignement en France*. Paris: A. Colin.

Rainbow, B. (1967), *The Land without Music: Musical Education in England 1800-1860 and its Continental Antecedents*. London: Novello.

Ribière-Raverlat, J. (1975), *Chant-Musique. Adaptation française de la méthode Kodály: Livre du maître. Classes élémentaires*, 1è Année. Book 1. Paris: A. Leduc.

Ribière-Raverlat, J. (1978). *Chant-Musique. Adaptation française de la méthode Kodály: Livre du maître*. Book 2. Paris: A. Leduc.

Rousseau J. J. (1781), *Projet concernant de nouveaux signes pour la musique, lu par l'auteur à l'Acdémie des sciences le 22 août* 1742. Geneva.

Roy, J. (ed.) (2002), La formation des professeurs des écoles en éducation musicale. Paris: University of Paris-Sorbonne, Documents de Recherche OMF, Série Didactique de la Musique 31.

Société Française L'art à l'école (ed.) (1925), *Anthologie du chant scolaire et postscolaire*. (Anthology of school and after-school songs), 1ère série, *Chansons populaires des provinces de France*. (Tradtional songs from French provinces). Paris: Heugel.

Vancon, J. C. (2004), 'De la polémique galiniste (1882-1883) au conflit Chevais/Gédalge (1917-1923): l'histoire de la musique à l'école à la lumière de ses querelles pédagogiques', in C. Fijalkow (ed.) Maurice Chevais (1880-1943). Paris: L'Harmattan, pp. 39-56.

Wilhem, G. B. (1836), *Manuel de lecture musicale et de chant élémentaire à l'usage des collèges, des institutions, des écoles et des cours de chant* (…). Paris: Perrotin.

第三章 德国：教育目标，课程结构，政治原则

威尔弗里德·格鲁恩
(Wilfried Gruhn)

德国公立学校的音乐教育有着相当悠久的历史（参见 Braun, 1957; Ehrenforth, 1995; Gruhn, 2003; Gunther, 1967; Nolte, 1982; 1991 Schmidt, 1986; Sowa, 1973），然而当谈到德国音乐教育的发展时，我们必须牢记作为政治体的德国已经改变过很多次，目前的这种形态是从1990年起才形成的。在历史的长河中，德意志民族的神圣罗马帝国（Heilige R·mische Reich Deutscher Nation）相继统一了许多大大小小的王国以及当地的部落（比如撒克逊、普鲁士、布尔瓦、法兰西、凯尔特等），然后从中世纪一直持续到1806年。在17世纪到18世纪期间，德国又被分裂成无数的王国、领地、公国、郡县以及封邑，因此德国不能被认为是和其他国家一样的统一的政治实体，更确切地说它是个成员国文化和语言上的集合体。

19世纪，普鲁士的霍亨索伦王族（The House of Hohenzollern）已经变成奥地利的哈普斯堡皇室（The House of Habsbury）最强大的最有影响力的对手，因此其他各州相继采用了普鲁士的音乐教育政策，随后德国也将其奉为典范。第二次世界大战之后，德国变成了由10个邦/州组成的联邦共和国。自从1990年重新统一后到现在，德国由16个文化自主权的邦/州组成，因此被称作"各邦的文化主权"，这就造成了诸州的学校组织机构、课程、教育政策等各不相同，因为各州的教育都是为了与其政党和政治纲领保持一致。本章无意于讨论这些复杂多样的历史，相反，我们会重点探讨一些最初起决定作用随后由学校义务教育和强制性音乐学习而兴起的一些规定和起源。

图3.1 16世纪的拉丁语学校,墙上黑板上刻画的乐谱,表明歌曲合唱成为学校教育的一部分内容(木版画诞生于1592年;H. Schiffler and R. winkler, 1991;Tausend Fahre. Stauttgart: Belser Verlag, p. 67)

历史前提

自中世纪时起,由"口耳传唱"到"乐谱视唱"的格列高利圣歌(Gregorian)一直就是修道院教育内容的一部分(见图3.1)。

但是这种教育形式并不能被视为是具有现代意义的学校教育。只有极个别的、被认为有潜力去做牧师或者去政府工作的学生才可以接受读写教育,而像这样的正式教育并不存在。奥古斯丁修道士马丁·路德(Martin Luther,1483—1546)是第一个编纂德语语法的人(用来区别于德国不同部落的各种方言),因为他认识到在建立和统一社区团体时教堂公众唱歌的重要性。因此,修道院和拉丁语学院就开始大范围地教唱歌曲,不久唱歌就被定为最基本的礼拜仪式。

通过弗里德里希国王(King Friedich the Great)颁布的一个法令,普鲁士在1763年成为第一个引进义务教育的州。然而,这个法令在全国普及却用了很长时间。

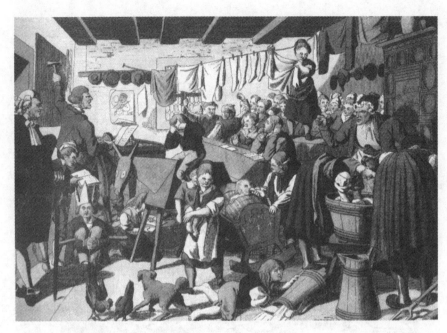

图 3.2　纳斯别加尔(J. Nassbiegal)所绘的卡通人物，反映了 17—18 世纪期间的教学情况

从 18 世纪末开始，德国的一些州和德国王室的义务教育才逐渐开始实施起来，尽管影响还非常有限。教师也不是社会上的专业人士，其中有许多都是受过读写训练、具有一定的算术技能和圣经知识的伤残军人，这些人从父母那里得到的钱很少，所以他们需要额外收入来维持他们的日常生活。因此，学生去教师家里和其他孩子一起接受教师及其妻子的教育是一件普通的事，而且如果他们在授课期间干些家务活也是不足为奇的（见图 3.2）。

虽然城市和乡村的学校之间存有巨大的差别，但唱歌或者唱歌教学一直是义务教育的必修课，即便如此，唱歌和其他课程的教学也是既不系统，也没有接受过正规专业训练的教师。当时教师的典型形象被描述为缺乏激情、没有热情、令人沮丧并且听命于生活中之不幸的一种角色（见图 3.3）。此外，那个时候的音乐报刊也常有一些关于学校的令人绝望的条件的控告和报道，既有差强人意的校风校纪，也有学生被免除唱歌教育的众多要求。也正是因为这种情况，音乐在一些发达地区如科腾、萨克森、曼海姆、慕尼黑，还有柏林和莱比锡等率先繁荣起来。所有这些都给传播到欧洲其他地方的表演和创作确定了在音乐方面的高标准，这个时期音乐教育的特点就是教育标准和艺术标准之间的差距造成了二者的分歧。

图 3.3 一位具有代表性的 19 世纪音乐教师。小提琴是歌唱伴奏的标准乐器,琴弓经常被用作一个教棒,有时也作为惩罚学生的工具 ①

19 世纪初期,瑞士慈善家约翰·亨里希·裴斯泰洛齐(Johann Heinrich Pestalozzi,1746—1827)的教育改革深刻地影响了欧洲大陆的教育。教师们前往瑞士拜见他,并向他学习,德国诗人约翰·沃尔夫冈·冯·歌德(Johann Wolfang von Goethe)反思并且将其教育哲学思想改编在他的小说(*Wilhelm Meister's Wandrjahre*,1821—29/1981)里,把其比作"各省教育"。裴斯泰洛齐的思想所引起的兴趣对 19 世纪早期的欧洲和美国影响极深(参见 Gruhn,1993;Pemberton,1985)②,这可能是源于人们对一个定义清晰的、正式有效的普通教学方法的渴望。裴斯泰洛齐的两个朋友——塔罗高特·博菲菲尔(Traugott Pfeiffer,1771—1849)和汉斯·杰奥格·纳格利(Hans Georg N·geli,1773—1836)将他的教育思想用在学校唱歌教学中并且根据他的原理编辑了第一本唱歌教学方法书。

然而,他们精密准确、系统化的方法却是对裴斯泰洛齐心理学的误解。裴斯泰洛齐对学习心理学和教育哲学的理解是遵循儿童自然发展的规律,在学习正规知识之前先使儿童具有感官体验。不幸的是,裴斯泰洛齐从来没有发表过基于心理学基础学习的相关理论,但是从本质上讲,这些在他发表的作品中都有所体现。尽管如

---

① 由 Kauffmann 印刷;版权属于 Schiffler & R. Winklwer,1991,Tausend Jahre Schule:Belser Verlag。[译者注]
② 由于兴趣使然,J.G.库伯勒(1826)直译了一本德国当地的歌唱说明书,该书为洛厄尔·梅森著名的《波士顿音乐学院手册》(*Mannual of the Boston Academy of Music*,1834)奠定了基础。详情参见 Gruhn(1993),Pemberton (1985)。

此,博菲菲尔和纳格利的形式化的教学方法书,比同时代的其他书却更接近成功和具有影响力,并且使裴斯泰洛齐在欧洲各地更加出名。

在19世纪,唱歌总是义务教育学校课程的一部分,人们所集中讨论的是该采用什么样的最佳教学方法。由约翰·弗里德里希·赫尔巴特(Johann Friedrich Herbart)在《普通教育学》(Formalstufen)正规的教学步骤里提出的系统教学法成为当时教育思想的基本原理,并且使其他理论思想黯然失色。

哲学与社会文化背景:四个范式

在对学校教育中如何确立和为什么确立强制音乐教育的深刻反省中,有四个非常重要的范式得到了确认:一是唱歌必须受到监督并且确保有益于教会礼拜;二是确保唱歌符合并服务于国家利益;三是确保音乐(不是专业唱歌)是公共教育的必要部分(Volksbilding)①;四是确保音乐学习是儿童成长发展的必要内容。下面依次讨论每一个范式。

为礼拜服务的唱歌

从中世纪早期开始,唱歌已经成为德国宗教教育中不可或缺的一部分,甚至在1763年后,唱歌一直被教堂所控制。作为一门强制学科,唱歌的主要目的是让学校所有的孩子们去识记旋律、圣歌的歌词和赞美诗,旨在利用孩子们悦耳的歌声来振奋精神,启迪思想,达到为教堂服务的目的。事实上,通过听唱教堂歌曲来振奋和启迪人们精神的思想都是以学校音乐教学为基础的。这种礼拜形式的背景也决定着作为学校课程的歌曲曲目和课程内容,也就是公理会歌曲和乐谱。因此,整个19世纪研究音乐课程的主导课题是教学方法的研究。这个现象在各地区出版的很多唱歌指南上都有所反映,这些书都是由许许多多唱歌教师和音乐监督员写成的(Abs,1811;Hientzsch,1829/1830;Hohmann,1838;Kubler,1826;Natorp,1813,1820;Pfeiffer and N·geli,1810;Schulz,1816;Zeller,1810;Gruhn,2003)。

有趣的是,无论是使用"首调唱名法"还是"固定唱名法",阶名唱法从来都不是引起争议的问题,因为通过博菲菲尔和纳格利的"唱歌教学"(Gesangbildungslehre,1810),把用数字标示一个音节中音的位置的数字谱引进到德国,然后通过纳托普(Natorp)的推广(Anleilung,1813)得到了更加系统化的发展(见图3.4)。

---

① 术语"Volksbildung"很难去翻译,它指的是为每个人(包括社会阶层低下的人们)提供参与教育价值的机会。在19世纪末20世纪早期Volksbildung的原则是扎根于劳工运动的教育理想和使命中的。

图 3.4　纳托普(Bernhard Christoph Ludwig Natorp)的《唱歌教学指南》(Anleitung zur Unterweisung im Singen)一书中的数字谱(Essen,1813)

为各州服务的唱歌及其价值

1809 年,威廉姆·冯·洪堡(Wilhelm von Humboldt,1767—1835)当上了普鲁士文化部部长,并对整个王国的学校体制进行管理,他提出一种新的发展学校教育的思路。他的教育改革基础(被称为 Preuische Schulreformen)是建立在他对哥尼斯堡和立陶宛的学校的建议之上的(Humboldt 1964,Werke)。他指出,每个学生都应该有机会根据他自己的潜能(Kraft)发展个性。洪堡谨慎地选择使用术语"教育"(Bildung)——"形成",这是由两个词 sich、bilden(生长、形态)组合而成的,在某种意义上,教育和教学的目的就是为了对每一个个体"潜力的发展"提供支持。他坚称,州政府的功能就是为个人学习和发展以及其学术自由发展提供保证。因此,州政府的主要目的是为学校教育提供一个足够大的空间范围,在这个范围内教育和学习的发展都不受州政府的控制或指导(参见 Humboldt 1964,Werke)。相对于职业培训,学术自由与通识教育的理念是为大学教育提出的核心理念。他认为在大学里学习是基于学徒模式才能达到的,也就是学生组成一个研究小组通过帮助他们的教授进行研究获得学问。在短暂的担任普鲁士文化教育部长期间,他为教育制定了宏大的哲学思想框架,为普通学校教育规划了更好的蓝图。在教育和学习的实践应用方面,特别提及裴斯泰洛齐的教育原理,并且选派普鲁士教师去瑞士学习其教学方法。

洪堡的教育理念显然不符合官方的观点,似乎在某种程度上颠覆了国家官员对音乐的控制,结果在 10 个月的任期之后不得不辞职。几十年后另一种教育模式脱颖而出,在始于 1866 年的文化冲突(Kullurkampf)期间,首相奥托·冯·俾斯麦(1815—1898)打破了教堂与政府之间的固有关系,变成学校教育体制由政府控制

(见图 3.5),这是 19 世纪德国(普鲁士)国家属性发展的一部分内容。如果一个新的民族主义出现,爱国主义歌曲的歌唱就会被用来在学生之间建立民族自豪感,激发他们对国家的忠诚和爱国热情,那也是义务教育体制中强制性的一部分内容(Lemmermann,1984)。因此,每一个行政区的音乐课程都包括强制性的必会歌曲曲目,还包括嗓音训练、视唱和音乐理论(音域和音程)的既定教学大纲(Nolte,1975)。然而人们认为"唱歌"既不是艺术课也不是学术课,而是属于像书法、绘画那样的技术课。

图 3.5　教育权由教堂转移到国家之前的一所学校①

学校音乐功能的变化,从服务于教堂到有效地服务于州政府,仅仅体现在曲目的变化上,换句话说,就是有目的地将宗教内容变成爱国内容和民间歌曲,从在教堂里礼拜日的演唱歌曲变成在国庆日的庆典活动上演唱歌曲。除此之外,教学中没有什么重大变化,因为教学活动主要依赖于音乐课专业属性的特点,以及对诸如乐理、歌词等口头知识的记忆。尽管学校政策结构性的变化影响着学校音乐的功能和内容,但是它对唱歌的教学方法却没有明显作用。

通识教育中的音乐

1924 年,时称"唱歌"的那门课被里奥·凯森博格(Leo Kestenberg,1882—1962)领导的普鲁士学校改革重新命名为"音乐",里奥·凯森博格坚定不移地贯彻他的大众通识教育信念。曾经师从于钢琴家兼作曲家费鲁乔·布索尼(Ferruccio Busoni)并且作为犹太音乐家的里奥·凯森博格是一个非常有前程的钢琴家,但是后来他醉心于教育和与社会民主党有关的政治事务中。他组织过工人阶级的音乐会,

---

① 阿道夫·门泽尔(Adolf Menzel)在其印刷文稿(1858)中描绘普鲁士国王弗里德里希·威廉一世(Friedrich Wilhelm I,1688—1740)访问一个典型的乡村学校。[译者注]

在柏林设计过许多次文化活动,1918年第一次世界大战后他被任命为普鲁士文化教育部的官方音乐顾问。任期之内他开创了音乐教育史上意义重大的改革,为学校通识教育政策勾勒出基本框架,特别是在音乐方面,是他促使音乐成为学校的必修课之一[①]。在学校课程中,当"唱歌"被"音乐"取而代之后,音乐作为一种艺术形式内在固有的审美因素就凸现出来了。因此,当时各种可利用的音乐体裁(可以在钢琴上演奏出来的为了其他媒介需要的)都被吸收到课程中来,而且为了提升在新教育秩序中创造性体验和智力上的理解,唱歌不再被视为最令人满意的音乐表达形式。

尽管其功能、内容和方法一再被修订,新学科"音乐"仍然是州政府给予支持的学校体制中的一部分。不过,就普遍意义上来讲,德国学校音乐的基础仍然是按照凯森博格的原则进行:(1)音乐是一门艺术学科(相对于技术学科来说);(2)音乐应该由经过学术训练的专业音乐教师来教,而且这些教师还应该受到过基础学科的学术培训,而不是一般的歌手就能够教唱歌课;(3)音乐教师承担音乐教师教育的艺术、科学和教学法等方面的综合音乐课程的培训。因此,凯森博格被誉为是德国现代学校音乐教育发展的奠基人(参见 Gruhn,2004)[②]。

从国际视野来看,德国的音乐教育既没有卡尔·奥尔夫(Carl Orff,1895—1982)教学法的影响,也没有柯达伊教学法的作用,这种现象是令人惊讶的。尽管学校音乐教师使用"奥尔夫体系"的课堂教学指导,但是德国的学校却从未正式介绍过"奥尔夫教学法",这也许是因为那些与奥尔夫音乐理念相异的基本理念被认为与建立进步教育的创新改革有冲突吧。

在第三帝国期间,凯森博格在德国学校改革的执行慢下来直至最后彻底停止,纳粹执政的十二年里,没有出现任何新的教育范式。由于学校教育职责权限在文化部和纳粹党(The Ministry of Culture and the Nazi Party,NSDAP)之间的划分,旧的教学大纲在文化部管辖下还维持了一段时间,然而也只有很少数的在教育改革期间接受过培训的教师可以按照凯森博格的理念来实施课堂教学(参见 Gruhn,2003)。尽管在 1937 年至 1942 年之间发布了新课程(参见 Gruhn,2003;Nolte,1975),但是改革进程的重新启动还是在二次世界大战之后,这次改革进程是由被流放到美国的哲学家兼社会学家的阿多诺(Theodor W. Adorno,1903—1969)推动的。在他的《反对音乐教育中的音乐》(*Thesen gegen die musikpädagogische musik*,Adorno,1954/1973)一书中,他强调了旧的音乐观念中的主要典型,同时强烈批判他们教育哲学的审美基础,而且通过这本书开创了关于音乐教育的普遍持续的大辩论,推动了 20 世纪 60 年代的教育

---

① 由于凯森伯格是普鲁士/德国音乐教育的重要领导人物,2009 年他的所有著述出版,长达四卷本。参见 Gruhn(2009)。

② 1938 年当凯森伯格移民到特拉维夫市时,他为以色列音乐教育的发展付出了同样的努力,在 1948 年以色列宣告成立国家时,他很快成为以色列公民。

变革。

音乐和"儿童中心"学习论

基于儿童中心论的观点和受到 1957 年苏联发射第一颗人造卫星挑战的激发，一个以儿童和学生为中心的教学新模式诞生了，它也是认知发展心理学的"认知力是教学的动力"学说的结果。至于谈到课程改革，音乐内容和与之相匹配的教学方法的选择都必须被安排在系统的教学过程中，这是和义务教育课程、内容的准则截然相反的渐进发展的一个课程。这种不同于德国各地所使用的新课程的发展导致了教学方法上的巨变，而这种教学方法被认为是一个合法的教学专业的准则。对于儿童作为独立个体发展的关注代表着一个全新的视角，形成了新的教材、新的教科书和新的教学方法等。结果，青年文化、流行乐、摇滚乐、爵士乐、当代音乐，电影音乐，以及被用于商业的各种音乐等新趋势，还有许多音乐产品和感知的可能性都被包含在课程里面了。如此种种都改变了学校对音乐的认知方式。可以断言的是，在民主国家里所有的学生都能参加各种各样的音乐形式和实践，这种活动对于普通音乐的安排规则产生了很大影响，而在义务教育课程中，每个人都具有接受普通音乐教育的权利。

教师培训

很显然也很合情理的是：作为义务教育一部分内容的各种音乐表述都应该反映在不同模式的教师培训中。当学校音乐（唱歌）的目的是为了给教堂礼拜服务的时候，在基础学校的音乐教师和教堂的风琴手常常是一个人，尤其是在小村庄里，本来就是同一个人。在学校里，"手风琴教师"教一些小学生，同时也是教堂里的风琴手和教堂唱诗班的执事，这在撒克逊尼亚是很寻常的事情[①]。

当政府接管学校后，教育的发展就变成文化管理部的责任，建立了新的培训机构，即所谓的"研讨班"，教师们从这些研讨班毕业后继续接受培训，被训练要教包括唱歌在内的所有课程，要求所有受训者都能弹奏至少一种乐器（比如手风琴可以为教堂服务，小提琴可以用于课堂教学），他们也要听教师培训课程里的声乐课讲授。在小学里，教师应该是可以教所有课程的多面手的教育公约就起源于这种早期教师培训模式。

随着课程内容从唱歌到演奏音乐，包括新的具有挑战性的"艺术教育"等内容的增多，教师培训项目中也增加了额外要求。今天，音乐教师们（特别是中学音乐教师），都需要首先作为音乐家来接受专业培训，然后再专门对音乐教育进行研究。这

---

① 最典型的例子就是约翰·塞巴斯蒂安·巴赫（Johann Sebastian Bach），他在莱比锡的托马斯学校任教，同时他也是莱比锡 4 个大教堂的音乐主管。

种对中学教师进行高标准专业音乐家培训的要求,是由各个历史时期学校音乐课程的介绍和各个音乐流派相互影响而形成的。这个方法也被称作"儿童交响音乐会"[①],通过这种音乐会,儿童可以了解和体悟交响乐的内容。为了帮助学生准备音乐会,要求教师按照琴谱通过演奏向学生介绍音乐篇章,解释说明每一部分。相应地,中学音乐教师教育课程就开设在音乐专科学院,这些专科学院逐渐就成了在地位上与大学平等的学术机构。基础学校的教师,在这些新的学术机构(Pädagogische Hochschulen)接受培训,在这里需要学习作为必修课程的音乐课。渐渐地,这些机构就变成了师范大学(Pädagogische Hochschulen),在20世纪70年代,德国大部分地区都将其引入大学。

因此,毫不奇怪的是,与学校音乐教育的目的、功能、架构相关的范式变化引起了教师培训课程的变化。在德国,音乐教育作为普通教育系统必不可少的一部分内容,有着强大的社会规模,也反映着现行的社会、政治和社会文化背景。

然而,以学校和社会音乐的发展为基础,德国民众产生了一种对音乐情感力量的普遍信仰,这可以追溯到18世纪末。当时,随着敏感风格(Empfindsamkeit)审美的盛行,音乐被评价为情感的力量,被理解成"语言的核心"(language du Coeur),或者在黑格尔学派的术语中(Hegelis terms),被作为"声音的内核"(tönende Innerlichkie)而深刻影响着对音乐的普遍理解,并且已经产生了一种广为接受的观念,也就是学校音乐促进学生"心智和个性的形成"(Charakterbiding)。这种音乐教育观起源于18世纪,并且形成了一个永恒的信仰,这种信仰认为,音乐的主要作用是潜移默化地使人高雅,是个人身心禀赋不可或缺的一部分。

义务音乐教育的新方向

在义务教育阶段对所有孩子开设音乐课,这已经成为新的当务之急,同时也为教育工作者带来了一些新的挑战和难题:
- 我们如何理解新一代的文化?
- 如何使青年文化融入到学校的课程中?
- 音乐教育工作者如何处理在现代课堂上所遇到的特色各异的音乐文化问题?

音乐教育不仅是一个能否激发学生的问题,而且还是一个能否将学生的学校生活和他们的个人生活世界联系起来的问题,叫作"生活世界"(Lebenswell),这是哲学家埃德蒙德·胡塞尔(Edmund Husserl)推出的一个概念。音乐教师不得不面对的一个挑战是:课堂上,学生从日常生活中获得的音乐经验和音乐作为艺术的要求会

---

① 类似于罗伯特·迈尔(Robert Mayer)在英国和沃尔特·达姆罗什(Walter Damrosch)在美国实施的项目,理查德·巴斯(Richard Barth)1899/1900年在汉堡发起了第一次为小学生举办的音乐会(Volksschu Lerkonzerte)。参见Gruhn(2003)。

发生碰撞,以及因其所导致的对抗性文化会引起冲突。有许多关于如何使学生融入到音乐创作中的一些鼓舞人心的、并且具有说服力的新想法,尽管如此,如何用条理且有说服力的方法来处理不同文化的要求和学生经验之间的关系还存在着相当多的问题。

因此,必须明确指出的是,每个模式或范例都会伴随着问题、困难和挑战,而且这些都必须在特定的社会、文化和教育背景中解决。义务教育阶段强制执行音乐课也产生了大量的教育问题和需求,因为,必修音乐课程不同于个性的或者选修的课程,这两种形式不同但意义相同的要求,需要以更清晰的洞察教学程序为基础的指导性解决方法,目前正在进行的大脑研究为这种程序提供了理论支撑。

结论与前景

从德国的角度出发,对义务教育阶段音乐教育的回顾表明:课程的决策和教育的理念都和社会文化以及历史背景紧密结合。

上述四个显著的范例为义务教育阶段的音乐教育提供了一个宽广的视角,但是却不能提供一种如何使音乐进入学校的令人信服的模式,在德国,这种情况证明了和音乐相关的种种教育政策问题。小学音乐教育的情况是:音乐课在各州都是义务教育必修课,音乐教师也大多是那种受过音乐选修课培训的通才教师,然而,大约80%的音乐课由非专业教师所教。

初中学校的情况就完全不同。在这里,受过良好教育和专业水平很高的音乐教师把音乐课当作必修课来教,目的是为学生提供丰富的校内外音乐经验。一般而言,音乐属于核心课程,在德国所有类型的初中学校十年级以下都开设这种课程,尽管各州情况不尽相同。后来,音乐成了一门选修课[①],因此,所有学校都开设,每个学生都能接受到至少几年的音乐教育。起补充作用的还有学校公开表演的合唱团、乐队和管弦乐队,学生可以根据自己的兴趣和能力去选择。弦乐器和管乐器在近几年开始流行起来,这标志着实用音乐创作作为核心课程的一种新趋势。

相比而言,也有极个别的州有另一种倾向:使音乐课程边缘化,他们把音乐或者归入一种比较大的"美学教育"概念里面,或者是开设一门与生活自然科学相关(包含生物、自然、文化等内容)的新课程,显然这种发展削弱了音乐作为义务教育课程的功能。在实施这种政策的地方,初中学校音乐教师的数量急剧减少,接着产生了一种很普遍的思想,认为某种艺术形式可以被其他科目来代替,因为它们都是关于

---

① 正如在前面提到的,很难总体概述德国学校体制及音乐教育作为其部分内容的特征,这是许多联邦主权国家的文化差异所造成的。一般来说,基础学校由一个三层结构的学校系统组成,分为小学、初中和高中,分别提供不同的资格。但是在一些州还有其他模式,小学和中学合并成一个地区学校,或者是在一体化的综合学校建立一个四层结构的体系。

美学的。然而,这种争论最终没能满足把真正的音乐学习视为义务教育必需目标的要求。

很显然,在教堂或政府通过拨款和管理基础设施来组织综合教育几个世纪后,现在的政府可以通过私人投入来逐步实施责任移交,实施这种措施的第一步就是对以前由州政府提供的免费高等教育开始收费。就义务教育而言,这种趋势是否会继续?在未来,义务教育阶段的音乐教育受到影响的程度如何?我们都将拭目以待。

参考文献:

Abs, T. (1811), *Darstellung meiner Anwendung der Pestalozzischen Bildungsmethode*. Halberstadt: Bureau für Literatur und Kunst.

Adorno, T. W. (1973), 'Thesen gegen die musikpädagogische Musik [1954]', in R. Tiedemann(ed.), *Gesammelte Schriften*, vol. 14. Frankfurt am Main: Suhrkamp, pp. 437-40. [First unauthorized publication *Junge Musik*, 1953/54, 111-13.]

Braun, G. (1957), *Die Schulmusikerziehung in Preußen*. Kassel: Bärenreiter.

Ehrenforth, K. H. (1995), *Geschichte der musikalischen Bildung. Eine Kultur-, Sozial-und Ideengeschichte in 40 Stationen von den antiken Hochkulturen bis zur Gegenwart*. Mainz: Schott.

Ehrenforth, K. H. (1997), 'Geschichte der Musikerziehung', in L. Finscher (ed.), *Die Musik in Geschichte und Gegenwart. Allgemeine Enzyklopädie der Musik*, vol. 6. Kassel and Stuttgart: Bärenreiter & Metzler, columns 1473-99.

Goethe, J. W. von (1821-29/1981), *Wilhelm Meisters Wanderjahre*, in *Werke Hamburger*, vol. 8. Munich: Beck.

Gruhn, W. (1993), 'Is Lowell Mason's "manual" based on Pestalozzian principles, *Bulletin of Historical Research in Music Education*, 14, (2), 92-101.

Gruhn, W. (2003), *Geschichte der Musikerziehung. Eine Kultur-und Sozialgeschichte vom Gesangunterricht der Aufklärungspädagogik zu ästhetisch — kultureller Bildung*. Hofheim: Wolke.

Gruhn, W. (2004), 'Leo Kestenberg', *International Journal of Music Education*, 22, (2), 103-129.

Gruhn, W. (ed.) (2009), *Leo Kestenberg. Gesmmelte Schriften vol. 1, Die Hauptschriften*. Freiburg: Rombach.

Gruhn, W. and Rauscher, F. (eds) (2008), *Neurosciences in Music Pedagogy*. New York: Nova Sciences.

Günther, U. (1967), *Die Schulmusikerziehung von der Kestenberg-Reform bis zum Ende des Dritten Reiches*. Neuwied: Luchterhand.

Hegel, G. F. W. (1967), *Einleitung in die Ästhetik*. Munich: Fink.

Hientzsch, J. G. (1829/30), 'Der Gesang-Unterricht in Schulen' *Eutonia*, (1) 1829, vol. I, 42-9. 205-222; vol. II 210-231: *Eutonia*, (2) 1830, vol. III, 229-43.

Hohmann, C. H. (1838), *Praktischer Lehrgang für den Gesang-Unterricht in Volksschulen*. Nördlingen: Becksche Buchhandlung.

Humboldt, W. von (1960—1964), *Werke in 5 Bänden*. Darmstadt: Wissenschaftliche Buchgesellschaft.

Kestenberg, L. (1921), *Musikerziehung and Musikpflege*. Leipzig: Quelle & Meyer.

Key, E. (1902), *Das Jahrhundert des Kindes*. Berlin: Fischer.

Kübler, G. F. (1826), *Anleitung zum Gesang-Unterrichte in Schulen nebst einem Anhang von 55 zwei- und dreistimmigen Gesängen*. Stuttgart: Metzlersche Buchhandlung.

Lemmermann, H. (1984), *Kriegserziehung im Kaiserreich*, 2 vols. Bremen: Eres.

Mason, L. (1834), *Manual of the Boston Academy of Music for Instruction in the Elements of Vocal Music on the System of Pestalozzi*. Boston, MA: Wilkins & Carter.

Natorp, B. C. L. (1813, 1820), *Anleitung zur Unterweisung im Singen für Lehrer in Volksschulen*. Essen: Bädeker.

Nolte, E. (1975), *Lehrpläne und Richtlinien für den schulischen Musikunterricht in Deutschland vom Beginn des 19. Jahrhunderts bis in die Gegenwart* (Musikpädagogik. Forschung und Lehre, vol. 3). Mainz: Schott.

Nolte, E. (1982), *Die neuen Curricula, Lehrpläne und Richtlinien für den Musikunterricht an den allgemeinbildenden Schulen in der Bundesrepublik Deutschland und West-Berlin. Einführung und Dokumentation; Teil I: Primarstufe* (Musikpädagogik. Forschung und Lehre, vol. 16). Mainz: Schott.

Nolte, E. (1991), *Die neuen Curricula, Lehrpläne und Richtlinien für den Musikunterricht an den allgemeinbildenden Schulen in der Bundesrepublik Deutschland und West-Berlin. Teil II: Sekundarstufe I*, 3 Bde. (Musikpädagogik. Forschung und Lehre, vol. 17). Mainz: Schott.

Pemberton, C. A. (1985), *Lowell Mason: His Life and work*. Ann Arbor, MI: UMI Research Press.

Pfeiffer, M. T. and Nägeli, H. G. (1810), *Gesangbildungslehre nach Pestalozzis-*

chen Grundsätzen. Zurich: Nägeli.

Rousseau, J. J. (1782), 'Essai sur l'origine des langues', (Euvres complètes, vol. 16. Deux-Ponts, pp. 153—231).

Schiffler, H. and Winkler, R. (1991), *Tausend Jahre Schule*. Stuttgart: Belser Verlag.

Schmidt, H.-C. (ed.) (1986), *Geschichte der Musikpädagogik* (Handbuch der Musikpädagogik, Bd. 1). Kassel: Bärenreiter.

Schulz, K. (1816), *Leitfaden bei der Gesanglehre nach der Elementarmethode mit besonderer Rücksicht auf Landschulen*. Leipzig: Darnmannsche Buchhandlung.

Sowa, G. (1973), *Anfänge institutioneller Musikerziehung in Deutschland (1800—1843)* (Studien zur Musikgeschichte des 19. Jahrhunderts, Bd. 33). Regensburg: Bosse.

Zeller C. A. (1810), 'Elemente der Musik', in *Beiträge zur Beförderung der Preußischen Nationalerziehung*, 4. Heft, Königsberg.

第四章 爱尔兰：动乱年代的课程发展

玛丽·麦卡锡
(Marie McCarthy)

1831年，爱尔兰政府建立了第一个国家学校教育制度，但直到1926年才通过法律确定6岁到14岁的儿童必须接受义务教育。不久之后，爱尔兰从大不列颠联合王国中独立出来，成立了独立的爱尔兰自由联邦政府。这一章追溯了爱尔兰小学音乐教育的发展，从19世纪的殖民年代开始，经过19世纪末期几十年的民族主义文化到20世纪初期1921年爱尔兰政府的独立，以及紧随其后的教育改革浪潮，重点阐述每个发展时期政治背景和文化环境对学校音乐的影响。虽然义务教育制度是在1926年才获得通过，但是在19世纪40年代时音乐就已经作为小学的选修课而开设，到1900年时声乐课已经成为义务教育学校的一门必修课。

把音乐引进国家教育体制,1831—1871

对音乐在国家教育体制中作用的评价

在实施国家教育制度前的几百年里,爱尔兰一直都是英国的殖民地,因此音乐对社会和学校教育的任何影响都必须放在这样的社会政治背景下来考虑。1831年,上议院负责机构(爱尔兰首席秘书处)经过努力建立了国家学校教育制度,下设七个委员联合会,分别代表着这个国家的不同宗教教派(Coolahan,1981)。为爱尔兰本地人提供学校教育的早期尝试都只是把教育作为一个改变他们宗教信仰的策略,以使他们成为不列颠王国政府忠诚的臣民,所以当国家教育制度被建立在非宗教主义的基础上时,把宗教教育从文化和道德教育中分离出来是其主要目的之一,即使联合会的成员是来自不同宗教教派,并且代表了各族的利益,但是当地爱尔兰人民仍然对此持怀疑态度。

国家教育制度发展到19世纪30年代时,对关于包括音乐在内的课程价值和最有效的教学方法展开了一次相当盛大的讨论。音乐的价值在于其强有力的人文主义基础和对青年人道德、宗教以及社会诸方面谆谆教诲的力量,这些价值观是对引导爱尔兰教育体制中音乐教育发展轨迹的讨论中心。在1837年爱尔兰教育委员会发布的《学术界和教育选举委员会的报告》(*The Report from the Select Committee on Foundation Schools and Education in Ireland*)中,有许多关于音乐对工业快速发展的社会底层人群影响的详细资料,如音乐是怎样使他们变得仁慈博爱并且教化他们的,音乐提供给他们单纯娱乐身心的来源,音乐改变了他们的生活方式和社会风俗,特别是在爱尔兰当时的历史背景下,音乐又是怎样为那些经常泡在酒吧的人提供了消遣娱乐,等等诸如此类。

音乐作为宗教习俗附属品的价值,也是报告的中心内容,但是考虑到爱尔兰宗教事态的敏感性,这种价值被呈现得十分谨小慎微。尽管选举委员会报告的注意力主要集中在音乐的社会性、宗教性和道德价值观方面,天主教汤姆斯·魏斯公爵(MP Sir Thomas Wyse)却看到了音乐教育的审美性和文化性。1835年在下议院的发言中以及1836年在他的《教育改革》(*Education Reform*)一书中,他提出了他对爱尔兰国家音乐和文化的观点。当他实地调查整个国家的音乐教育状况时,他发现本地音乐文化灰暗惨淡的图景正是对音乐宗教信仰标准的批判。他问道,为什么音乐创作如此稀少?为什么人们的音调不和谐?为什么他们的乐感那么差?基于他调查到的改进过的音乐文化,魏斯提倡审美音乐教育,这种教育可以培养出"(具有)全部灵性"的人,并且可以训练出"(具有)良好乐感和深刻情感"的人。像当时大多数受教育的人一样,他把民间传统音乐看作是大众教育中无价值的内涵物,忽略了爱尔兰民间传统丰富的器乐曲、歌曲和舞蹈。他极力倡导,通过教育发扬对热爱艺术的行为是崇高的,但是这对于那些至今没有文化或者需要通过做苦力而谋生的人来说,却显得为时尚早。正如后来一个教育观察员对这个观点给出的评论:"只要孩子们可以读,可以写,可以计算出一堆牧草或一袋面粉的价格,他们的父母就十分满意了。"(Commissioners of National Education,1863,以下简称"Annual Reports")

音乐课程的引进总是被政治、宗教、经济和文化的紧张局势所左右。在官方的言论中,音乐似乎被视为可以提升文化品位、可以建设道德品质、可以提供合法娱乐,甚至是可以提高教堂唱歌效果的手段。然而,不是所有的论述都能付诸应用或者被国立学校所在社区的大多数人所接受。被接受的一个实例是示范学校,最初在都柏林建立了这样的一个学校,目的是培训教师,后来传到各个城镇乃至遍及全国,而其真实目的却是去服务于爱尔兰中产阶级家庭的孩子们。19世纪40年代初在这些示范学校里音乐第一次发展成为必修课。

国家教育制度中音乐教学方法的发现

在19世纪早期,英国在文化和音乐模式方面强烈依赖于欧洲大陆,并且认为它本土的音乐是低级的(Rainbow,1967),因此成立了"英国教育委员会"(The British Committee of Council),旨在找到有效的音乐教学方法。在对欧洲大陆教学大纲进行了细致入微的考察和研究之后,委员会在参照法国"威廉姆方法"的基础上,于1840年出版发行了《音乐年报》(Manuel Musical)。对于这种语言教学模式的方法,威廉姆把音乐作为科学问题来探讨,着力于把音乐理论分割成仔细规划好的序列。1842年,由约翰·赫尔校订的《威廉姆唱歌教学法》一书在英国出版,并由政府授权在英国各学校投入使用。在没有进行更深入的调查研究和修改的情况下,这种教学法就被爱尔兰"全国教育委员会"所采用。1840年,两个爱尔兰音乐教师被送到英国巴特西培训学院去学习教学方法,并把这种方法引进到示范学校。

除了有些迂腐和僵硬机械之外,赫尔方法的一个最大问题是歌曲的内容,因为这些都是为英国学校所创作的歌曲,而且其被设计的初衷是要阐述音乐的理论。在首席观察员詹姆斯·基南(James Keenan)听过孩子们唱这些歌曲之后,他写到:"他们没有体现任何民族特点……对于所有的情感来说都是外来的……不属于任何国家……在没有祖国的地方被唱。"(Twenty-Second Annual Report,1855)对当地爱尔兰文化特性的削弱是英国国家教育制度的目标之一,而赫尔教学方法的曲调正好与其目标是一致的,因此这种方法从来就没有在爱尔兰的教育体制中扎下根来。托马斯·摩尔(Thomas Moore)的《爱尔兰旋律》(Irish Melodies)作为另外一个可选歌曲集,从1808年到1834年之间发行了10辑,在学校很受欢迎,因为它在情趣和风格流派方面都不令人讨厌，具有温和的民族主义精神。

阻碍音乐课程发展的绊脚石

如果从有利于政府的角度来回视19世纪40年代音乐进入爱尔兰国立学校的起因，可以发现它似乎是建立在一套合理综合的哲学体系之上，而这套哲学是由一种很完善的外国教学方法给予支撑构建的。然而事实上，音乐进入国家教育体制的过程充满了绊脚石，这些绊脚石是由政治不信任、社会经济不平等、文化价值观多元化、宗教信仰不一致以及教育抱负不相同等构成的。

宗教音乐在学校歌曲曲目中的使用被认为是最具敏感性的。一方面是由于这类曲目的社会政治潜意识教育作用，另一方面也为了达到保持宗教教育和文学道德教育分离的目的。引起中产阶级共鸣的提升音乐品味的音乐却不能得到大多数本地人和下层阶级的认可，对于民族歌曲的改进行为又带来了"哪个民族"的问题。在英国的任何地方，都可以看到这样的歌曲被作为唤起民族精神、打造勤劳忠实的工人阶级的重要手段，但是在爱尔兰学校推行英国国歌就会导致当地爱尔兰人的抵制与反抗。同时，爱尔兰民族歌曲与英国的文化同化政策也是尖锐对立的，因为这些歌曲在爱尔兰青年中鼓励民族主义精神，有助于激发反叛精神，那些来自于农民和被压迫阶级用爱尔兰语唱的歌曲并不能被殖民教育体系欣赏和接受。然而，为了经济上更加自主以及为未来可以移民做准备，大多数农民还是希望他们的孩子能够学习英语。

先开始音乐是在师范学校得到发展的。在那里，维多利亚社会中产阶级的价值观对赫尔音乐课程的发展起到了补充作用。然而，在大多数普通国立学校中，和大多数人的价值观相比，赫尔的唱歌教学法从文化和社会上来说都是外来的，因此这种方法最后失败了。随着19世纪宗教教育的发展，天主教的牧师们在学校管理中有了更多的话语权，学校使用"背诵唱歌法"或者是约翰·柯尔文的"首调唱名法"来教授摩尔的具有爱尔兰渊源的歌曲和旋律。

问责期和政治动荡期的音乐和学校教育，1872—1921

"按成绩拨款"制度下的音乐

19世纪末20世纪初的几十年是实施义务教育的准备期，国立学校的音乐教育也在经济大萧条的影响下，改变了其教育哲学和政治上的民族主义。1872年，国家教育制度引进了一种"按成绩拨款"的政策，一直执行到1899年被废除。这项政策构架每个学科的教学大纲,学生的学习进度由董事会的督察员定期来评估,而且教师的薪资根据学生的成绩来支付。因为教师的薪资取决于他们学生的成绩,所以教师们虽然反对,却也只能遵守并且屈从于这个规定。

1883 年,改变了"附加课"的身份后,音乐课的地位提高了,由一门非义务教育科目变成了一门"普通选修课"——一门同基础科目一起接受检查的学科。在谈及音乐地位的改变时,教育督查员康奈兰(Connellan)视其为"第一次被所有教育工作者和所有各方专家承认的最有力的和最微妙的文化元素之一"(Fiftieth Annual Report,1833)。然而,也有许多阻碍课程发展的绊脚石。由于对学生成绩的关注,那些可以被标准化、被量化和测量的音乐因素都得到了强调。学生参加音乐考试时,与其他科目相比有额外的风险,支付给教授低年级学生教师的费用依赖于较高年级学生的音乐精通程度。1859 年首次通过的给音乐教师发放的年度奖金,现在只发给在示范学校工作的或者在正常上课时间以外还在普通国立学校里授课的教师(*Thirty-Ninth Annual Report*,1872)。

在"按成绩拨款"政策执行期间,全国音乐教育界对于是"依靠听觉"来唱歌还是"看着五线谱"来唱歌展开了激烈的辩论。为了考试的目的"听唱"被认为是不合法的,许多教师和督查员都对这项政策提出了批评。他们的参照基础是:在英国,从 1882 年起就实行了"靠听唱学唱歌获得的拨款仅是靠乐谱学唱歌的一半"的规定(Sneyd-Kynnersley,1908)。许多督查员都坚信"听唱"更适合于小学阶段的儿童,而且他们支持"首调唱名法",因为它更容易为儿童所接受(Fiftieth Annual Report,1883)。来自利莫瑞克的一个督查员的报告呈现了在课前时段里用"首调名唱法"给儿童教唱歌曲是怎样提高了学生的到课率和准时性的:"小学生们对首调唱名法兴趣高涨,当被点名来唱歌时,他们因为高兴而容光焕发,好多学校都利用儿童的这种热情来确保学生按时到校。"(*Sixtieth Annual Report*,1893)无论这种音乐教学实践是区域性的还是全国性的,它都是"首调唱名法"的成功例证,这是一种到 19 世纪末才得到政府坚定支持的视唱教学法,1884 年得到官方认可。为了让教师们使用这种方法还设计了一个项目工程(*Fifty-First Annual Report*,1884)。1971 年推进了"一种新课程"(An Curaclam Nua)后,这种教学法遂被确立为爱尔兰初级教育的一项制度。

在"按成绩拨款"的年代中,这种制度使得教师们变得沮丧和愤怒(1872:295)。在 19 世纪 70 年代到 80 年代期间,参加音乐考试的学生人数锐减,同时,考试通过率上升了,使音乐成为专为少数学生服务的学科。到 1896 年时只有 14% 的国立学校为学生举办音乐考试,而与之相比较的是同一年在英国有 99.8%,在苏格兰有 96.6%,这就表明,在"按成绩拨款"的年代中,音乐教育并不繁荣。1899 年,音乐督察员彼得·古德曼(Peter Goodman)倡导国立学校音乐教学方法的改革,预示着 20 世纪

新的教育哲学体系的形成,同一年"按成绩拨款"制度被废除:

"按成绩拨款"考试制度在致力于使教师为了艺术本身来培育艺术方面并不成功。因此,如果这方面做得并不好,难道我们就不能寻找到一种使音乐在学校里被热爱、被珍惜的办法吗?难道我们就不能寻找到一种更好的处理办法,使得每个教师都正视音乐,不仅仅是把音乐当作谋生的经济来源,更是为了把欢乐和幸福带给那些他们照顾的孩子们吗?

音乐、学校教育和正在变革中的教育哲学

20世纪早期发生了一场教育改革,人们的注意力更多地集中在如何使得教育制度民主化,而且更多地触及了当时文化背景下的真实情况(Selleck,1968)。在这种新思维的影响下,国立学校开始设立音乐课。音乐被视为是建立个体和群体之间联系的一种媒介物,是解决道德问题的融化剂,是连接家庭、学校和社会之间的纽带。人们关注的焦点集中在儿童的个性需求和个性特点上,以及特定年龄阶段所适合的针对性教育。同时,国立学校教育日益与国家建设、爱国主义精神、公民责任感和共同的民族理想等联系起来。总的来说,新的教育运动趋向于强调儿童的全面发展——身体、社交、智力、审美和感情等诸方面都包括在内,并且将其放在一个更大的社会文化背景下来考虑。

反映这种新教育哲学的声乐教学成了新的《国立学校教育修订案》(Commissioners of National Education 1900)生效后的必修课,随后学校音乐改革的浪潮席卷了20世纪初期的几十年。

在前几十年占主导地位的对于音乐的霸权态度让位于更加民主的态度。把音乐传播到岛上最偏远地区的努力效果明显,开设音乐课的学校持续增加,由1899年的17%增加到1907年的78%(*Annual Reports*,1899,1907)。

为了帮助教师达到普及教育的目标,由政府特派员对教师进行在职集中培训。1900年到1904年之间共举办了168期教师培训班,大约有6400名教师参加了培训,这些教师几乎被均等地分派到爱尔兰全国各地。基于"音乐在爱尔兰城镇以外的地方几乎是没有人知道的一门艺术"(*Seventy-First Annual Report*,1904)的猜想,偏远山区和农村地区的音乐教师都得到了应有的关心,并且推荐使用"首调唱名法"来教视唱课,同时给各学校配给柯尔文的音乐教育碟片和音响设备。

在这一时期除了声乐,国立学校的器乐课程也得到了长足的发展。尽管在1859年音乐作为附加课的地位得到认可,1885年一个新规定把音乐课的位置又抬高到可以放至在校时间的第五、第六节课教授,这门被描述为"2年制钢琴项目"的课程很相似于爱尔兰皇家音乐学院和其他当时的音乐学院的课程(*Fifty-Fourth Annual Report*,1887)。器乐课最先开设在富人社区的学校里和"殷实家庭里有在家里练习钢琴机会的尊贵女孩儿们的"修道院学校(*Fifty-Eighth Annual Report*,1891)。为学生举办器乐考试的学校数量从 1884 年的 47 所增加到 1891 年的 168 所,到 1899 年就到了 180 所(Annual Report,1884,1891,1899)。

学校音乐协调了文化民族主义的理念

19 世纪末 20 世纪初,爱尔兰的民族主义运动影响着学校音乐发展的进程和方向。20 世纪早些年,有关爱尔兰教育的文学反映了对于民族主义的全国性的基本观点(Ni Niocaill,1909)。1893 年成立的盖尔人联盟(Gaelic League),致力于复兴爱尔兰文化,建立民族认同感,基础教育被认为是获得这个目标的重要阵地,民族主义者认为学校音乐是根植民族主义理念的源头,本土音乐传统被视为构建爱尔兰文化认同感的核心。一个批评家在质问学校体制中本土音乐的缺乏时这样说:"在孩子们接触任何其他音乐旋律前,为什么不最先教我们民族著名的旋律呢?学习《我们的祖国之歌》应该是必要条件,而且应该与盖尔语口语的学习同时进行(Journal of the Ivernian society,1909)。"

1902 年,由伦敦教育委员会向大不列颠所有教师培训大学发出的通报建议说,在校培训的学生应该深刻认识到把英格兰、威尔士、苏格兰、爱尔兰的国歌传给下一代的重要性,因此设立了"一套音乐品味的健康标准"(*Irish School Weekly*,6 December,1902)。在此通过运用民族音乐而设想的"健康标准"并不受爱尔兰民族文化信仰者的欢迎,伦敦政治机构代言人的声明代表着爱尔兰继续与英国联合的那一个政治体,但是民族主义者完全反对这样做,因为他们的目标是从英国独立出来。

学校的爱尔兰音乐教学得到了专业教学的支持,但面临的挑战是在推行之前需要被认可接受。首先,在爱尔兰音乐的构成上和对于传统音乐未来的各种观点上没能达成共识。其次,仅仅是在 1904 年,爱尔兰语言课才被作为双语项目的一部分引进到学校里,因为许多当地歌曲材料里都有爱尔兰抒情诗。最后,很有必要列出适合于小学生的爱尔兰音乐歌曲目录。在 20 世纪早期,发行的歌曲专辑的选材已经开始在爱尔兰歌曲与盎格鲁-爱尔兰音乐之间保持平衡。例如,这样的专辑有:彼得·古德曼的《爱尔兰游方音乐家》(*The Irish Minstrel*,1907),创始者沃尔什(Walsh)的《我们什莫尔》(*Fuinn Na Smol*,1913)和《盖尔人之歌》(*Songs of the Gael*,1915)。

《爱尔兰游方音乐家》是国立学校课程中本地爱尔兰音乐得到官方认可的标志,它对爱尔兰歌曲和曲调的关注可以被理解为对文化民族主义者需求的一种回应。从另一个角度来看,它也可以被看作是英国对于更为宽泛的民间歌曲在教育中的运用和价值的解释,20 世纪早期普遍都在使用这种方式。还有一位歌曲编辑者圣·杰克·沃尔什(Father Jack Walsh),游览了爱尔兰语地区的部分小岛——"那些令人最喜欢的还没有被英国人征服的峡谷和山脉",在那里他改编的一套共7册的歌曲集《我们什莫尔》至今还被生动地传唱着,并且以"首调唱名法"出版发行。意识到多数教师与学生因为不懂爱尔兰语而不能够完美地用爱尔兰语唱这些歌曲,他又编辑了另外一本包括200首盎格鲁-爱尔兰语歌曲与叙事诗的专辑,把它们移植到传统的爱尔兰曲调里,就是《盖尔人之歌》。古德曼和沃尔什把爱尔兰音乐引进到国立学校课程的努力,表明用两种语言传唱本地爱尔兰歌曲的热情在20世纪早期的几十年间尽管规模还不大,却日渐高涨。

爱尔兰语的《赞美诗专辑》也已经出版发行——也就是"香格里拉诸神和夏娃(Dia Linn La' Gus Oidhche,1917)"和"莱恩特之歌"(Raint Amhrán,1917)。这几十年之所以提供爱尔兰语的赞美诗,其目的在于把天主教教义融进民族主义,在于把这些作为必要的爱尔兰元素呈现给下一代。1921—1922年当"爱尔兰自由州"建立时,爱尔兰语的歌曲和天主教的赞美诗(独立爱尔兰后来唱歌的主要内容),已经被奉为爱尔兰学校音乐的"正典圣经"。帕特里克·谢伊(Patrick Shea,1908—1986)的自传里有支持该结论的证据,他描述自己童年时在内地的鹿园中,回想起大约是1916年在鹿苑国立学校的一节唱歌课:"我们高声唱出了《游吟诗人男孩》《让埃林记住》《曾经的国家》,而且产生了发自肺腑地对祖国的钦佩和敬重,还有《山东的钟声》"(Shea,1987)。

在1914年到1921年之间的几年里,战争的硝烟一直笼罩着爱尔兰,先是第一次世界大战,然后是爱尔兰独立战争,而且也影响着如何理解作为学校课程的音乐,它把功利心理状态带到了学校体制当中。1916年的全国教师组织大会批评了1900年发布的有关超载课程表的修订计划,并且要求回归基础学科(*Irish School Weekly* 6 and 13 May 1916)。音乐又一次被边缘化到附加课里了,其可利用性完全依赖于学校人事编制的需要和当地自然人力资源的情况。

战争也带来了积极方面的影响,它突出了学校音乐在为共同事业而团结人民并且灌输爱国主义情操时的无可替代的凝聚力。比如,在第一世界大战期间,许多学校音乐会就是为了"抵制由战争带来的危难"而组织起来的(*Irish School Weekly*,3 Ocfober 1914)。在20世纪早期,充分的证据显示学校音乐会受欢迎程度的上升,以至于在1907年古德曼写到,学校音乐会在许多地方已经成为"固定的音乐学院"(*Seventy-Third Annual Report*,1906—1907)。学校音乐会为器乐表演提供了机会,尽管一些班级团体在器乐表演方面没有正规的基础学校组织,它确实发生于偶然,它的发展依赖于一个个教师,依赖于校园传统,依赖于当地的音乐习俗。20世纪的前20年,欧洲和美国的团体乐器教育都得到了快速发展,爱尔兰却由于政治、经济条件的不允许而缺乏正规的乐器教育,这也正是今天的爱尔兰在音乐教育方面与西方各国之间的主要差异。

新国家的教育改革，1922—1926

爱尔兰从英国获得独立之后，在 1921 年后半年至 1922 年前半年建立了一个被称作"爱尔兰自由州"的临时政府，新政府的首要任务之一就是改革教育制度，并将其排在国家目标前列。1922 年 1 月国家教育部首席执政官帕特里克·布拉德利（Padraig O Brolchain）在谈及新国家的教育议程时说道："新政府的目的就是尽一切可能强化国民素质，比如说把语言、历史、音乐以及爱尔兰当地的传统贯穿于学校生活当中（Commissioners of National Education, 1922）。"这个议程从三方面对早期教育的音乐课程产生了巨大的影响：爱尔兰语言复兴运动、天主教教堂音乐的提升以及为改善音乐文化和"国民素质"的举国的努力。

语言复兴运动在独立的爱尔兰国家的早期义务教育中发挥着绝对主导的作用。都柏林大学的缔造者——托马斯·科克伦（Thomas Corcoran）是语言复兴运动的狂热分子，也是教育界举足轻重的决策人，还是 1922 年颁布的新课程《国家初级教育课程》准备阶段的高级顾问。他提倡一种理念："在当今的爱尔兰学校里，单纯的爱尔兰语和爱尔兰音乐的联合，当之无愧地是通往真正属于爱尔兰人的爱尔兰语言在书面文学和口头语言复兴的金光大道（Corcoran, 1923）"。这个课程规定，所有歌曲都必须用爱尔兰语教唱（National Programme Conference, 1922）。爱尔兰自由州政府采用了这个报告，并于 1922 年 4 月 1 日在国立学校里将其投入实施。"首调唱名法"把公众和用爱尔兰语教唱歌曲紧密联系在一起了，而且这种教学方法一直持续下来。

天主教教义是爱尔兰的第二个特征，同样深远地影响着爱尔兰自由州政府时期文化、教育和音乐的发展方向，尤其是在"素歌运动"时期通过演唱赞美诗的传播。帕迪·克罗斯比（Paddy Crosbie, 1913—1982）在其自传中描述了 20 世纪 20 年代他在早期女修道院的音乐教育，谈到国立学校的赞美诗课程时，他写道：

我们被教唱了大量的赞美诗，比如：《我为玛利亚唱赞歌》，也就是鲁尔德斯（Lourdes）赞美诗；还有一首我们大家都能吟唱的赞美诗就是：《妈妈，我会为地球而哭泣》，但实际上是《妈妈，我为欢乐而哭泣》。我们还学了《基督的善良之心》《给予耶稣所遭受的疼痛》《无上光荣，圣帕特里克》等等。我们学会了所有的歌曲，并且能够精力充沛地在所有提供的时间里去唱，尤其是在"五月游行"时。

格列高利圣咏是天主教节目的另外一种形式，在爱尔兰学校安家落户（Crosbie, 1981）并被传诵开来。1926 年的夏天，都柏林大学的主任——约翰·柏克（John Burke）教父建立了一所"夏季素歌"学校，于是"礼拜节"在诸多省市中心得到了发展，如蒂厄姆、埃尼斯、利默里克和基尔肯尼等。并且以日常圣歌"弥撒曲"为象征代表而成为"节日时千百万儿童们所热爱歌唱的"(Rooney,1952)。

深刻影响国家教育的第三个因素是爱尔兰声乐形象的改变。在1926年爱尔兰全国教师组织年会上,科克学校的教师丹尼斯·布林(Denis Breen)注意到"全国性对音乐的漠不关心"现象并且论述道,音乐在教育中的状况是音乐状况在国民生活中的反应,每一种制度都是"那个民族所有瑕疵和美德展现的缩影图"(Breen,1926)。从国立教育体制开始,音乐教育中的这种状况就备受诟病,现在矛头尖锐地指向了国家政策的缺失。布瑞恩说道:"学校音乐只不过停留在学校里而已,除非受到相联系的更重要的外面世界活动所激发,比如:某种民族意志力,某种民众渴求,某种由于自身的强有力而导致喧嚣、衰退及破灭的运动等等。"在他看来,为了消除爱尔兰人生活中对音乐如此明显的"广泛的冷漠",所需要的是综合的国家音乐政策,"一个具有历史性意义的结果",或者是类似于这方面的某种东西。

从某种意义上而言,19世纪80年代以前,基础教育依照学校参与节日和竞赛的传统,已经完全服务于民族主义生活的发展,"爱尔兰自由统治州"的成立,给其传统阶层带来更大的冲击力。1925年布瑞恩亲自组建了"科克学校音乐协会",在科克市成立了一个来自于该城市不同学校的约有二百人的歌唱团。除了各学校的合唱团以外,该协会的其他项目也很有特色:两个女修道院的合唱团、乐器演奏部、爱尔兰语戏剧以及爱尔兰人的踢踏舞。一个观察者叙述道,这种模式"在爱尔兰很可能是第一次尝试",其暗含的意思就是"还不容易界定它"(*Irish School Weekly*,11 July 1925)。诸如此类的情况开始在独立自主的爱尔兰逐渐变得流行起来。

1926年,教育部颁发《义务教育法》,从此音乐步入课程之列。按照本质属性,它不像是一门学科,反倒更多地像是帮助民族语言复兴前进的仆人,是天主教教义在学校和社会发展的载体,是改善爱尔兰音乐形象和文化声誉的大使。

历史的馈赠和负担,留给今天的遗产

1831年从全国性州政府支持的教育体制开始,音乐课在学校课程中尽管还不是义务必修课,但也有了一席之地,它的发展受到了一系列的政治、宗教和文化诸因素的大力推动。在这些因素中,有不被爱尔兰当地人所接受的宣传殖民思想的歌曲曲目,也有不被很多人喜欢的"按成绩拨款"制度中教学方法对音乐作为学校课程的负面作用。19世纪中期,随着教育逐渐变得无宗派时,天主教秩序开始在基础教育阶段发挥着重要的作用,和爱尔兰本土文化与遗产息息相关的歌曲曲目开始灌输到国立学校里,柯尔文"首调唱名法"的使用被证明受到教师和学生的一致欢迎和接受。

1900年,声乐被确定为一门必修课,随后在课程中获得了更好的表现,这反映了教育哲学的改变,同时也迎合了文化、政治民族主义的提升。第一次世界大战的硝烟使得教育者将重点又转向了基础课程,爱尔兰独立战争使得音乐课程的重点集中在爱国主义思想的教育方面。1926年,当从6岁到14岁的义务教育制度被引进时,音乐失去了它原来的位置,不被认为是一门基础学科,然而,它在课程中的角色在复兴爱尔兰语言、提高天主教道德观的议程中却被认为是至关重要的。

每一个国家当代音乐教育的框架都是由它的历史所决定的——所继承的既有丰厚的赐赠也有沉重的包袱。在爱尔兰的历史背景中,音乐从一开始就被认为是课程的一部分,几任领导都对歌曲曲目和教育学的推进思想作出指示,要改善的最初始活动就是唱歌。随着时间的推移,这种关注就导致了合唱队文化的发展。尽管没有音乐专家可聘来教音乐,但是其他科任教师可以接受到极小限度的音乐专家培训,许多国立学校的教师在学校和学校依附的教堂的唱歌活动中都起着重要的作用。殖民地历史背景和围绕着独立战争的民族主义,都表现为强大的决定国立学校音乐发展方向的关键性因素。政治思想体系治着音乐课程的内容,这个基本原理已不复为当今学校的特性了。对于音乐教育按照其自身的属性给予的支持是缺乏的,而且20世纪的爱尔兰国家经济贫穷,不允许发展类似于其他国家的器乐教育。也许这种从历史继承过来的特有包袱,围绕着爱尔兰传统音乐的烙印,在最近几十年已经消除了。只有当音乐本身已经从社会停滞不前的地方进入到中心舞台上时,那么它才能因为自身的属性(而不是代表政治价值观)进入到课程里。有一些教学模式在爱尔兰从过去一直使用到现在,比如,让其他科任教师教小学音乐。政府对音乐教育的支持和器乐教育体制的欠发达之间还不匹配。

对一个国家故事的反思

对于爱尔兰义务教育阶段音乐教育的实例研究,说明音乐是一门深受政治意识形态、现实经济、社会文化价值观牵连的课程,当它进入到公共领域教育的时候,其用途依然携带着那些价值。在19世纪爱尔兰处于最困难的时期,任何站在英国的立场上试图加强殖民地控制的推进教育议程的努力,都受到当地爱尔兰人的强烈抵制。音乐的发展在许多方面都受到了阻碍,只有当扎根于殖民地政治意识形态的隐性课程成为过去,爱尔兰获得了从英国脱离出来的政治独立后,义务教育才变得合法化。在这个全新的勇敢的世界中,音乐课程又被新的独立国家的新的政治思想所左右。

本篇叙述也证明了音乐作为一门学校课程的复杂性和脆弱性,以及它在学校课程中地位的矛盾性。音乐随着主导学校的教育和社会的价值观而叱咤风云,当一项殖民地的议事日程与它有关时,教师们就仅仅着重于主题内容"安全"的方面;当"问责"时代到来,教师的薪金按照学生的考试成绩来支付时,音乐被作为一门考试科目来对待,而且还附加有其他科目所没有的条件;当课程被拓展到更加以儿童为中心时,音乐又变成强制性的;但是在一个阶段的探索之后,控制又被插入进来,音乐又失去它的核心地位;当民族主义议程在独立的爱尔兰限定教育价值观、引进义务教育时,可以提供新的政治服务的音乐很快又获得了它的地位。在今天的"后民族主义"的爱尔兰国家中,过去的政治负担不再决定音乐课程的内容了。在19世纪、20世纪初的困难时期,爱尔兰使得义务教育的引进复杂化;然而音乐却以各类形式在国立学校存在着。与那些凭借一条法令就可以实施义务教育的国家相比,爱尔兰学校基础教育中的音乐则呈现出一整套更为复杂的价值观,这就是我的论述。

参考文献:

Breen, D. (1926a), 'School-music: its place in the national life', *The Irish School Weekly*, 77, (1 May), 558.

Breen, D. (1926b), 'School-music: its place in the national life', *The Irish School Weekly*, 77, (15 May), 620.

Commissioners of National Education (1834-1921), *Annual Reports*. Dublin: Office of National Education.

Commissioners of National Education (1898), *Final Report of Royal Commission on Manual and Practical Instruction in Primary Schools*. Dublin: Office of National Education.

Commissioners of National Education (1900), 'Revised programme of instruction in national schools', in *Annual Reports* 1900—1901 (Appendix). Dublin: Office of National Education.

Commissioners of National Education (1922), *Minutes of the Proceedings of the Annual Reports Commissioners of National Education at their Special Meeting on Tuesday, the 31st January*, 1922. Dublin: Office of National Education.

Coolahan, J. (1981), *Irish Education: History and Structure*. Dublin: Institute of Public Administration.

Corcoran, T. (1923), 'Music and language in Irish schools', *Irish Monthly*, 51, (July), 338-340.

Corcoran, T. (1933), 'National literature through national music', *Irish Monthly*, 61, (July), 410-12.

Crosbie, P. (1981), *Your Dinner's Poured Out*. Dublin: O'Brien Press.

Dia Linn Lá'Gus Oídhche's Pádraig Aspal Éireann (1917). Baile Átha Cliath: Brún agus Ó Nualláin Teor.

Goodman, P. (1907), *The Irish Minstrel: A Collection of Songs for Use in Irish Schools*. Sel. and arr. by P. Goodman. Dublin: M. H. Gill.

Hullah, J. (1842/1983), *Wilhem's Method of Teaching Singing*, intro. B. Rainbow. Kilkenny: Boethius Press.

Irish School Weekly, The (1902), 'Circular to training colleges-music', 6 December, 10.

Irish School Weekly, The (1914), 'A new song', 3 October, 714.

Irish School Weekly, The (1916), 'Irish National Teachers Organization Congress: an influential gathering', 6 and 13 May, 453.

Irish School Weekly, The (1917), 'Memorandum on suggested changes in present school programmes', 3 March, 122.

Irish School Weekly, The (1925), 'Cuirm ceoil: successful schools' concert in Cork', 11 July 852.

Irish Teachers' Journal, The (1873), 'Drawing and singing of national schools', 12 April, 101.

Journal of the Ivernian Society (1909), 'Notes', 2, (October), 124.

Moore, T. (1834), *Irish Melodies*. London: Power & Longman, Rees, Orme, Brown & Green.

National Commissioners of Education (1837), *Report from the Select Committee (of the House of Commons) on Foundation Schools and Education in Ireland*. House of Commons (H. C. 701).

National Programme Conference (1922), *National Programme of Primary Instruction*. Dublin: Browne & Nolan.

Ní Niocaill, E. (1909), 'Nationality in Irish education', *Irisleabhar na Gaedhilge*, 19, (19 Meitheamh), 258.

Ó Casaide, S. (1915), 'Father Walsh's Irish song books', *Irish Book Lover*, 7, (September), 33.

Rainbow, B. (1967), *The Land without Music: Musical Education in England 1800—1860 and its Continental Antecedents*. London: Novello.

Rooney, H. (1952), 'The plainchant movement', in A. Fleischmann (ed.), *Music in Ireland*. Cork: Cork University Press, pp. 218—21.

Selleck, R. J. W. (1968), *The New Education* 1870—1914. London and Melbourne: Pitman & Sons Ltd.

Shea, P. (1987), 'Sounds of thunder, from voices and the sound of drums', in A. N.

Jeffares and A. Kamm(eds), *An Irish Childhood*. London: Collins Sons & Co. Ltd, pp. 272-6.

Sneyd-Kynnersley, E. M. (1908), *H. M. I.: Some Passages in the Life of One of H. M. Inspectors of Schools*. London: Macmillan & Co. Ltd.

Walsh, P. (1913), *Fuinn na Smól*. Dublin: Browne & Nolan.

Walsh, P. (1915), *Songs of the Gael*. Dublin: Browne and Nolan.

Wilhem, G. B. (1836), *Manuel de Lecture Musicale et de Chant Élémentaire à 'Usage des Collèges, des Institutions, des Écoles et des Cours de Chant (...)*. Paris: Perrotin.

Wyse, T. (1836), *Education Reform*. London: Longman.

第五章 挪威：在欧洲边远地区，教育是前进还是停滞

弗雷德·奥拉·毕卓斯坦 马格纳·艾斯博兰德
(Fred Ola Bjornstad and Magne Espeland)

当回溯音乐教育的理念和发展时，人们有时想知道为什么当时的理念特点是如此不同于我们这个时代的。有时候我们的反思似乎是很异类的那种，我们在想为什么发生在邻国的事件和理念似乎从未发生在我们自己的国家。在写这篇文章时，作者们经常在相互问一些问题，例如：一个人怎么可能如此强烈地感受到早期唱歌的现状并且将其写出来？为什么在历史上挪威学校的音乐教育受到来自于欧洲国家思想上的影响程度最低？为了寻找到一些可能的解释，我们对小学和初中教育阶段进行了深入挖掘和研究，可以感知到特定背景与独特个性之间进行平衡的内在规律。事实上，挪威普通的政治和历史形势就可以解释在挪威的某一节唱歌课堂上所发生的情况，也可以解释个体音乐教育工作者的热情与奉献精神在促使音乐教学体制的变化方面，是远远超出唱歌或者音乐课程本身变化的。

在本章，带着这些问题作者将对挪威音乐教育史进行一个简短的概述，重点集中在唱歌和音乐作为一门课程的发展与形成，从其进入学校课程到1960年音乐在挪威公立小学和初中学校所有课程内变成一门完全强制执行的课程。

第五章　挪威：在欧洲边远地区，教育是前进还是停滞

本陈述并不声明可以表现出绝对的真实性，因为我们的依据既有自己对原始的文献、研究成果以及出版物的审查，也有引用别人的，因此并非是所有的数据都来自于文献，其中不可避免地有一些按照过去进行的推测。

对挪威的政治史作一个简短的介绍之后，我们将把重点集中在挪威音乐教育史的以下四个阶段：从中世纪到18世纪；从19世纪到1939年；从战争爆发到1960年；从1960年后到现在。陈述中，我们将更多地进行分析而不是简单描述事实，因为我们要试图回答音乐在挪威作为一门必修课和在其他国家有相似发展之间的关系问题。为了描述这个过程的自然演变性，我们把针对学校教育和教师教育双方面发展的分析和评论以及相关的背景信息一并考虑，采取全面的视角来看待各个历史事件[①]。

一般历史与政治背景

涉及挪威学校唱歌和音乐的历史，一个小章节的篇幅是不允许我们对挪威的相关政治史作出详尽描述的，然而一个短小的概要就可以提供足够的背景以使我们能够更好地理解音乐教育的发展。

挪威的政治史与瑞典和丹麦是紧密联系在一起的。在第一个千年早期的几个世纪中，独立的北欧海盗和皇权统治同时存在，通过卡尔玛联盟（Kalmar Union）使得这三个国家在1937年后统一在一个王国中。1523年联盟被分省制的协约取代，瑞典和丹麦变成独立而分开的王国，而且挪威变成了丹麦的一个省。这次被称作"400年黑夜"的改制在1814年结束，当时，受到法国大革命激励的民族主义苏醒了，结果导致有限的（尽管有独立的挪威宪法）议会和政府代表的产生。虽然由于丹麦在拿破仑一世战争时期的作用，这个政治局面导致挪威被瑞典所承认，但是1814年5月17日《君主立宪制》的宣言变成了挪威民族主义和政治意识发展的基础，于是1884年议会制的挪威政府从瑞典分离出来，预示着1905年作为独立自主的挪威的

---

① 我们所运用的研究方法可以称为"解释分析内容法"，这里我们工作的一部分是"Ideoskosa"，它是北欧跨国机构对挪威历史中小学歌曲集的意识形态所做研究项目的缩写。

再生。20世纪的头几十年挪威日益变得工业化,尽管这种发展在第二次世界大战中被德国占领所阻止,但是从20世纪70年代初一直到今天,挪威还是维持着一个建立在繁荣的石油工业基础上的高科技发达国家形象。

从中世纪到18世纪的音乐教育

从早期的音乐历史来看,不管是唱歌还是音乐,挪威学校与教堂的历史都有密切的关系。在12世纪时,修道院与大教堂建立了学校,在那里学生(男生)可以学习作为一门自由艺术的音乐课,其教育的主要目的是培养合格的神职人员,合唱队的目的就是为基督教会提供服务和支持。

课程包括歌唱技能和音乐理论,这种情况一直维持到1539年的宗教改革后,丹麦和挪威联盟下发了第一部学校法规。根据现存这个时期的文件和年鉴,当时音乐课程的重点主要集中在理论方面。按照预期进行供职服务的学生的唱歌水平应该达到可以参加一些在"阿门"之类的活动中应和之上,集会是不需要音乐参与的。这一时期的课程要求是:每天都应该进行1小时的口头唱歌,要求低年级的学生练习演唱格列高利圣咏,而较高年级的学生则应集中精力于"手指歌或曲调"(Bergheim, 1974)。

然而,直到1739年,一个新的法令才确定了唱歌在学校作为一门必修课的地位。"遵照主的名义,丹麦和挪威的国王"——克里斯蒂安六世(King Christian Ⅵ)的1739年法令不仅包括"学校应该为所有孩子提供义务教育"的指示,而且有详细的说明、指导以及司钟人(klokker)①全面实施负责制,还有唱歌应作为教堂礼拜仪式的一部分等等。要求司钟人不仅要做班主任,而且还可以成为教师培训员,他们可以凭借自己的实力在通过考试之后成为学校教师的替补人员②。除此之外,1739年法令还制定了针对学校课程中唱歌课的具体解释和说明:

就像早上以"晨读"开始一样,(他们)也应该唱歌、祈祷,读圣经。晚上应该以这样的方式结束:唱过赞美诗之后,所有的孩子跪下进行晚祷告,然后读完一篇圣经,一天结束时(他们)应该以唱着"晚圣咏"结束。然而,在冬天如果遇到糟糕天气,仅仅需要唱几篇诗歌,以使孩子们可以在天黑之前到家,不会在暴风雪和黑暗中受伤或丢失(Tonnessen, 1966)。

非常有趣的是,这些在给学校教师的详细说明中,还有关于学生的福利以及遇

---

① Klokker 词源学的意义是 Klokkerne 的复数形式。它和挪威的单词 Klokke(钟)及德国的 Glocke(钟)相联系。Klokker 除了协助唱歌,也负责通过敲响教堂的钟声召集人们参加仪式。

② 国王克里斯蒂安《1739年法令》第二段还包括关于 Klokkerne 改变职能的详细规定,以防没有教育能力和以"酗酒和抱怨"为主的荒唐生活。

到恶劣天气时对于上学情况处理的指示。然而不足为怪的是,1739年法令中包括的详细说明在偏远地区没有受到人们的欢迎,其中一些规定也未能被执行。甚至当1809年通过的法律规定教育与教堂分开时,赞美诗的歌唱仍然被保留为学校课程中音乐内容的核心部分。出于此因,在挪威音乐教育史的第一个阶段,学校和教会或多或少是不可分割的。

从19世纪到1939年

直到1834年,影响教育的国家法案(或者说条例)中提到了一种来自中欧的具有启迪作用的"音乐教育方法"。1834年法案是这样规定的:"应该采纳与国家公立学校的教学规定相一致的计划,还有公立学校给教师的指导说明。"它保持了唱歌和赞美诗之间的联系,对乐谱表和一种被叫作"帕萨尔摩迪康琴"的乐器也提出了参考建议。法案的第八条提出:"在当时,教授带有音符标示的波尔赞美诗时应该使用帕萨尔摩迪康琴。"(Norsk Skolemuseums Venner,1960)很显然,这种乐谱体系接近于法国哲学家让·雅克·卢梭的音乐思想,是他建立的从1到7的大调简谱音阶体系①。

帕萨尔摩迪康琴是19世纪20年代瑞典神父蒂纳尔(J. Dillner)发明的一种乐器,一种用弓拉奏的带有琴键键盘的一弦琴,其设计是要看着"数字"简谱用弓拉奏的一根弦的木质乐器,不同的键盘用来拉奏不同类型的音域。在挪威,拉奏这种乐器最著名的先驱是一位音乐老师拉斯·洛维路德(Lars Roverud),在教育部的任命下,从1835年到1847年之间,他跑遍了整个挪威,其目的就是为了促进这种帕萨尔摩迪康琴的使用(Bergheim,1974)。洛维路德根据乐谱拉奏帕萨尔摩迪康琴,准确地为教会牧师和学校教师还有他们的学生教授歌唱赞美诗的旋律。

但是洛维路德对于挪威当时一般的风琴手和音乐生活提出了严厉的批评,明确指出他们的音乐知识几乎为零。他抱怨到:"一般来说,(他们)几乎没有接受过教育,有些人纯粹是野路子拉奏,不懂乐谱,只是以自己的方式为唱诗班伴奏,换句话说就是,他们认为在每个乐句的开始,出现的花样音、装饰音越多,越完美。"(节选自Bjornstad,2001)

洛维路德也批评过没有能力的教堂官员的教歌行为,指责他们这样做会对教堂歌曲的总体标准造成巨大的破坏,他认为:

大多数教堂里没有风琴,唱歌是由一个被叫作"司钟人"的人来指挥,其中50个人之间有1个人懂得乐谱都不错了,更别说接受过任何音乐教育了。他们从哪儿去得到关于音乐教育方面的知识?他们中大多数人都是根据他们自己的套路来唱圣

---

① 挪威的简谱可能是建立在1817年已经完善的简谱基础上,即卢梭的数字谱基础上的著名"葛巴谢谱式"(由Galin、Pairs、Cheve三人完善)。在挪威,数字谱被称为"简谱"。

歌的,包括各种各样的装饰音,他们中谁能够喊叫得更高更洪亮,就被认为是唱得更好……还有,几乎每个团体中都有一个在公众场合的主唱[①],他可以用响亮的歌喉和呼喊声与司钟人竞争,而且这个人由于具备声音洪亮的能力,常常就把歌的曲调带跑了,甚至压过了司钟人的声音(Bjornstad,2001)。

然而,由于歌唱实践一直在挪威教堂根深蒂固,因此其改革不经过巨大的冲突是不会发生的。当时,一个当地报道用以下的方法来描述这种不和谐:

在大多数教堂里,大多数人们想要唱古老的传统曲调,然而教师和他们的学生却把唱歌引向当局授权许可的旋律,因此这就引起了在旋律方面的冲突。这种冲突逐步升级,最后,在唱歌期间教堂里就空空荡荡了无一人,当牧师踏上教堂中的小讲坛时,教堂会众才开始进入,当他下来时会众就离开了。这种境况延续了将近半个世纪,直到教堂会众逐渐开始习惯了当局授权许可的曲调。

几乎用不着怀疑,作为一个勇于奉献和具有启蒙意义的先驱者,拉斯·洛维路德对音乐教育改革影响的程度远要超过对具体的唱歌或者音乐课的影响。洛维路德坚信,音乐教育的改善(尤其是唱歌),依赖于确定的教学方法和有利于发扬乐谱和乐理的课程结构。然而,对其贡献的评价有一点认识很重要,那就是他的热心和他的尽心竭力很有可能导致一些传统的唱歌习俗和被称作"普通大众"的保留曲目的流失,而这些传统对于现代挪威社会却有着很高的价值。

教师培训和学校参考书

引进到教会唱歌活动中的一种新的实践很快在一种被叫作"研讨会"(seminars)的新型教师培训中找到立足之地。在19世纪30年代晚期建立起许多这样的研讨会,遍布在挪威偏远地方和城市各区域,其中一个就是本章作者所在的南部卑尔根的斯托德神学院(Stord Seminarium)地区。

专为教师培训学院颁布的1837年国家课程主要采用洛维路德提倡的教学法,同时推荐使用"数字"乐谱法,所设置的方法要求列举如下:

当我们谈论吟唱时,学生应该在使用简谱和在简谱的帮助下唱歌的过程中逐渐了解这种流行音乐的理论,应该能够有技巧地演奏帕萨尔摩迪康琴,应该能够演奏最常见的赞美诗旋律,而且尽可能地将高音和低音糅和在一起。他们也应该学习怎样演奏脚踏式风琴,并且尽可能地学习独特的民间歌曲。学生们应该定期去附近的教堂参加宗教事务,并且与教堂的主唱合作,共同带领唱歌,为成为教堂歌手做好准备。(节选自Bergheim,1974)

这个选自"教师教育要求"的摘录也说明了当时音乐教育中其他的两个主要元

[①] 源于希腊语"Steein",即呻吟,发出噪音。根据荷马史诗,特洛伊战争中的一位希腊先驱者,他有着能与50个人相较量的噪音(20世纪新韦氏词典,1979)。

素,一是对脚踏式风琴作为伴奏乐器的关注,二是把唱歌作为重建民族认同感的工具的理念日渐增强。引进脚踏式风琴背后的理念之一是,其超大的音域容量可以为合唱伴奏,并且可以应付当时民族演唱风格中不必要的装饰音(Storakre,1965)。重视民歌演唱的时代背景是1814年以后渐增的民族主义运动,当时挪威刚刚从丹麦400年的统治下获得解放并且重新建立起自己的宪法和议会。

早期教师教育中把唱歌强调为必修课,在公立学校的唱歌课中似乎起到了天然的补充作用。然而,1869年,官方教师教育课程学科的名称改为"音乐",直到1960年音乐在挪威所有的学校成为完全强制性的课程(必修课)之后,这种变化才体现在公立中小学教育阶段,只能说这是一种非正常现象。

官方的教育部文件中并没有明确要求借助五线谱外加数字乐谱来促进音乐教学。1877年时情况才有所改善,五线谱中的C大调和C小调音阶的阅读识别被专门指定为唱歌的目标之一,这种变化似乎是受到作曲家贝伦(J. D. Behrens)在1866年至1873年间给教师培训时教授的课程所影响的。他在一本关于唱歌方法论的著作中写道:

> 如果说上学时期的唱歌有助于构建一种更高质量的生活,那么正常情况下伴随这项技能的简单、机械、口传心授的教学方法就必须被改变……除此而外,还有教师不备课就授课的事实……(因此)大多数学生在学校最终彻底停止唱歌的情况是可以理解的。好的教学结果只有通过好的教学方法获得,而好的教学方法正是在教学过程中从一开始就需要理论和实践相结合的方法(Behrens,1868)。

19世纪末20世纪初,贝伦的思想显然主导着学校唱歌教学的方法,来自欧洲其他国家对于音乐教育方面另外一些重要问题的反思和相应的论辩,对挪威的音乐教育似乎都影响甚微。例如,相对立的"固定唱名法"和"首调唱名法"在这个时候都分别在法国和英国建立。在19世纪90年代,美国和英国都开始讨论音乐欣赏或者叫作"节奏律动实践"的辩论,在瑞士也由达尔克罗兹所倡导,但是在挪威却并没显示对此作出任何反应的痕迹。

1917年,为小学唱歌所设置的课程说明中仍然强调小学生歌唱简单旋律的能力,并且能理解贝伦的传统音乐理论。另外,课程要求三年级以上的小学生都应该学会使用"视唱练习"。在初中课程中,规定教师应该用一种所谓的"公式法"(formula method)来训练学生,一种类似于英国和法国所倡导的旋律阅读法。在使用"视唱练习(solfege)"的基础上,教给小学生一种旋律公式,以期有助于他们看着五线谱来视唱,同时还可以演奏简单的乐曲。在同一时期,针对这种方法,一个叫奥雷·考庞(Ole Koppang)的音乐教师发明了另一种可供选择的"声音法"(klangmethod),这种方法以"和声形式"(harmonic)为基础。还有另一些早期的音乐教师仿效意大利经典的美声传统(bel canto)的唱歌方法,倡导使用一种可以提高"美声唱法"

(Skjonn sang)的声音风格新方法,这种方法是早在 1810 年,由汉斯·乔治·内格里(Hans Georg Nägeli)在他 300 页全面深刻的论著《裴斯泰洛齐的唱歌教育教学原理》(Gesangbildangslehre nach Pestalozzischen Grundsalzen)中所推荐的。20 世纪初期,另一个挪威先驱者兼教师拉尔斯空(Lars Soraas),也很支持这种方法。他不仅是为音乐教育而提倡"美声唱法"的理念,也为阅读和演讲而提倡,这种影响可以从拉尔斯空的德语引文中清晰看到:

使用爱德华·恩格斯(Edvard Engels)教授教唱的方法可以获得比较好的歌唱共鸣效果和漂亮的发音。共鸣是通过舌头的各种动作来发生的,把舌头抵住下牙齿然后卷起,舌尖就可以得到训练,更清晰的发音就变得容易了,咽喉的下部就被打开了,音调也就更容易出来。在德国这种方法已广泛用于小学和初中唱歌的课堂教学中(同时也应用在朗诵中),并且因其在与声带卫生和语言方面相关的读、说、唱中所表现出来的嗓音优势而赢得来自教师和医生的称赞……教育部为唱歌教师的培训课程提供恩格斯的这种方法(引自 Espeland,1974)。

在 1922 年的学校课程计划(KUD,1922)中,比起只要求学习歌曲和乐谱来说,要求唱歌课有更远的目标、更宽泛的范围。下面的陈述是通过音乐对儿童发展问题给予关注的一个早期例子:"应该帮助儿童发展他们的声音和听力。他们应该学会正确地歌唱最著名的歌曲和赞美诗,流畅而准确。"然而,在挪威的义务教育阶段,还是鲜有真实、公开的音乐欣赏的迹象或者其他先进的教学方法。

从战争爆发到 1960 年

直到 1939 年课程改革(KUD,1939),挪威的学校体制才得以运用由约翰·杜威(John Dewey)和威廉姆·H. 吉尔·帕特里克(William H. Kil. Patrick)在 20 世纪初提出的一种先进的教育理念。然而,与视觉艺术之类的其他美学课程相比照,对于义务教育阶段音乐课的作用并没有更宽阔的看法,对创造性的要素或情况几乎也没有任何介绍。战后挪威音乐教育的两位改革家,费恩·贝尼斯塔德(Finn Benestad)和英格玛·福特兰德(Ingmar Fottland),在 1966 年的一篇文章中总结 1945 年挪威学校音乐教育的发展如下:

如果我们翻阅 1954 年之前挪威的文献、规章制度和方法论就会发现,与 19 世纪后期相比它们几乎没有增加什么新的东西,似乎在北欧的其他国家也是如此,一些国家增加了新歌曲,一些国家对声音进行关注,一些国家在强调音乐理论,另一些国家进行听觉训练等等(Benestad and Fottland,1966)。

在同一篇文章中,这两位作者推断这种缺乏创新的原因是:许多同时代的音乐教育工作者在唱歌活动方面都有一定的背景,并且课程内容也不可以偏离中央规定

第五章　挪威：在欧洲边远地区，教育是前进还是停滞

的课程标准。这完全可以是解释的一部分内容，但是它能否透彻地解释：为什么在20世纪上半叶，激烈的国际教育大辩论对挪威义务教育阶段音乐教育的发展几乎没有任何影响？因为这次辩论同样也发生在挪威。合乎情理的认识是，教科书的作者和学校课程的设计者都是教育界的精英，并且他们会很大程度地影响到学校的音乐教育。

解释这个现象的另一种方法就是，我们需要关注唱歌除了作为学校科目以外的许多其他方面的状况。整个19世纪到20世纪期间，教育主管部门一直把唱歌当作诸如语言和宗教教育等其他学科的"施工架"，虽然学校和教堂的密切关系在20世纪变弱了，但不管怎么说它仍然是强有力的。在学校教科书里，"圣歌"（圣经里的诗）和其他歌曲占有平等位置，在1939年出版的"部长指南"里也有陈述（KUD，1939），这些准则也强调了教唱挪威祖国和家乡歌曲的重要性。1905年，挪威以一个独立的国家出现了，很有必要塑造它的国家特征，相应地具有国家主义特征的歌曲就流行在学校里。因此，这个时期义务教育的主要目标之一就是使青少年加入挪威国籍或者当地宗教团体（Espeland，1974）。

只要唱歌作为学校科目的作用被宗教或者国家利益所左右，那么得出音乐和美学教育几乎得不到多少重视的结论似乎就是合情合理的。乔根森（Jergensen）认为，这期间唱歌和音乐教学方法缺乏国际影响是基于以下的事实：一是创新思想的传播和发展需要时间，二是基于先进教育原理的对于音乐教育更加宽阔的视角不利于挪威重视唱歌。

然而，除了乔根森所提倡的这些观点外，还有其他的一些解释或许更重要、更有分量。1905年挪威复国，全面民族运动兴起，这种政治情况就意味着，唱歌不仅仅是服务于教堂的仪式，它还有更加广阔、更加重要的作用。在庆祝新国家的成立以及其他具有历史意义的国家大事件中，唱歌也是主要活动。例如，在上个世纪之交时，欧洲大陆碰巧也发生类似的事件——青年运动①，在这次运动中，弗里茨·乔德（Fritz Jode）居于领导位置。除此之外，二次世界大战期间，公立学校之外的音乐和唱歌在抗击侵略者和加强民族感情方面还发挥了非常重要的作用。

本章认为教育思想发展缺乏推动力的原因是：教育停滞不前，尤其是在音乐方面。在普及课目和其他所有的课目上，1939年提出的巩固发展教育的思想似乎都得到某种程度的贯彻，但是在音乐方面却几乎没有进展。甚至在1955年，一些为把音乐纳入学校课程而奋斗的杰出教育者对此还有所怨言：

学校各课程大部分的教科书都已经改变很长时间了，但是有关"歌曲"（song）的诸方面却还停滞不前，没有变化的主要部分是教学设备、教学方法和教科书。不过，

---

① "青年运动"，是在第一次世界大战之后，由音乐教师弗里茨·乔德在德国所发起的儿童和青年的运动。他想要一个"歌唱社会"，建立在哲学家卢梭和福禄贝尔对其思想的影响之上。

在民族性和沙文主义方面培养我们青年所用的时间总得有个尽头吧。

战后,伊瓦·贝纳姆(Ivar Benum)已经成为促进音乐在学校教育中占有一席之地的运动中的重要人物,他对于音乐和唱歌的教育改革缺少推进力的正面批评,是努力提高音乐在教育中影响的倡议言论之一。贝纳姆深受美国和英国教育思想的影响,与另一个著名的支持把音乐作为挪威公立学校审美课的音乐人艾吉尔·诺德舍(Egil Nordsjo)一起,在20世纪50年代为确立音乐在公立学校必修课地位而尽心竭力地奋斗。诺德舍不是一个教育家,而是一个专业歌手,早在1935年,他就写了他的第一篇文章,倡议开设一门叫作"音乐"的课程,但是,他的改革意愿没有引起学术界的重视,也没能引起一场真正的争论。尽管如此,二次世界大战后的诺德舍继续宣传他的音乐教育思想,而且这一次取得了进展。1947年,在所发表的一篇文章中(*Norsk Skuleblad*,1947)①,他描绘了可以提供全部审美教育的一个大平台——一门新课程,包括音乐以及所有其他相关的艺术课。在20世纪40年代和50年代末,诺德舍和贝纳姆成了国内外许多教师、教育工作者的非正式带头人,向他们介绍来自瑞典、丹麦、德国、英国以及美国的同一时期关于音乐教育的观点,其中一些影响很容易让人联系到"奥尔夫运动",以及"柯达伊教学法"和"音乐欣赏运动",结果导致了在1959年创造出一门叫作"音乐"的必修课得到推广,19世纪60年代被纳入到学校新课程中。

"音乐"的主要元素可以描述为一个"以前的"唱歌课和包括听唱以及器乐演奏活动等新概念的综合。新概念的活动虽然被强烈地提出来,但是还没有反映出音乐教育体裁的创新和多元化,而这些正是"奥尔夫运动"和诸如丹麦这样的北欧国家在实践练习中的核心内容。按照乔根森的说法,以科学为基础的音乐学思想远比先进的教育学思想对新课程的影响更加深远,尽管如此,在比较新出现的课程"音乐"和具有200年传统的"唱歌"时,他把这种改变称作为"革命"。

然而,新的音乐课程在理论上讲和具体实施操作之间还是有很大的差距,挪威仍然是一个有着大量乡间小学校的以农村为主的国家。音乐作为新的必修课,其存在无论是在结构上还是在内容上都影响着教师培训课程,在这方面有三项举措发挥了极其重要的作用并且值得一提。首先是1956年学校音乐教育的国家组织——学校音乐学会(Landslaget Musikk i skolen)的形成,同时出版了音乐教育期刊;其次是1958年在卑尔根市设立的带有音乐专业的"3年期教师教育项目";最后是由教育部资助的为音乐课程提供内在服务的特殊载体《国家教程》的形成。通过给教师和有潜力的教师提供实现国家课程的理想和哲学的竞争力,这些举措使得新课程得以实施和初具形态。

---

① *Norsk Skuleblad*,过去乃至现在仍然是挪威的一个主要中小学教师杂志。

从 1960 年到现在

尽管在 1960 年的课程中唱歌仍然很重要,但是人们已经把注意力投放在聆听音乐和演奏乐器活动上了。通过 20 世纪 60 年代新课程的发展,挪威的音乐教育在接下来的 10 年中受到国际发展趋势的深远影响,比如,强调基于穆雷·谢福尔(Murray Schafer)和约翰·佩恩特图(John Paynter)理论的"课堂作曲"和"创造性音乐"。通过学校教育体制以外的"音乐学校"这样的综合体系,挪威也发展了自己本土的乐器教学体制,目前已成为整个国家音乐教育领域不可或缺的一部分。

今天,学校音乐课已经成为 6—15 岁的儿童在小学和初中上学阶段的必修课,课程包括表演、倾听和作曲,跳舞和戏剧也是其中的主要内容。1974、1987、1997 和 2006 年历次的国家课程改革使得音乐课在成为必修课之后还发展了很多,从早期的"唱歌",历经 19 世纪 60 年代的改革到现在成为具有创造性、反思性和教育进步意义的课程。学校音乐课的重点内容已经从经典音乐转变成各种形式体裁的音乐,比如当时的流行音乐。即便如此,音乐和其他许多相联系的美育课程一起,在 PISA[①] 的施压下,被迫进行"回到基础"的运动,不过这不是本章讨论的重点之所在。然而,正如 2009 年欧洲创新年会上所指出的那样,人们希望对社会文化艺术的重要性和创造性的关注将会提升音乐作为学校课程的地位。

小结

本章阐释了直到 20 世纪 60 年代,公立学校体制中的音乐课之所以在挪威比在其他国家发展得慢的原因。尽管我们把挪威音乐教育的特点描述为停滞不前似乎是不公正的,但是和其他欧洲国家相比,挪威的国家独立稍显滞后却是不争的事实。第二次世界大战期间,挪威被外国侵略者所占领,造成了音乐教育发展的空白期,同时也确实还有打造挪威本土特色支撑活动的音乐和唱歌的主导理念和宗教教育的支持。这一点仅通过音乐这门学科内在的固有价值是解释不通的。

参考文献:

Behrens, J. (1868), *Sanglare for Skoler*. Kristiania: privately published.
Benestad, F. and Fottland I. (1966), 'Musikk i 9 årig skole, fra sangtime til musikkfag', in R. Ness (ed), *Skolens årbok*. Oslo: Johan Grundt Tanum forlag,

---

[①] PISA 是"国际学生评估项目"的缩写,它是经济合作与发展组织(OECD)的一项提议,对全球的学校政策和特定的国家都产生了重大影响。在 PISA 的影响下,许多国家开始关注"基础知识",即阅读、写作和科学。

pp. 791-810.

Benum, I. (1955), *Musikk Som Personlighetsdannende Fag i Skolen*. Hamar: Norsk skoletidendes boktrykkeri.

Bergheim, I. (1974), 'Lærebøker i musikk for barneskolen' (unpublished dissertation, University of Oslo).

Bjørnstad, F. O. (2001), *Frå Munn og Flatfele*. Kristiansund: KOM.

Espeland, M. (1974), 'Lærebøker i musikk for barneskolen. Ein analyse' (unpublished dissertation, Norges Lærerhøyskole).

Hole, B. (1999), 'The birth of the Psalmodikon: North American Psalmodikonforbundet', www.psalmodikon.com/history/birth_of_the_psalmodikon.htm (accessed 20 June 2008).

Jørgensen, H. (1982), *Sang og Musikk*. Oslo: H. Aschehoug & Co.

Jørgensen, H. (2001), 'Sang og musikk i grunnskole og lærerutdanning 1945—2000', *Studia Musicologica Norvegica*, 27, 103-31.

Kirke-og undervisningsdepartementet (KUD) (1922), *Normalplan for Landsfolkeskolen. Kirke-og Undervisningsdepartementet*. Kristiania: J. M. Stenersens forlag.

Kirke-og undervisningsdepartementet (KUD) (1939), *Normalplan for Byfolkeskolen. Utarbeidd ved Normalplankomiteen Oppnevnt av Kirke-go Undervisningsdepartementet*. Oslo: Aschehoug & Co.

Kjeldstadli, K. (2000), *Fortida er Ikke Hva den Engang Var (En Innføring i Historiefaget)* [The past is not what it used to be: an introduction to history], 2 vols (2nd edn). Oslo: Univerisitetsforlaget.

Mork, N. (2008), 'The fate of innovation. A social history of creativity and curriculum control' (unpublished dissertation, University of Brighton).

Norsk Skolemuseums Venner (1960), *Skolehistoriske Aktsykker nr. 9*. Oslo: Norsk Skolemuseums Venner.

Stålmarck, T. (ed.) (1962), *Natur og Kulturs Musikhandbok*. Stockholm: Natur och Kultur.

Storækre, J. T. (1965), *Kristen Sang og Musikk*. Oslo: Runa forlag.

Tønnesen, H. O. (1966), *Tekster og Aktstykker til den Norske Skoles Historie*. Oslo: Fabritius og sønner forlag.

Varkøy, Ø. (1993), *Hvorfor musikk?* Oslo: Ad Notam Gyldendal.

Årva, Ø. (1987), *Musikkfaget i Norsk Lærerutdannelse* 1815—1965. Oslo: Novus forlag.

第六章 西班牙：从有名无实到全面普及的历程

加布里埃尔·罗斯尼克　苏珊娜·萨福森[①]
(Gabriel Rusinek and Susana Sarfson)

历史背景

1857年《公共教育法》(Law of Public Instruction)颁布后，西班牙对教育体制的修订进行了一次重大的尝试(Ministerio de Fomento,1857)。为了解决当时的主要问题即农村的文盲现象，国家就为那些6岁到9岁的"家庭担负不起上学的"[②]儿童提供免费的义务教育。虽然音乐课不是一开始就规定的课程，但是20年之后一门叫作"乐曲和歌唱"的科目就被编写进马德里师范院校的课程中(Ministerio de Fomento,1878)，随后它相继进入到其他师范院校的课程中，到19世纪末的时候，培养出来的教师们就可以在课堂上教孩子们学唱歌了。1884年教学大纲中第一次提及到唱歌，当时要求3—7岁的孩子都必须接受音乐"基础知识"的教育(Ministerio de Fomento,1884)。几乎没有证据说明这个规定在那么早就付诸实践，但是有两个例子足以说明在当时的学校至少存在音乐教育。第一个例子是在1844年到1911年期间，在加那利群岛(非洲西北海岸对面西班牙的一个行政区)的一个学校进行唱歌教学(Marrero Henning,1997)。第二个例子是音乐教授存在于一所由马德里免费教育学院(Institución Libre de Enseñanza)附属的示范小学里。这所成立于1876年的教育机构在教育界和知识界都非常有影响力，它对当时官方教育机构在学术思想方面的局限性进行了有力的批判。在这所学校，唱歌被认为是传播道德观念的重要方法之一(Sánches de Andres,2005)，而且从1882年开始，歌曲曲目中既有古典的也有民间传统的。有趣的是，这些来自农村地区的民间歌曲都是由学生和教师在他们校外考察旅行期间收集编辑的。

[①] 我们很感激尼古拉斯·奥里奥尔(Nicolas Oriol)、路易·布鲁格斯(Lluis Brugues)、玛丽亚·马托雷尔(Maria Martorell)和艾丽萨·罗赤(Elisa Roche)，让我们分享他们的第一手知识和资料；感谢胡里奥·乌尔塔多(Julio Hurtado)、何塞·路易斯·阿罗斯特圭(Jose Luis Arostegui)和史蒂夫·狄龙(Steve Dillon)的建议，以及他们对原稿的认真阅读。

[②] 注意，这和后来的一些改革只用于公立学校，为了慈善的使命，他们仅教育上学的一部分孩子，这些孩子只是所有西班牙儿童的一小部分。大多数私立学校是宗教性的，但是在19世纪早期，这些私立学校也被资助。

随着教育体制的大改革，儿童接受义务教育的年龄延长到 12 岁，教师的薪资由州政府负担，1901 年唱歌被正式列为公立小学的一门课程(Ministerio de Instrucción Pública y Bellas Artes,1901)。以下例子表明在 20 世纪开始时学校就大范围地教授音乐：

● 从 1902 年到 1908 年期间在赫罗纳的一些私立学校和公立学校分别都教音乐(Brugués i Agustí,2008)；

● 1914 年后建立的巴塞罗那公立学校受到了许多教育家的先进思想和创新运动的影响；

● 20 世纪的 10 到 20 年代期间，在马德里的"分级学校(graded schools)"[①]里，平均每周教授唱歌多达一个小时(Pozo Andrés,1996)；

● 马德里家政职业女子学校(Home and Professional School for women in Madrid)，一所为 12 岁以上的女子进行职业培训的中等学校，在那里音乐被作为两年的公共课而教授(Ministerio de Instrucción Pública y Bellas Artes,1911)。

一直以来教育的主要艰巨任务是杜绝文盲现象，但是从第二共和国开始时音乐教学工作仍被认为是重要的(1931—1939)。1932 年由费尔南多德·洛斯里奥斯(Fernando de los Ríos)提交的"在中小学开设音乐课"的议案(Molero Pintado,1991)在议会上没能获得最终通过。这是一个充满各种各样先进教育理念的时代，从 1931 年开始组建的"教育使团"，派送"教师(教育大使)"到偏远乡村去提高人们的文化水平，教师们还带着留声机，播放和记录对他们有教育意义的古典音乐。这些革新是受到一些音乐教育家如曼努埃尔·博古诺(Manuel Borguno,1933—1938)的思想和《免费教育机构》(*Institución Libre de Enseñanza*)一书所鼓舞，以及对一种新型学校的倡导，比如鲁祖里咖(Luzuriaga,1927)。在极少数的关于当时学校音乐活动的报告中，来自索里亚省一所分级学校的一个教师论述了执行"活力学校"(active school)思想的详细情况(Gómez Lozono,1933)。这所学校组建了一个有 100 个孩子的歌唱队，每周排练两次，例如，教师会把一首摇篮曲分为三部分安排，他强烈要求为学生录音，为的是可以通过这些"教育大使"将其唱片带进别的学校。在第二共和国期间，政府进行了一系列教育体制的重大改革，不论是严厉的经济限制还是激烈的政治冲突，都让他们决定把宗教制度从教育中剔除出去。

由于内战(1936—1939)，共和国政府尽管被迫流亡到巴伦西亚，但还是建立了普通音乐委员会(Ministerio de Instrucción Pública y Sanided,1937b)，其职责就是担任中小学校音乐教学的组织工作。公共教育部批准了一门包括"唱歌和体态律动"[②]

[①] escuelas graduadas 是公立小学，自 1898 年以来，根据年龄组织年级教学，每个年级各学科都有一个详细的时间表。

[②] 达尔克罗兹音乐教学法，自 1911 年以来，被巴塞罗那的琼·隆格拉斯(Joan Llongueras)所推广(详情见 Llongueras,1942)。隆格拉斯在对日内瓦的调查研究中被科学研究委员会授予奖学金(Lopez Casanova,2002)。

在内的基础课程（Ministerio de Instrucción Pública y Sanided,1937a），但是由于持续的内战，这些努力都付诸东流，最终被弗郎哥（General Franco）的统治所取消，弗朗哥一直执政到其1975年去世。

1945年颁布的《初级教育法》(*Law of Primary Education*, Jefatura del Estado, 1945)建立了以天主教为基础的性别隔离教育体制，彻底暴露了其从一开始就有的法西斯原则。这项法律规定农村极端贫困的6岁到12岁儿童必须接受小学教育，只有"家庭担负不起上学的"儿童才像100年前一样予以免费，"乐曲和歌唱"是"互补知识组"的一部分内容。一个德国教师在当时的报告中记录到：各学校都开设有唱歌课，尽管歌曲大都是宗教和爱国主题的。在由耶稣会士开办的宗教学校和一些私立学校里唱歌进行得也很突出。曼努埃尔·博古诺（Manuel Borguñó,1946）在特纳里费组织举办了一个学校合唱节；玛利亚·德勒·博纳尔（María Dolor Bonal）从1951年开始在巴塞罗那的两所私立学校工作，教授加泰罗尼亚语歌曲，而当时这门语言还被禁止着，1967年他领导了加泰罗尼亚儿童合唱运动（Roche,2000）。

有名无实的音乐课程

1955年加入联合国结束了西班牙的政治孤立，随后国家行政转移到天主教自由派精英手中，他们取代了内战期间占据统治地位的法西斯组织。第一次制定了一门综合的音乐课程①，按照三个阶段排列了音乐内容并且提供了一个官方批准的曲目单：又一个民间的、宗教的和法西斯的大杂烩（Direccion General de Enseñanza Primaria,1953）。

到20世纪50年代末，经济开始慢慢发展，这促使了在1964年把义务教育年龄扩大到14岁。一些教师获得了奖学金去萨尔茨堡奥尔夫学院学习，后来一些把音乐当成其特色课程的私立学校聘用他们做专家（López-Ibor,2003；Oriol,2008；Roche,2007）。一名叫蒙塞拉特·塞纽伊（Monserrat Sanuy）的教师和别人合编了一本奥尔夫的改编本，其中加入了西班牙民间传说（Sanuy and Gonzalez Sarmiento, 1969a,1969b），这本书在普及音乐教育方面影响深远。但是，尽管有了音乐课程，尽管有像曼努埃尔·博古诺（1946、1948、1959、1966）这样的教育工作者的不懈努力，音乐教育并没有得到广泛地传播，在阶级观念很重的社会中仍然是城市精英的特权享受。

在弗朗哥时代的最后阶段，根据《普通教育法》(*Ministerio de Educación y Ciencia*, 1970)，"乐曲和唱歌"被包含在一门称作"审美教育"的课程中，这项法律也规定

---

① 这些课程，被称作"调查问卷"，是官方第一次规范教师教学活动的尝试。然而他们对公立学校是强制性的，对私立学校是咨询性的。

了所有的年龄在6岁至14岁的儿童都必须免费地接受义务教育。不久之后就颁布了一个详细的音乐课程,罗列了表演以及个人和群体的各种活动,明显是受到奥尔夫教学法(Ministerio de educación y Ciencia,1971)的影响。

1975年弗朗哥去世后,西班牙国王胡安·卡洛斯(King Juan Carlos)加冕,经历了一个过渡过程,1978年宪法颁布,随之进行了独裁之后的第一次民主选举,体现国家政治和社会进步的变化慢慢开始渗透进入教育体制里[①],通过了一个包括音乐在内的"更新了的小学课程",但是这一次这门课程被称为"艺术表现"。由经验丰富的音乐教育工作者为六年级至八年级(Angulo el al.,1981)、三年级至五年级(Ministerio de Educación y Ciencia,1982)分别编写了教学指南,其中推荐了关于声乐、乐器表演、听力训练和体态律动,以及"奥尔夫风格"活动的例子。然而,无论是1971年的音乐课程还是1981年和1982年的,都没有得到广泛地实施与开展,因为普通教师并没有得到充分的准备去教授音乐(Oriol,1999),也可能是因为没有检验音乐教学执行情况的督察体制[②]。在过去的几十年里,音乐课似乎还只是被一些高度自我激励的有音乐背景的小学教师所教授,或者是在一些私立学校由聘用的专业音乐人所教授。

1970年到1989年期间,中等教育一直是强制的非义务教育,分为一个14岁以上为期3年的阶段和一个为期1年的"大学预科课程"阶段。1975年引进了一门为期1年的"音乐"必修课(Ministerio de Educación y Ciencia,1975),不过;最初只是由其他科目的教师所教授,其目的主要是满足他们得到教学时间分配的要求,这是因为在中等技术学校教学要求教师必须达到学士学位,而由音乐学院毕业的专业音乐人都不被认为是具有相当于大学学位的资格[③]。要达到官方的学位承认,音乐学院的毕业生受到了很大的压力(Peiteado Rodríguez,1983)。1984年开始举办公立学校音乐教师就业竞争考试,证明了此举在提高音乐作为一门课程的地位中是至关重要的,因为这样的话音乐教师也就达到了其他专职教师所享受的国家公务员地位。这一措施促使音乐课成为一门不可或缺的中等教育课程。然而,由于音乐课的最初教学是由非专业教师承担,而且课程内容带有强调陈述性知识的深刻历史色彩,导致其负面形象在人们心目中持续了许多年。

---

① 这是当时为数不多的几篇音乐教育论文,从实证的角度可以看出,当代当务之急是发展欠发达的西班牙音乐教育。里奥(Dionisio del Rio,1982)对大量的学校儿童实施西肖尔音乐量表测试(Seashore,1977),以确定如下假设:西班牙大众音乐偏好低于标准,并非是由于学校音乐教育欠发达所造成,而是由于国家普遍发达所造成的。

② 过去没有,现在依然没有专业督查员,特别是没有学校音乐的督查员。此外,学校音乐教学质量的评估,现在依然不在西班牙教育检查员的职责范围之内。

③ 那一年,库卡尔斯基(Rosa Maria Kucharsky)创立了国际音乐教育学会的西班牙音乐教育分会。

1990 年改革

  1982 年的大选之后,一系列重大社会问题(包括教育)都发生了缓慢但是确定的变化。由教育部(Ministerio de Educación y Ciencia,1984)发起的一次长时间的公众讨论和实践检验最终导致了《教育改革白皮书》(*Ministerio de Educación y Ciencia*,1987)以及《教育体制一般组织法》(*Ministerio de Educación y Ciencia*,1990)的颁发。这个法律彻底重建了教育体制,并且将义务教育年龄段扩展到 16 岁,把小学教育减少至 6 年,把中等教育延长至 6 年。最重要的是,它确立了第一个 4 年中等教育是义务强制的,随后有 2 年的后义务中学教育或者职业培训。

  除了延长义务教育年限,1990 年改革还旨在把先前的技术模式转变成建构主义模式,这是基于当时心理学研究和出版物的成功(比如 Coll,1998;Palacios et al.,1984,1985)。改革也是基于一个"所有儿童都应当接受基本艺术教育"的理念,同时也受到刚刚加入到欧盟快速发展的国家日益增长的社会需求的支持。

  经过几十年的不确定性,西班牙终于在 1978 年恢复了民主制,音乐教育工作者也体验到一个令人乐观的年代[①]。为了支持音乐教育的普及,在 20 世纪 80 年代举行了许多会议:1981—1982 年在卡塞雷斯,1984 年在马德里,1986 年在厄尔·埃斯科里亚尔,1988 年在巴拉多利德,1989 年在阿利坎特。最终,音乐教育者所关注的情况得到了严肃认真地对待。最有意义的是,接下来的改革使得由专业人员担任小学音乐课堂教学工作成为强制性的,随后也扩展到了中学。

  小学音乐课程(Ministerio de Educación y Ciencia,1991a)提倡儿童在教室里的音乐活动应该通过唱歌和演奏乐器来进行,通过即兴创作和创作乐曲来完成,还可以通过主动倾听音乐来实现。这样,所有小学开始设立了专门的音乐教室而且配备了乐器,所有的公立学校都配备有各种打击乐器、电子或声学钢琴以及高保真音响设备。

  最终,制定了通过考试竞争来补充公立中小学校音乐教师的职位[②],而且私立学校也招聘专业音乐教师,结果西班牙有史以来第一次小学音乐课程得到了普遍有效地执行。其实,实现这个目标的关键因素不是另外一门官方课程的颁布,而是在过去的 10 年里,中等教育中音乐教师新的"公务员"地位所起的作用。目前音乐教育

---

  ① 关于教师对于招聘体制和专业素养培养的观点,有一篇报告。参见 Rusinek(2004)。关于小学音乐教师职业的传记研究,参见 Ocana(2006)。

  ② 要注意的是,西班牙中学不提供管弦乐器教学或参与管乐队的机会,而由私人或以社区为基础的音乐学校提供给业余爱好者,或者由初级/中级综合性学院以及艺术学校提供给那些有志成为专业人员的人。因此西班牙的中级音乐相当于美国的"普通音乐"。

在小学里也得到了巩固①。

1990 年的改革还将中等教育的音乐教学延长为"3 年的必修课以及接下来几年的选修课"。中等课程（Ministerio de Educación y Ciencia,1992）提倡把音乐创作的积极参与作为小学经验的延续②，主要由六部分内容组成：唱歌、演奏、韵律舞蹈、音乐理论、音乐史和大众媒体音乐（Ministerio de educación y Ciencia,1991a），每个部分又分为概念、程序和态度③。达到目标不仅包括对音乐元素的听觉识别和对古典音乐上下乐章的理解（如先前对中级音乐的预期），而且也包括诸如集体歌唱、集体器乐演奏、集体舞蹈、即兴创作旋律、识读五线谱以及用主音、主和弦与下属音和弦进行基本的歌曲伴奏。

教师培训

从 1838 年开始，以法国的师范学院为模式，西班牙在各个不同的城市建立了师范学院（escuelas normales）。40 年后的 1878 年，一门叫作"乐曲和歌唱"的课程（Ministerio de Fomento,1878）首次出现在马德里师范院校，这门课实行了两年，主要专注于乐理和视唱，在 20 世纪初就出现了不同的音乐培训方法。胡安·梵瑟尔·罗卡（Juan Vancell Roca,1902）是巴塞罗那师范学院的一个音乐讲师，通过听力训练和西班牙语民歌的演唱，他创新出一种把音乐理论与实践结合起来的有效培训方法（Sarfson,2007）。米盖尔·阿诺兹和曼努埃尔·索莱尔（Miguel Arnaudas,Manuel Soler,1911），分别是萨拉戈萨和马德里的音乐讲师，他们采用一种更为保守的方法，这种方法因为只能依赖于视唱而没有教育适应性④。从 1914 年到 1945 年在赫罗纳师范学院当音乐讲师的托马斯·索布瑞克（Tomas Sobrequés）发表了一篇文章，强烈建议把"合唱"和"音乐"两门课程增加在师范学院入学考试中，甚至在招聘小学教师的综合考试中增加一门音乐考试（Sobrequés,1917）。尽管后来他去拜见了公共教育部部长，他的要求也没有被批准（Brugués i Agustí,2008）。

第二共和国为提高教师培训做出了重大的成就，但是内战期间大多数大学最终都被迫关闭。1942 年重新开放后，为了消除任何进步的思想进行了一次肃清运动，

---

① 受当代"内隐课程"观念的启发（Torres Santome 1991），改革提供了一个课程框架，这个框架和先前技术性"非价值隐藏"的教育理念相反。

② 在第二共和国期间，男生和女生分别在男校和女校学习，直到 1931 年男女同校才被确立。在整个弗朗哥统治期间，教师培训又一次实行男女隔离，直到新民主制度的再次确立后才又男女同校。1970 年之后，师范学校升格为师范大学。

③ 两个手册在视唱时都使用"固定唱名法"。

④ 西班牙的大学制度，包括 3 年制学历（大专）和 5 年制学历（学士，相当于大学本科学位），由于博洛尼亚（Bologna Treatise）论著才有改变。他们没有学术硕士学位和"第三轮"的博士学位高等教育学习。要求小学教师必须获得三年制大专学历才能被聘用，其薪酬低于获得 5 年制学士学位的中学教师。原因有二：其一，旨在降低成本；其二，要有全面的专业教师，能够作为兼职教师胜任自己的课程安排。

而且男女同校的情况也受到了压制,天主教教堂和长枪党(西班牙内战期间进行独裁统治的法西斯组织)在教育事宜方面占据主导地位。师范院校的音乐培训降至最低点,但是很快长枪党就意识到音乐可以作为灌输思想的媒介,为了达到这个目的,战争结束后其"妇女部"就承担了女性教师音乐方面的准备工作,这些女教师将给在校女生教授所谓的"持家技能"(Lizarazu de Mesa,1996)。在 20 世纪 60 年代的时候,在马德里和其他许多城市执行一个 2 年制的预备"音乐教师"课程(Alonson,2002;Luengo Sojo,1998),他们提供速成的音乐教育培训,包括使用奥尔夫教学法、邀请外国教师,后来由在萨尔茨堡奥尔夫学院进修过的西班牙教师担任。

20 世纪 80 年代末期兴起了一场关于"小学音乐应该由谁来教"的讨论,最后以 1989 年在阿利坎特举行的一次会议而告终,会上人们表达了各种各样的观点。有人认为应该由音乐学院音乐教育专业的毕业生来教,有的主张应该由附加教育培训后的音乐学院音乐系的毕业生来教,还有一些觉得小学教师参加音乐和音乐教育的培训之后就可胜任(Oriol,1988)。继这些讨论之后,音乐教育研讨班在全国到处开花,西班牙许多地区的大学和政府机构都为小学教师提供非学术的在职音乐教育培训项目,学习期限从 500 到 800 小时不等。例如,1986 年在瓦伦西亚开始的"音乐学校"(Pastor i Gordero et al.,1990)培训项目就是为了培养幼儿教师和小学教师;1989 年在马德里推出了由皇家音乐学院主办、艾丽萨·罗氏(Elisa Roche)协办的 2 年期培训项目,同时还有康普斯顿大学主办、尼古拉·奥瑞尔(Nicolás Oriol)协办的项目。可能是在工会的压力下,教育部最终确定:只有那些拥有三年期"学术专业"[小学教师]学位①的人才有资格在小学从事教学工作②。西班牙还建立起教学专职制,但是如果教学情况需要,专职教师也被作为通才教师而受到培训(Ministerio de Educación y Ciencia,1991b)。音乐教育专业的也被包括在教学专业中,因此,自 1992 年以来,大多数的大学都为有志于成为小学音乐教师的学生开设了三年期的学术课程(maestro,especialidad:educación musical)。除了三分之一的培训必须是关于音乐教育的,大学教师还要指导学生在学校里进行 320 个小时的教学实践(参见 Sustaeta and Oriol,1996)。

中等教育教师培训就很不相同了,要求中等教师获得一个学士学位即可,1971 年后需要再附加一个"教育资质证书"。在全国范围内都是通过进行一系列短期课程和无监督教学实习的职前培训才可以获得"教育资质证书",在一些大学里,通过标准化考试来评估远程学习的效果。1990 年改革后,这种体制所预备的教师显然是

---

① 必须指出的是,在西班牙体制中,拥有较高学位的人,甚至研究生学位,如果他们没有获得"音乐大师"的学位,将不允许在小学任教。反之,持有"音乐大师"学位的人,如果没有拿到一个学士学位,不允许在中学任教。

② 资金主要用于兴建更多的中学和扩展现有建筑。必要的是,因为大多数七八年级的学生涌入中学,15 岁和 16 岁的孩子是被排除在学校教育外的。

不足以应付七年级和八年级的中学生,因为他们对青春期学生的心理了解准备不够。这种体制也无助于教师们应付众多有叛逆心理的学习者,因为他们已经被原先教育体制的教育排除在外了,而且还有由于社会变革所造成日益增长的课堂互动间的矛盾冲突(Defensor del Pueblo,2006;Hernández and Sancho,2004)。

把过去和现在联系起来

到此为止,这一章已经简要概述了音乐是如何融入西班牙义务教育的。尽管音乐传统可以追溯到中世纪,是一段漫长的历程,但是由历史冲突和社会文化变迁所决定的政治立场却使得其高度两极化发展。19世纪末期,音乐渐渐走进普通教师的培训中,唱歌似乎也只是断断续续地扎根在为数较少的一些西班牙学校里。20世纪初期,对音乐教育的兴趣日渐浓厚,在第二共和国期间甚至出台了具体的建议,但这些富有成效的努力在内战后都被废除了。弗朗哥统治时期教育蒙受了巨大的倒退,音乐也被有意地使用成传播某种思想的媒介。1953年、1971年和1981年都分别引进了音乐课程,但是基本上都是名存实亡,因为只有极少数小学在实施。1975年中等音乐课程率先被有效地实施了,基本上都是由音乐专家施教,但是当时中等教育还没有纳入义务教育中。只有1990年第一次民主基础教育改革后,普遍的音乐教学才得以成为现实。只有在小学强制委任专职教师,音乐课程才能得到恰当和普遍地推行。1990年的改革还把义务教育范围扩展到中等学校里,规定了音乐教学是一门必须由专业人士施行的必修课。

回溯过去,1990年的改革虽然取得了成功,但是还有局限性,尽管付出了相当大的热情和勤奋的工作,许多改革还是受限于官僚主义。由于资金不足不能广泛地对在职教师进行培训[①],而且许多教师不愿意改变他们教师中心、课程中心的传统教学方法,这都使得"以儿童为中心"教育原则的推广受到阻碍。不过也有令人鼓舞的革新,比如,个人创作的作品(Murillo,2006)、协同创作(Rusinek,2007)、用电脑创作(Alegret,2004)、学生音乐会(Rusinek,2008)、学校合唱团(Sotelo,2002)以及学校乐队(Murillo and Bravo,2005)。

然而,在1996年通过选举政府改组后,某种程度上教育的发展还是受制于对公立教育体系资金的有限支持,却在很大程度上给予私立学校隐性补贴。师生互动越来越困难,公众舆论把持续30%的失学率都归因于教师和1990年改革,而不是指向资金短缺和对于教师培训的不足。结果是实行了一种保守的反改革方法(MECD,2000、2002),这种方法就是又返回到传统的历史主义教学方法(Coll,2004)。然而,

---

① 参见 www.ond.flanders.be/hogeronderwijs/bologna/。

2004年当选的政府又用一种新的国家课程（Ministerio de Educación y Ciencia, 2006a）颠覆了前面的反改革方法。令人遗憾的是，在西班牙这些近期的教育改革都是迫于政党、工会、大教堂、宗教组织甚至大学院系的压力而进行的，而不是出于学生的需要、教师的要求或者是教育研究的成果。

　　总之，在西班牙，学校音乐的地位在相当长的时间内一直处在受压制的状态下，现在仍是如此。例如，最近的《中等课程要求》（Ministerio de Educación y Ciencia, 2006c）已经减少了音乐在中等学校的课程量，《小学课程要求》（Ministerio de Educación y Ciencia, 2006b）还维持着现状。而现状是，在小学音乐不是一门单独的课程而仅仅是"艺术教育"的一个组成部分，即使是在专家16年的有效教学之后。或许危害最大的是《高等教育改革条例》（Ministerio de Educación y Ciencia, 2007）。由于《博洛尼亚宣言》，到2010年为止，为了让欧洲高等教育系统向着更加透明的系统集中，在小学里，教师职前培训的课程专业化已经被废除，从而出现了与20世纪70年代和80年代相似的情况，小学音乐课程再一次陷入有名无实的境况。然而，历史已经证明学校音乐是有一定的适应能力的：无数的西班牙儿童和青少年在过去20年间的经历说明了，作为他们学校教育过程中一种生命力量，音乐是独立于他们家庭的社会地位或经济情况而存在的。

参考文献：

AAVV(1981), *La formación humana a través de la música: II Congreso Nacional de Pedagogía Musical*. Cáceres: Institución Cultural 'El Brocense'.

Alegret, M. (2004), 'La creación musical a través de la información: Estudio de un caser en primer cicio de secundaria' (unpublished doctoral dissertation, Universidad de Barcelona, Barcelona).

Alonso Medina, J. A. (2002), 'Cursos de formación musical para instructoras de la Sección Femenina y para el profesorado en general', *El Guiniguada*, 11, 11-21.

Angulo, M., Sanuy, C., Sanuy, M. and Roche, E. (1981), 'Programas renovados de la E. G. B. Educación Artística (I). Música. (Documento de consulta)', *Vida Escolar*, 211, 1-48.

Arnaudas, M. and Soler, M. (1911), *Tratado de música para las escuelas normales*. Leipzig: Breitkopf & Haertel.

Borguñó, M. (1933), *La música, el cant i l'escola*. Barcelona: Librería Bastinos.

Borguñó, M. (1938), 'Elementos para la organización de la pedagogía musical escolar', *Música*, 4, 33-9.

Borguñó, M. (1946), *Educación musical escolar y popular*. Santa Cruz de Tenerife: La Tinerfeña.

Borguñó, M. (1948), *La música, los músicos y la educación*. Santa Cruz de Tenerife: Instituto Musical de Pedagogía.

Borguñó, M. (1959), *Cincuenta años de educación musical*. Santa Cruz de Tenerife: Instituto Musical de Pedagogía.

Borguñó, M. (1966), *¿Ha fracasado la educación musical?* Santa Cruz de Tenerife: Galarza.

Brugués, i Agustí, L. (2008), *La música a Girona. Història del Conservatori Isaac Albéniz*. Girona: Diputació de Girona.

Coll, C. (1988), *Psicología y Currículum: Una Aproximación Psicopedagógica a la Elaboración del Currículum Escolar*. Barcelona: Laia.

Coll, C. (2004),' La revolución conservadora llega a la educación', *Aula de Innovación Educativa*, 130, 7-10.

Defensor del Pueblo (2006), *Violencia Escolar: El Maltrato entre Iguales en la Educación Secundaria Obligatoria 1999-2006 (Nuevo Estudio y Actualización del Informe 2000)*. Madrid: Defensor del Pueblo.

del Río, D. (1982), 'Aptitudes musicales de la población escolar española' (unpublished doctoral dissertation, Universidad Complutense de Madrid, Madrid).

Delgado Criado, B. (ed.)(1994), *Historia de la educación en España y América. Vol. 3: La Educación en la España Contemporánea (1789—1975)*. Madrid: Fundación Santa María-SM-Morata.

Dirección General de Enseñanza Primaria (1953), *Cuestionarios Nacionales para la Enseñanza Primaria*. Madrid: Servicio de Publicaciones del Ministerio de Educación Nacional.

Gómez Lozano, P. (1933), *Mi escuela activa*. Madrid: Compañía de Artes Gráficas.

Hernández, F. and Sancho, J. M. (2004), *El clima escolar en los centros de secundaria: Másallá de los tópicos*. Madrid: Centro de Investigación y Documentación Educativa-Ministerio de Educación y Ciencia.

Jefatura del Estado(1945), *Ley de Educación Primaria*. Madrid: Boletín Oficial del Estado.

Lizarazu de Mesa, M. A. (1996), 'En torno al folklore musical y su utilización: el caso de las Misiones Pedagógicas y la Sección Femenina', *Anuario Musical: Revista de Musicología del CSIC*, 51, 233-46.

Llongueras, J. (1942), *El ritmo en la educación y formación general de la infan-*

cia. Barcelona: Labor.

López Casanova, M. B. (2002), 'La política educativo-musical en España durante la Segunda República', Música y Educación, 50, 15-26.

López-Ibor, S. (2003), 'Entrevista con Montse Sanuy', *Orff España*, 3, 10-12.

Luengo Sojo, A. (1998), 'La pedagogía musical de la Sección Femenina de F. E. T. y de las J. O. N. S. en Barcelona: Escuela de Especialidades "Roger de Lauria"', in X. Aviñoa (ed.), *Miscellània Oriol Martorell*. Barcelona: Publicacions de la Universitat de Barcelona, pp. 333-43.

Luzuriaga, L. (1927), *La educación nueva*. Madrid: Museo Pedagógico Nacional-J. Cosano.

Marrero Henning, M. d. P. (1997), *El Colegio de San Agustín en la enseñanza secundaria de Gran Canaria*. Las Palmas de Gran Ganaria: Unelco.

MECD (2000) *Real Decreto 3473/2000, de 29 de diciembre, por el que se modifica el Real Decreto 1007/1991, de 14 de junio, por el que se establecen las enseñanzas mínimas correspondientes a la educación secundaria obligatoria*. Madrid: Boletín Oficial del Estado.

MECD (2002), *Ley Orgánica 10/2002, de 23 de diciembre, de Calidad de la Educación*. Madrid: Boletín Oficial del Estado.

Ministerio de Educación y Ciencia (1970), *Ley 14/1970, de 4 de agosto, general de educación y financiamiento de la reforma educativa*. Madrid: Boletín Oficial del Estado.

Ministerio de Educación y Ciencia (1971), 'Segunda etapa de la Educación General Básica. Nuevas orientaciones pedagógicas', *Vida Escolar*, 128-130, 4-66.

Ministerio de Educación y Ciencia (1975), *Decreto 160/1975 de 23 de enero de Plan de Estudios de Bachillerato*. Madrid: Boletín Oficial del Estado.

Ministerio de Educación y Ciencia (1982), *Programas renovados de la Educación General Básica. Ciclo medio. 3er, 4º y 5º curso*. Madrid: Escuela Española.

Ministerio de Educación y Ciencia (1984), *Hacia la reforma: Documentos de trabajo*. Madrid: Servicio de Publicaciones del Ministerio de Educación y Ciencia.

Ministerio de Educación y Ciencia (1987), *Proyecto para la reforma de la enseñanza: Educación infantil, primaria, secundaria y profesional*. Madrid: Centro de Publicaciones del Ministerio de Educación y Ciencia.

Ministerio de Educación y Ciencia (1990), *Ley Orgánica 1/1990, de 3 de octubre, de Ordenación General del Sistema Educativo*. Madrid: Boletín Oficial del Estado.

Ministerio de Educación y Ciencia (1991a), *Real Decreto 1007 | 1991, de 14 de junio, por el que se establecen las enseñanzas mínimas correspondientes a la educación secundaria obligatoria*. Madrid: Boletín Oficial del Estado.

Ministerio de Educación y Ciencia (1991b), *Real Decreto 1440 | 1991, de 30 de agosto, por el que se establece el título universitario oficial de Maestro, en sus diversas especialidades, y las directrices generales propias de los planes de estudios conducentes a la obtención de aquel*. Madrid: Boletín Oficial del Estado.

Ministerio de Educación y Ciencia (1992), *Secundaria obligatoria. Música*. Madrid: Ministerio de Educación y Ciencia.

Ministerio de Educación y Ciencia (2006a), *Ley Orgánica 2/2006, de 3 de mayo, de Educación*. Madrid: Boletín Oficial del Estado.

Ministerio de Educación y Ciencia (2006b), *Real Decreto 1513 | 2006, de 7 de diciembre, por el que se establecen las enseñanzas mínimas de la educación primaria*. Madrid: Boletín Oficial del Estado.

Ministerio de Educación y Ciencia (2006c), *Real Decreto 1631 | 2006, de 29 de diciembre, por el que se establecen las enseñanzas mínimas correspondientes a la educación secundaria obligatoria*. Madrid: Boletín Oficial del Estado.

Ministerio de Educación y Ciencia (2007), *Orden ECI/3857/2007, de 27 de diciembre, por la que se establecen los requisitos para la verificación de los títulos universitarios oficiales que habiliten para el ejercicio de la profesión de Maestro en Educación Primaria*. Madrid: Boletín Oficial del Estado.

Ministerio de Fomento (1857), *Ley de Instrucción Pública*. Madrid: Gaceta de Madrid.

Ministerio de Fomento (1878), *Real Decreto de 24 de agosto de 1878*. Madrid: Gaceta de Madrid.

Ministerio de Fomento (1884), *Real Decreto de 4 de julio de 1884*. Madrid: Gaceta de Madrid.

Ministerio de Instrucción Pública y Bellas Artes (1901), *Real Decreto de 26 de octubre de 1901*. Madrid: Gazeta de Madrid.

Ministerio de Instrucción Pública y Bellas Artes (1911), *Real decreto disponiendo que en la Escuela del Hogar y Profesional se la mujer, se cursen las enseñanza que se indican*. Madrid: Gaceta de Madrid.

Ministerio de Instrucción Pública y Sanidad (1937a), *Decreto fijando el plan de es-

tudios que ha de regir en la escuela primaria española. Valencia: Gazeta de la República.

Ministerio de Instrucción Pública y Sanidad (1937b), *Orden de creación del Consejo Central de la Música*. Valencia: Gaceta de la República.

Molero Pintado, A. (ed) (1991), *Historia de la educación en España*. Vol. 4: La *Educación Durante la Segunda República y la Guerra Civil*. Madrid: Ministerio de Educación y Ciencia.

Murillo, A. (2006), 'Atrapando los sonidos: experiencias compositivas en el aula de música de secundaria', *Eufonía. Didáctica de la Música*, 37, 112-118.

Murillo, A. and Bravo, V. (2005), 'Com sona L'ESO: un encuentro musical en la ESO', *Eufonía. Didáctica de la Música*, 34, 106-111.

Ocaña, A. (2006), 'Desarrollo profesional de las maestras de educación musical desde una perspectiva biográfico-narrativa', *Revista Electrónica Complutense de Investigación en Educación Musical*, 3, (3), 1-14.

Oriol, N. (ed.)(1984), *I Simposio Nacional de Didáctica de la Música: Escuela Universitaria de Formación del Profesorado María Díaz Jiménez de Madrid*. Madrid: Editorial Complutense.

Oriol, N. (1988), 'Las escuelas unversitarias y la formación musical del profesorado de educación básica', *Música y Educación*, 1, (1), 17-31.

Oriol, N. (1999), 'La formación del profesorado de música en la enseñanza general', *Música y Educación*, XII, (1), 49-68.

Oriol, N. (2008), personal communication.

Palacios, J., Marchesi, A. and Carretero, M. (eds)(1984), *Psicología evolutiva*. Vol. 2: *Desarrollo Cognitivo y Social del Niño*. Madrid: Alianza.

Palacios, J., Marchesi, A. and Carretero, M. (eds)(1985), *Psicología evolutiva*. Vol. 3: *Adolescencia, Madurez y Senectud*. Madrid: Alianza.

Pastor i Gordero, P., Porta Navarro, A., Equipo de Monitores a l'Escola and Rocamora Martínez, M. J. (eds)(1990), *Música a l'escola. Formación del profesorado de educación infantil y del primer ciclo de primaria. Guía del programa*. Valencia: Consellería de Cultura, Educació i Ciéncia.

Peiteado Rodríguez, M. (1983), 'La reforma de los programas de música en la enseñanza media', *Aula Abierta*, 37, 57-65.

Pozo Andrés, M. d. M. (1996), 'La escuela graduada madrileña en el primer tercio del siglo xx: ¿Un modelo pedagógico para el resto del Estado Español?' *Revista*

Complutense de Educación, 7, (2), 211-74.

Roche, E. (2000), 'Entrevista: María Dolors Bonal', *Orff España*, 3, 3-9.

Roche, E. (2007), personal communication.

Rude, A. (1952), *La Escuela Nueva y sus procedimientos didácticos*. Mexico City: Labora.

Rusinek, G. (2004), 'The profile of the music teacher in Spanish primary schools, according to the teachers themselves', *Proceedings from the 26th International Society for Music Education World Conference*, Tenerife. CD-ROM.

Rusinek, G. (2007), 'Students' perspectives in a collaborative composition project at a Spanish secondary school', *Music Education Research*, 9, (3), 323-35.

Rusinek, G. (2008), 'Disaffected learners and school musical culture: an opportunity for inclusion', *Research Studies in Music Education*, 30, (1), 9-23.

Sánchez de Andrés, L. (2005), 'La música en la actividad educativa institucionista', *Boletín de la Institución Libre de Enseñanza*, 57, 7-18.

Sanuy, M. and González Sarmiento, L. (1969a), *Orff Schulwerk: Música para Niños*, vol. 1 Madrid: Unión Musical Española.

Sanuy, M. and González Sarmiento, L. (1969b), Orff Schulwerk: Música para Niños, Introducción. Madrid: Unión *Musical Española*.

Sarfson, S. (2007), 'Juan Vancell y Roca. Teoría y práctica musical en la formación de maestros', *Música y Educación*, 70, 37-46.

Seashore, C. E., Lewis, D. and Saeveit, J. G. (1977), *Tests de aptitudes musicales de Seashore*. Madrid: TEA.

Sobrequés, T. (1917), 'Deficiències del pla de l'ensenyanca de la música a les escoles normals', Scherzando: Revista Catalana Musical, 75, 49-50.

Sotelo, C. (2002), 'Los encuentros de corales de enseñanza secundaria de Cataluña', *Eufonía. Didáctica de la Música*, 26, 115-20.

Sustaeta, I. and Oriol, N. (1996), 'La especialidad de Educación Musical en la Facultad de Educación de la Universidad Complutense de Madrid', *Música y Educación*, 9, (1), 45-54.

Torres Santomé, J. (1991), *El currículum oculto*. Madrid: Morata.

Vancell Roca, J. (1902), *El libro de música y canto*. Barcelona: Fidel Giró Impresor.

第二部分

美洲

第七章　加拿大：几十年的多样化发展

南希·沃根
(Nancy Vogan)

加拿大的早期教育受到不同国家（尤其是英国和法国）各族移民的影响，因此其教育常常反映着这些移民的信仰和文化遗传（包括音乐遗传），还有那些来自传教士、牧师以及军队成员的观念。

1867年《英帝国北美法案》(*The British North America Act*)的颁布确立了加拿大的独立，确立了教育的省级政府负责制，这对教育产生了深刻的影响，这种将教育责任委托给省级政府的体制导致了包括音乐在内的所有课程缺乏一致性的标准。1867年时加拿大仅只有四个省（安大略省、魁北克省、新布伦瑞克省和新斯科舍省）。1873年另外三个省也加入进来——1870年的马尼托巴省。1871年的英属哥伦比亚省和1873年的爱德华王子岛省；萨斯喀彻温省和阿尔伯达省一直到1905年才加入进来；最东边的纽芬兰省和拉布拉多省在1949年前一直都是英国的殖民地；育空省、西北领地以及努那福特这三省都是加拿大的一部分。今天的加拿大地理区域很大，但是人口较少，而且主要分布在南方滨海沿岸。

在欧洲人移民早期,只有散落在各地的(目前属于加拿大)几所私立的和宗教的学校里面开设有音乐教育的活动,为宗教服务的私人器乐指导和歌唱培训都是由各种各样的天主教会提供给青年男女。在美国革命战争之后,赞美诗、简单的歌曲和民族歌曲流行于这些加拿大地区,是由那些来自美国的英格兰、苏格兰和爱尔兰移民组成的"效忠帝国联合团"的新教徒带来的。在18世纪晚期到19世纪期间,一些新教教会建立起和美国殖民地一样的唱歌学校为民众提供早期形式的音乐指导。在19世纪下半叶,随着加拿大许多地区更加正规的公共教育体系的出现,音乐指导就更加频繁了,但在很多地方这个情况还是不稳定的,通常也不过是那种非正式的哼唱,常常是由校外的私人音乐教师、教堂唱诗班或者管乐团的指挥来进行指导,这种指导教学形式主要是存在于大城市里(见Kallmann, 1996; Keillor, 2006)。

随着学校生源的增加和对音乐教学支持力度的加大,很多专业的教练变为音乐督察员,这就意味着小学教师不得不为他们自己班级的学生提供音乐教学,然而通常是他们自己都很少或者几乎没有受到过音乐方面的培训。早期的音乐教学方案通常只包括口传心授的唱歌和一些音乐基础练习曲的学习,对于学校音乐教育的支持常常是通过一些特殊活动像"国王到访日"或是"帝国纪念日"的庆典活动来获得的,因为在这些活动中常常需要孩子们的唱诗班去唱弥撒曲以表支持。乡村偏远地区学校的音乐教学遵循着与城市相似的模式,但标准却没有城市那么高。至少在20世纪20年代到30年代期间,音乐作为学校课程中一门学科的重要性在很多地区是相当薄弱的,只是在第二次世界大战之后才有了较大的提升。

免费公共教育的创建

1846年安大略省创建了免费的公立学校,随后在19世纪下半叶加拿大很多其他地区也建立了很多公立学校,其中大部分是不属于任何宗教派别的。尽管如此,魁北克省和纽芬兰省教育的情况还是不同于其他地区。在魁北克省,除私立的宗教学校以外还有公共教育学校与其并存,20世纪中期以前学校教育都是以宗教信仰为界限而决定的,这就导致天主教学校主要是给讲法语的孩子们开设,新教学校主要培养讲英语的学生,因此,教育的发展(包括音乐在内)就按照完全不同的道路进化发展。与魁北克省相似的是,纽芬兰省的学校也是由罗马天主教和许多新教教会所提供的各教派学校组成,这种情况一直持续到20世纪后期。在加拿大东海岸的三个沿海省份——新布伦瑞克省、新斯科舍省和爱德华王子岛,尽管面积和人口都很少,但是却有独立的政府机构,也有独立的教育管理部门。

在安大略省,声乐被排列在学校学习项目的首要位置,而且到1848年时省级师范学校就开始为学校教师进行音乐培训和指导,这表明从1844年到1876年加拿大内地和西部受到教育部首席督察官——艾格顿·瑞尔森(Egerton Ryerson)所施加的影响。瑞尔森非常支持音乐教育,很大程度上是因为他对传播到部分欧洲、英国和美国地区的裴斯泰洛奇的教育理论很感兴趣。在致力于发展安大略省公立教育体制期间,他游历了英帝国及欧洲地区20多个国家,参观了那些在裴斯泰洛奇理论指导下进行教学实践的许多学校。后来,瑞尔森从英国请来了亨利·弗朗西斯·塞夫顿(Henry Francis Sefton)在各学校和师范院校教授威廉姆·赫尔的音乐教学方法,这种方法是以"固定唱名法"为基础的。从1858年到1882年,亨利·弗朗西斯·塞夫顿都在多伦多工作,并且创编了安大略省最早的专门给学校使用的音乐教科书,其中一些资料后来被其他地区的教科书所采用,包括《三声部歌曲》(*Three-part songs*,1869)和《声乐年鉴》(*A Manual of Vocal Music*,1871,见 Trowsdale,1962,1970)。

音乐在各个省份出现在教学中的时间各不相同,比如新斯科舍省是在1855年,魁北克省是在1871年,新布伦瑞克省是在1872年,爱德华王子岛是在19世纪70年代晚期(见 Green Vogen,1991;Vogen,1979、1986、1988)。英属哥伦比亚在1872年任命了第一位教育督察官,这位督察官从英国经过安大略省来到这里,在安大略省的时候与他非常钦佩的瑞尔森一起工作过,所以他在英属哥伦比亚制定的教育政策与那些在安大略省拥护瑞尔森的人制定的政策非常相似,即在学校教育中都十分强调音乐教育。在温尼伯的一些学校里,1900年以前就有了音乐课,但是直到1928年马尼托巴省才出现了第一份详细的音乐教程。

在1905年才成立的萨斯喀彻温省和阿尔伯塔省,许多地区的人是由早期移民构成的,其中也有许多是新移民,一些地区也有很多音乐活动,但一般来说在偏远乡村地区就没有了。早期成立的学校对音乐教育的支持很有限,但是为了提高英语语言技能和培养他们对新国家的爱国之情,督察官们都鼓励在有欧洲后裔学生的地区学唱爱国歌曲。

在纽芬兰省人民的生活中,音乐在民间传统习俗和音乐教育中都扮演着十分重要的角色,对纽芬兰教育产生巨大影响的是英语和爱尔兰语,对音乐教学的影响也是如此。一些讲英语的罗马天主教成员(其中不少是来自爱尔兰)和来自各教派别的教师们在音乐教授方面起着重要作用。在纽芬兰省,私立学校和公立学校音乐教学的不同并不像在其他地区那样明显,因为在社会教派机构中,这两种类型的音乐教学早就相互并存了:"尽管一些私人教师在家里还保持着自己的工作室,但大部分都是在教堂联盟的学校机构里工作,这些学校的音乐系几乎都有小音乐学院的特点。"(Green and Vogen,1991;也见 Woodfard,1988)

游说指令来自不同的渠道——有时候来自教育系统内的一名官员,有时候来自本地区的一位音乐教师或风琴弹奏师,或者有时候来自父母亲。学校器乐团非常稀少而且大多数都是课外的。在加拿大的大部分早期学校里,音乐的目标是按照其外在价值来评价的。对于瑞尔森来说,音乐就是实施道德文化教育的强有力代表,教堂音乐鼓励信教者的加入。汤姆斌(Tombin,1986)总结了这种情况:

歌唱"民族曲调"能够提升爱国主义,包括"劝善歌曲"在内的炉边旋律,在替代有社会问题的娱乐消遣方式(诸如喝酒之类)上具有休闲价值。对于一些教育者来说,音乐加强了课堂纪律性,并且产生有助于教学的积极心理影响。作为一门精神享受性学科,音乐获得了人们坚定的支持和接受;不过,当被提升为"休闲放松"的位置时,它又仅被当作一门"辅助性"课程了。

"首调唱名法"运动的影响

从19世纪60年代到90年代,加拿大的各个地区都引进了曾经流行于英国的约翰·柯尔文的"首调唱名法",这种教学方法是为了发展音乐读谱技巧,其影响一直覆盖到从东部的圣·约翰、纽芬兰到西部的维多利亚和英属哥伦比亚,还有加拿大的许多其他地区。这些地区的"首调唱名法"通常都发展得相当独立,几乎没有或者很少受到其他地区活动的影响。

早期使用这种方法的大部分教师们都来自于英国。因为在第一次世界大战之前,讲英语的加拿大学校严重依赖英国的音乐教师,许多音乐教师在移民到加拿大之前已经接受过"首调唱名法"的训练,这对加拿大许多地区的音乐教学都有持续的影响,一些地方很好地接受了这种教学法,然而在另外一些地方关于它的用途就引起相当大的争论。那些教乐器的专业人士偏好使用五线谱,而一些法语曲目则继续使用"固定唱名法"。

在19世纪70年代期间,多伦多的学校首席督察官乔治·休斯(George Hughes)一直在他管辖范围的学校中寻找能够提高音乐教学效率的教学法,他对当时的情况不满意而且想要教师们能够在课堂上每天教授15分钟的音乐。在他的影响下,多伦多的学校在1876年开设了第一套详细的声乐学习课程。随后,实行了一项新的地方性学习课程,音乐教师S. H. 普雷斯顿(S. H. Preston)被指派到多伦多师范学校任教。普雷斯顿对美国的学术很熟悉,而且对美国的一流教育专家何西·霍尔特(Hosea Holt)的著作特别感兴趣,霍尔特支持用传统符号来注解读物。1885年普雷斯顿为学校改编了塔夫茨和霍尔特的《标准音乐教程》(Normal Music Course,1883),1885年在加拿大出版。

与此同时,休斯一直都在四处寻访当时英国正在使用的"首调唱名法",其实它很早就被引进到包括哈密尔顿和伦敦的部分安大略地区。1886年,休斯任命司各特·亚历山大·T.克里根(Scot Alexander T Cringan)做多伦多学校的音乐督察官。克里根是"首调唱名法"的忠实支持者,在多伦多尝试使用不同的方法教授音乐,一教就是44年。

克里根在多伦多的第一年就卷入到有关教学方法的争论中,这场争论持续了相当长的一段时间。1887年,多伦多为音乐教师开设了一个特殊的暑期培训班,普雷斯顿安排邀请美国的何西·霍尔特去讲授他的读谱方法。在课程快结束的时候,参训的教师们建议安大略地区的所有学校采用霍尔特的方法和普雷斯顿的教材改写本。一年后,克里根使用"首调唱名法"给暑期培训班授课,教师们对该方法称赞不已,建议应在学校使用这种方法,于是就发生了关于五线谱记谱法与"首调唱名法"符号之间孰优孰劣的论战。普雷斯顿和克里根在这场论战中作为主角露面,这场辩论备受公众关注。省级教育主管部门并没有授权给任何一种方法,但是由于克里根的领导,"首调唱名法"在19世纪与20世纪之交时被牢固地确立下来。1895年,安大略省教育部门为公立学校出版发行了一套音乐教学大纲,该大纲涵盖了两个各自独立的课程,一种用"首调唱名"记谱法,另一种用五线谱记谱法。直到20世纪20年代,安大略省在学校音乐方面的强调重点仍然在唱歌和读谱能力的培养上。克里根发表了指导性的著作,包括《加拿大音乐教程》(The Canada Music Course,1888)。1901年,他成为多伦多师范学校的音乐大师,1919年,他被任命为安大略省学校音乐教育督察官。

1886年,蒙特利尔新教学校委员会雇用道森(Dawson)去为他们的教师在"首调唱名法"方面上30节课;他们还讨论了一项法令,该法令要求班主任教师在自己的班里教唱。翌年,这种方法的新课程就被引进到各学校,阐明这种方法的学生音乐会也被引用进来。克里根在1888年新出版的著作被作为课本使用,要求所有教师在使用"首调唱名法"时给出说明,否则将被扣罚10美元薪金。这个规定至少在书上一直保持到1920年,而且惩罚也已经增加到40美元。

在滨海诸省,一位来自苏格兰的长老会牧师詹姆斯·安德森(James Anderson),在把"首调唱名法"介绍到本地区发挥了重要作用。1884年,他负责新斯科舍省的哈利法克斯外边的马斯科多比特港,并且很快用这种方法给哈利法克斯地区的教师授课。他在音乐上是如此的投入,为了把全部身心都投入在音乐教育上,几年之后他放弃了成为一名牧师的机会,跑遍了三个海滨省的所有地区,无论是在夏季研讨会上还是一年的其他时间里他都和教师们一起工作。他在教学工作中使用了一些克里根的出版物,但是也在一种专门给教师的期刊《教育评论》(*The Educational Review*)上发表了一系列的关于"首调唱名法"的文章。之后安德森移居到安大略省,在退休到加利福尼亚之前他一直都居住在这里。他的两名学生继续着他在海滨诸省的工作,并且为学校编写教材。

第一世界大战之后音乐项目的扩展

第一次世界大战之后,在加拿大的大部分地区,音乐项目逐渐发生了改变(Vogen,1993),声乐最终变成了大部分地区小学教育不可缺少的一部分,但是一般情况下在高中阶段还是把它作为一种课外的基本活动,在九年级,即使是在音乐课成为必修课之后,课外音乐活动(合唱队和乐团形式)都常常发挥着在校期间有效课程的补充作用。经历了很长一段时间后音乐课作为初中教育必修课的地位才得到承认。

加拿大各方面的教育都受到美国儿童发展趋势的影响。在美国,学校管理人员和教师们已经采用了先进的提倡关注学生动机和个人成长的"学生中心论"教育原则。这一影响的结果是,在歌曲教法的采用上更少地强调音乐素养,更多地重视音乐娱乐性:

这就意味着那些通过口传心授和因为曲目质量被引进的歌曲,作为更加优先欣赏的手段方面变得愈加重要。加拿大的音乐教育者被美国出版的一系列歌曲所吸引;在许多美国公司制作的加拿大版本中,经常包括(除了两首或三首加拿大的爱国歌曲)在美国的版本上出现的相同内容(Kallman and Potvin,1992)。

大多数学校的音乐项目在技术的巨大影响下都开始扩展。留声机和收音机的出现改善了音乐教学的方式与设备;唱片公司为音乐欣赏课准备了录音带、教师指导手册和学生练习册;无线电收音机的播放作为课堂教学技术性的补充,提供对老师和学生都有益的富有想象力的音乐呈现。加拿大学校使用的第一批无线电收音机节目是由纽约的沃尔特·达姆罗施(Walter Damrosch)研制的,到1943年加拿大广播公司也制作了一些服务于加拿大教育特殊需要的节目,好多大城市的管弦乐队也通过专门为学生观众设计的现场音乐会的演奏为音乐欣赏的发展作出了贡献。在加拿大许多地区,"年度音乐比赛节"(基于英国模式的)成为音乐系学生展示成就的一个重要集会地。尽管过度地强调和重视竞争已经成为一个有争议的话题,许多教师和指导者仍然把参与节目视为他们表演团体必不可少的一个表现机会。到20世纪30年代后期,大多数省份已经把"声乐"或"唱歌"替换为简单的"音乐"安排在基础年级的学习项目里。

另一个来自美国教育方面的影响是：许多省份学校教育体制在结构上的改变。在加拿大教育中，初高中学校制度的引进是一个重要创新，音乐方面使学生们对参加音乐创作小组兴趣渐浓，格林和沃根（Green and Vogan，1991）都高度强调初高中阶段发展的重要性：

初高中体制是一次促使（第一世界大战前就存在的僵化刻板的）课程自由化的尝试。这项改变反映了人们逐渐改变对学校的认识，也就是学校应该通过一些活动和主题来吸引学生，激发学生的主动性而不是长官作风式的预先规定课程。为了达到这些目标，聘用拥有特殊专业知识的教师以便可以更充分地挖掘学生在这个阶段的潜能。西部一些省在其他地方之前早就进行初高中体制的实验，这种与音乐教育联系起来的模式和传统明显区别于加拿大其他地区。在一定程度上，这些差异是由对初高中体制"三级结构"概念的理解差异所造成的。

第二次世界大战后音乐教育的发展

第二次世界大战后的一段时间里，中学音乐教育得到了快速发展，特别是在器乐领域，而且在20世纪50年代或60年代，大多数省份在初中教育阶段提供了学分制音乐课程。综合大学和教师培训机构当时都还没有开设这种专业，因此，许多省份不得不引进音乐教师，或者对退役军乐队队员以及其他音乐家进行教师资格培训来满足学校对器乐专家的需求。器乐项目是由音乐节竞争活动的扩展促进的。同济会（Kiwanis）和其他服务俱乐部不仅设立了新的比赛项目，而且还使许多旧的项目焕发活力。

大多数小学教师继续使用某种形式或者某个版本的唱歌教学法，因此，许多省政府在很大程度上都是通过教材（或者歌曲曲目）来决定课程。在20世纪六七十年代，许多地方的初级音乐课程里都引用了类似于奥尔夫和柯达伊的新教法。对多元文化主义的兴趣导致其他文化的音乐和当地人音乐项目的不断扩展，也有对促进课堂音乐创造性和音乐作曲的兴趣，约翰·艾达斯金（John Adaskin）创立"加拿大音乐发展工程"就是这类兴趣的一个新方案。为此，乔治·普罗科特（George Proctor）发现："加拿大在音乐教育方面最早的贡献是通过马瑞·谢弗（R. Murray Schafer）的工作所体现出来的，他的方法强调发展音乐敏感性和对各种类型声音应用的原始创造性工作，包括作为音乐组织材料的环境因素。"（Proctor，1980）

教学内容或方法的改变通常是由那些在教师培训机构（师范学校和综合大学音乐系或者教育系）教授音乐的人或者是由城市学校董事会的音乐督察员所传授的。好几个省都任命音乐局长处理战后阶段猛增的入学人数和教师缺乏的复杂问题，暑期培训班和短期在职培训与从事音乐教育的职前培训一样受欢迎。职前培训逐渐由教师培训学校或者师范大学转向综合大学，提供学士学位的专门音乐教育项目变得越来越普遍，获得音乐专业或者音乐教育专业毕业证的机会也在不断扩大（参见 Davey，1977；Green，1974）。

1953年当国际音乐教育协会（The International Society for Music Education）成立时，多伦多大学音乐系主任阿诺德·沃尔特（Arnold Walter）被选为第一届主席。在这一时期，加拿大没有国家音乐教育的组织，1935建立的加拿大联邦音乐教师协会（The Canadian Federation of Music Teachers' Association）基本上是由独自教授音乐的音乐教师组成的。一些省份也有省级音乐教育协会，其中最大的一个是安大略省音乐教育协会（Ontario Music Educators' Association，OMEA），它是1919年以安大略省教育协会（Ontario Education Association）的一个分组为基础创办的（参见 Brault，1977）。关于是否需要一个国家音乐教师团体机构的话题争议了许多年，直到1959年春，100多个来自加拿大不同地区的音乐教师聚集在多伦多，在OMEA春季聚会上成立了加拿大音乐教育协会（Canadian Federation of Music Educators' Association，CMEA），这个组织在加拿大音乐教育的发展史上发挥了非常重要的作用，促进了各省级的音乐教育协会相继成立。

在加拿大音乐教育协会创办期间，仅有5个省市拥有在政府专门负责音乐的几个人，不过这种情况在后来的几年中逐渐得到改善。然而，几十年之后，一些教育部长撤销了他们省市的音乐督察员，而且削减音乐顾问的数量，鉴于此，政府官员有了重新引进过去课程文件的想法，最近出现了一种需要由教师组成的课程委员会的趋势。在许多省市，编写课程概要的负担已经转移到当地教育委员会。

在省市音乐课程文献的出版物上，尚德（Shand）和巴特尔（Bartel）在1993年记录到，对于那些对加拿大音乐教育研究感兴趣的人来说，已出版的课程文件是非常丰富的资料来源。"尽管实际上不是所有教师都遵循由省政府和教育部设立的规则，出版刊物确实能揭示在特定的时期里省级官员和音乐教育带头人的教育方针。"他们还指出省级政府的领导方针在省与省之间有很大的差异，"比如在纽芬兰，教育局为当地教师制定了非常详尽的准则，甚至出版了针对不同年级的歌曲集。然而，在安大略省，教育局长只提供教育准则和一些基础方法，更多的课程发展责任则由当地教育委员会承担，他们中大多数人自己制定课程文件。"

一些大城市的教育委员会已经叫停音乐指导员的职位，解散了他们的中心音乐部门。有时候，音乐督导也已经被艺术协调人或课程资源人事部所取代，通常这些变化被作为政府部门的一部分补充以应对金融危机，这种变化也导致了日益强烈的为音乐教育的"鼓"与"呼"。1992年，加拿大创办了一个音乐教育联盟，其成员不仅代表着以国家音乐教育为基础的各协会，还代表着来自全国各省市的地方组织，包括教师、工厂代表、艺术家、表演家以及全国的音乐爱好者。

教师们和政府管理人员对分享音乐教学方面的观点很感兴趣,一直在寻找面对面交流的机会。在过去的30多年里,建于1960年的加拿大音乐教育协会在这方面扮演着重要的角色,但是由于开支问题,这个协会不得不终止。该组织创办了一个季刊——《加拿大音乐教育者》(The Canadian Music Educator),以帮助教师们之间相互交流;该组织还出版了一系列书籍,如音乐教育研究方面的书,两年一个系列的《实践研究》(Research to Practice)①。其他一些专业组织(奥尔夫、柯达伊、乐队和各种合唱团组)也举办了全国性的会议,而且许多加拿大音乐教师参加了国际会议,包括国际音乐教育年会(ISME)组织的。

2005年,一个以"加拿大音乐教育:目前的艺术水平是什么"为主题的泛加拿大音乐教育会议在西安大略大学召开,这次聚会的议题在前些年的国际音乐教育年会(ISME)上也被加拿大人讨论过,因为他们错失了一起参加全国会议的机会。来自全国的音乐教育工作者被邀请参加这次会议,共同讨论在聚会上提出的一系列的针对加拿大音乐教育的问题,包括课程关注以及不同省市目前的音乐项目状况,而且还组织了"会后聚会"。《从海洋到海洋:预测加拿大音乐教育》(From Sea to Sea:Perspectives on Music Education in Canada)是这次聚会的电子书(见加拿大音乐教育联盟),内容包括第一次座谈会上发表的报道和文章,一些其他出版物也正在被列入计划中,既有纸质版也有网页版(Veblen and Beynon,2007)。

今天,在大多数加拿大学校学习的K-6级项目都有某种特定类型的音乐说明,但是谁来执教呢?是学校教师还是专业音乐人?这要视地域的不同而不同。通常来讲音乐学习对于其他等级水平并非是强制性的,但是在一些地区里强制性音乐课需要达到8级或者9级。加拿大十省、三特区各学校的音乐教学之间一直存在着巨大的差异,尤其是在预算、课程、课时安排、教师培训以及资格证书的颁发,还有各种各样的活动和学生音乐体验的质量等等诸方面。尽管个别人提到这些状况的消极方面,但也并不是所有人都赞同这种意见,而且还有一些人感到应该允许教师发展更适合专业权限的项目。谈到在乡村的教师对于他们国家课程的发展发言很少的情形时,保罗·伍德福德(Paul Woodford,2005)评论到:"加拿大的音乐教师是幸运的,部分原因是教育仍然是省级权限而不是联邦政府的……省教育局领导人在课程改革上有时是很合作的,不过,加拿大没有政府认可的全国音乐课程标准,也没有标准化的关于音乐教育的管理体制。"

在讨论了《英国国家音乐课程》和《美国音乐教育国家标准》后,伍德福德厘清了加拿大教学方法的特殊之处:"尽管受到许多类似于美国、英国教育改革的影响,在省一级的水平上,包括对标准化(和其他保守的)课程日益增长的依赖,加之过分强

---

① 如想获取更多的详细的信息,请点击"加拿大音乐教育者协会"的网址:www.cmea.ca。

调责任,大多数加拿大音乐教师对于国家音乐课程或标准仍然持谨慎观点"。如果说,在加拿大存在着各种各样的学校音乐政策和实践(有历史的也有现时的),那么,多样化可能就是其特殊性之一,而且将继续表现在音乐教育上[①]。

参考文献:

Brault, D. (1977), 'A history of the Ontario Music Educators' Association(1919—1974)' (unpublished PhD dissertation, University of Rochester).

Canadian Music Educators' Association, www.cmea.ca.

Coalition for Music Education in Canada, www.coalitionformusiced.ca/html/sec1-about/about.php.

Cringan, A. T. (1888), *The Canadian Music Course*. Toronto: Canadian Publishing Co.

Davey, E. (1977), 'The development of undergraduate music curricula at the University of Toronto, 1918—68' (unpublished PhD dissertation, University of Toronto).

Green, J. P. (1974), 'A proposed doctoral program in music for Canadian universities with specific recommendations for specialization in music education' (unpublished PhD dissertation, University of Rochester).

Green, J. P. and Vogan, N, F, (1991), *Music Education in Canada: A Historical Account*. Toronto: University of Toronto Press.

Kallmann, H. (1960), *A History of Music in Canada, 1534—1914*. Toronto: University of Toronto Press

Kallman, H. and Potvin, G. (eds) (1992), *Encyclopedia of Music in Canada* (2nd edn). Toronto: University of Toronto Press.

Keillor, E. (2006), *Music in Canada: Capturing Landscape and Diversity*. Montreal and Kingston: McGill-Queens University Press.

Proctor, G. (1980), 'Canada', in Sadie, S. (ed.), *New Grove Dictionary of Music and Musicians*. London: Macmillan, pp. 35-6.

Sefton, H. F. (1869), *Three-Part Songs for the Use of Pupils of the Public Schools of Canada*. Toronto: James Campbell & Sons.

Sefton, H. F. (1871), *A Manual of Vocal Music*. Toronto: Hunter Rose.

---

① 为了获取更多详细的有关每个省的学校音乐教育的发展的讨论和更多的参考文献,你可以查询 Green 和 Vogan(1991)的研究。因为学校音乐教育的发展(加拿大)是根据文化背景来描述的,它具有许多音乐活动的特点,而它们又是在国家和省级学院、社区课程,以及政府支持的机构的联合管理中显示出来的(Green and Vogan,1991)。

Shand, P. M. and Bartel, L. R. (1993), *A Guide to Provincial Music Curriculum Documents Since 1980*. Toronto: Canadian Music Education Research Centre, University of Toronto.

Tomkins, G. S. (1986), *A Common Countenance: Stability and Change in the Canadian Curriculum*. Scarborough, ON: Prentice-Hall Canada.

Trowsdale, G. C. (1962), 'A history of public school music in Ontario' (unpublished DEd dissertation, University of Toronto).

Trowsdale, G. C. (1970), 'Vocal music in the common schools of Upper Canada: 1846-76', *Journal of Research in Music Education*, 18, (4), 340-54.

Tufts, J. W. and Holt, H. E. (1883), *The Normal Music Course*. Boston, MA: D. Alperton & Co.

Veblen, K. and Benyon, C, (eds) (2007), *From Sea to Sea: Perspectives on Music Education in Canada*. London, ON: University of Western Ontario e-book.

Vogan, N. F. (1979), 'A history of public school music in the province of New Brunswick 1872-1939' (unpublished PhD dissertation, University of Rochester).

Vogan, N. F. (1986), 'Music education in nineteenth and early twentieth century New Brunswick', in M. Fancy (ed.), *Art and Music in New Brunswick Symposium Proceedings*. Sackville, NB: Centre for Canadian Studies, Mt Allison University, pp. 19-33.

Vogan, N. F. (1988), 'Music instruction in Nova Scotia before 1914', in J. Beckwith and A. Hall (eds), *Musical Canada: Words nd Music Honouring Helmut Kallmann*. Toronto: University of Toronto Press, pp. 71-8.

Vogan, N. (1993), 'Music education in the Maritimes between the wars: a period of transition', in G. Davies (ed.), *Myth and Milieu: Atlantic Literature and Culture, 1918—1939*. Fredericton, NB: Acadiensis Press, pp, 77-86.

Woodford, P. G. (1988). *We Love the Place, O Lord: A History of the Written Musical Tradition of Newfoundland and Labrador to 1949*. St John's, NL: Creative Publishers.

Woodford, P. G. (2005), *Democracy and Music Education; Liberalism, Ethics, and the Politics of Practice*. Bloomington, IN: Indiana University Press.

第八章 美国：反思义务音乐教育发展与效率

吉尔·T. 哈姆弗雷斯
(Jere T. Humphreys)

本章概述了美国义务教育阶段音乐教育的历史，由殖民时代、公立学校运动、义务教育、当今时代以及结论组成。

应该铭记在心的一些观点如下。第一，在脱离英国殖民统治的独立战争（1775—1783）后分成诸州前，英国在北美殖民地的统治结构改变了好几次。第二，在国家确立后，对教育的管辖权从殖民者手中转到了州政府（而不是联邦政府）手中。特别是美国宪法第10条上写着：宪法并没有把权利委托给联邦政府，也没有禁止给州政府，而是分别地赋予给州政府或者说是给了人民（The Constitution, 1787/1791）。第三，各殖民地和州政府在律法、条例方面相互影响。第四，在很多情况下，我们在本章中使用"义务教学"（compulsory schooling）而不是"义务教育"（compulsory education），因为后者指的是教育结果，而前者指的是实践操作。

殖民时代的美国

现代义务教学的根源可以上溯到 16 世纪欧洲的新教改革,之后(从 1563 年到 1601 年)英国通过的《穷人法》(*The Poor Law*)变成了北美英属殖民地早期教育立法的根据(见 Kotin and Aikman,1980;Melton,1988;Rothbard,1974)。

马萨诸塞湾(今天的波士顿)的殖民地是从 1630 年开始由英国加尔文派的人(清教徒)占领,1642 年通过了新世界的第一部教育法。这项法律规定:对于全体社会和任何经济层面的儿童在学术和职业技术两个方面都要强施教育,它把教育的负担和责任强行附加在家长和主顾身上,因此是强制性教育而不仅仅是上学。然而,在 1647 年和 1648 年出台的法律与修正案却要求分别有关于教育和学校教学的条款,并且申明了州政府(殖民地)决定教育内容和范围的权利,以及为了满足教育目的(Jernegan,1918;Kotin and Aikman,1980)而花费资金的合法性。不久之后波士顿殖民地的法律就迅速传遍了整个马萨诸塞。

所有新英格兰殖民地(主要是加尔文主义者),除了宗教信仰厚重的罗得岛,都采用强制性以及其他的教育,而且在 1642 年教育法之后将近 30 年的时间里相继都通过了学校法。这些早期新英格兰殖民地的法律不同于早期新教改革和英国的《穷人法》,它们规定向所有的儿童提供教育和培训,不仅仅是贫穷儿童。学者们更为普遍地相信,从早期德国改革到新英格兰新教改革,针对教育的一切法令律条都是"宗教寡头政治家的工作"(Jernegan,1919a)。

学者们可能已经提及在北美马萨诸塞州的普利茅斯,第一个永久的英国殖民地(1620),在通过学校法律时比较迟缓,也许是因为这里的居民受过一些宗教分裂主义的教育,因为他们在荷兰的莱顿市(因其宗教氛围而著称于欧洲)生活了近十年(1609—1620)。在这块大陆的另一边——波士顿,一个更大的殖民地却具有同种宗教的特点而且有着相对较高水平的教育,从而便成了新世界在大学教育和义务教育方面的早期领头雁。更普遍的是,格雷明一直认为北美英属殖民地的"学校教育"是"促进社会均匀发展的助推器"(Gremin,1970)。

新英格兰以外的北美殖民地分为不同等级,有贵格会教影响的殖民地宾夕法尼亚州和新泽西港,还有前荷兰殖民地纽约。马里兰州和弗吉尼亚还有南部一些殖民地在早些时候都通过了义务教育法,但是他们既没有扩展英国的《穷人法》模式为所有儿童提供教育,也没有建立公立学校(Kotin and Aikman,1980)。

从新英格兰教育的隆重开始,到中南部殖民地教育范围的逐渐缩小(Jernegan,1919b,1920),再到 1675 年新英格兰印第安战争的爆发,还有殖民地范围的不断扩大导致的宗教和文化差异性愈加扩大,义务教育法的作用变得愈来愈微弱。只有康涅狄格州相对来说在整个殖民时代还坚定地执行着义务教育法，而其他殖民地却只为穷人孩子实行义务教育(Kotin and Aikman,1980)。

殖民时代的美国的音乐教育

现在被叫作美利坚合众国的欧洲风格的音乐教学是由西班牙天主教神父创始的。神父是1540年随着远征军到了现在的新墨西哥州，此后西班牙人就派了十几个使团在今天的美国西南部给西班牙人和当地美国人的儿童教授音乐(Britton,1958)，从那时起，即使不是全部，但大多数到北美的移民都为儿童提供有组织的音乐教育。在诸多影响中，新英格兰早期英国加尔文教派殖民者在音乐和教育实践的框架建立上发挥了重要的作用。

在殖民地的新英格兰，最常见的音乐活动形式就是在加尔文教堂唱颂歌。约翰·加尔文(John Calvin)曾经指出，音乐在教堂服务方面扮演着很重要的角色，而且音乐的服务是那么简单，足以让礼拜的人很容易就参与到宗教中来，结果是在教堂事务中就不必要再聘用专业的音乐师和使用乐器了。

加尔文也委托制作了第一本《赞美诗颂》(*Psalter*)，它是与圣经有关的用于教堂里被唱诗班普遍唱着的颂歌集，1562年在日内瓦正式出版之后，这本法语《赞美诗颂》就被翻译成好几种语言。由安溪华斯(Ainsworth)所译的荷兰语《赞美诗颂》，被普利茅斯的第一批移民带到新世界；由斯坦恩侯德(Sternhold)和霍普金斯(Hopkins)所撰的英译本被传播到波士顿，比原本的质量要差一些。1640年，当它在波士顿出版的时候，英译本就更为简化，而且在质量上也大打折扣了，距离第一批移民在北美出版的第一本诗集仅仅只有10年而已。时称《海湾圣咏集》(随马萨诸塞海湾命名的)的唱歌本直到第九版时(1698)才加入了音乐谱号。新英格兰加尔文教徒简单、粗略的音乐练习，阻碍高品质音乐说明的早期条件以及印刷乐谱的技术手段都导致了在音乐格式质量上令人惊讶的恶化，而这些距离移民者在1620年第一次到达才近1个世纪(Birge,1966;Britton,1958,1961,1966)。

19世纪早期的歌唱学校都忙于从事公理会质量不高的唱歌活动和为殖民地提供社会性宣传，这些学校其实就是由业余爱好者主导的商业化班级组成，多数情况靠自学，大多数人进行巡回演唱，其中许多人都以曲调本的形式自己编写教学资料。1721年首次出现的两本曲调书都是由新英格兰加尔文牧师主编的。这两本以及后来的几百本曲调书都包含着理论指导，概述了乐谱的各个方面和歌唱技巧，后面还附有从各种资源编辑来的"曲调"(Birge,1966;Britton,1958,1966)。

一些曲调书的编辑者也编写了他们自己的音乐，包括革命时期最著名的作曲家和校园歌曲领袖——波士顿的威廉姆·比灵斯(William Billiongs,1746—1800)。比灵斯发表的六本曲调书之一是《新英格兰诗篇歌手》(*The New England Psalm*

Singer），汇集了比灵斯所有的原创音乐，包括爱国主义曲调《切斯特》（Chester）。在这本书的扉页上，比灵斯把英国乔治国王称作"暴君"，而这本书发表在1770年的大革命前夕。大革命时期是爱国主义思想高涨、欧洲移民锐减的时期，除了这个特殊时期外，唱歌学校所使用的大多数歌曲都是基于简化了的欧洲民歌和欧洲音乐。其他在唱歌学校时代所使用的很多曲调都很自然地带有宗教色彩，反映着唱歌学校和曲调书的原本目的，即提高歌唱水平（Birge, 1966）。

19世纪前期唱歌学校开始于新英格兰最后传到南方和西部，为公立学校音乐课提供基础教学，之后就不再流行了。虽然唱歌学校的费用支持是由参与者提供而非公共基金，但是这些学校对公众开放，教学方式似乎也都不拘一格。值得一提的一个原创教学方法是：形状记谱法，即每个水平的音高都由一个不同的谱号形状来代表。到18世纪末这一乐谱体系出现在波士顿，在大革命之后音乐教育进入公立学校之前被广泛地使用，直到被传统乐谱所替代（Britton, 1966）。

新英格兰的定居者在教堂外也弹奏乐器和唱歌（Britton, 1966），我们不能排除在殖民地期间和早期联邦时减少了教师引导学生从事音乐唱歌活动的可能性。无论什么情况，大量实质性的有关17世纪与18世纪公理教会唱歌质量低下的证据都暗示了，任何发生在学校、家庭或教堂的音乐教育在维持可接受的公共唱歌标准方面都是不够的。

公立学校运动

从17世纪晚期经过大革命到18世纪晚期（Gremin, 1970），公立或私立学校的数量似乎比人口增长还要快，但是那个时期法律要求的学校数和入学率却减少了。马萨诸塞州革命过后不久，第一部州颁布的法律就要求建立学校（Rothbard, 1974）。之后尤其是在1830年至1865年（Binder, 1974）的公立学校运动时期，双重传统的体制之间的斗争一直持续着：教育穷人的公立学校和（大多与教会相联系的）私立学校之间存在对抗。这一时期，多数新英格兰州建立了免税制学校，中部和西部各州（比如俄亥俄州）也效仿新英格兰，紧接着是除了北加利福尼亚的南部各州，均维持双重体制（Butts and Gremin, 1953）。

到19世纪中期，免费的公立小学教育已经成为一种规范，部分是因为公众乐观地认为学校和其他社会部门能够改善目前的状况，并且能够为各层次市民的美好未来打下根基。与此乐观主义观念并存的是对由工业化、城市化和移民等因素导致社会问题的一种担忧，工业化为成千上万的新移民提供了工作，他们当中的很多人并不是来自英格兰、苏格兰、德国以及荷兰，而是来自西欧和南欧，这些新移民不仅贫穷、没有受过教育，而且行为做派也很不相同（Everhart, 1977）。还有一些移民由于他们信仰罗马天主教而被以怀疑的态度来对待(Greenbanm,1974),包括许多在爱尔兰大饥荒时期从那里来的移民(1846—1851)。

最终,"社会变革者、新教领袖、教育者、商人、政客以及有关家长组成联盟,一起处理这个集希望、恐惧、矛盾和悖论于一体的奇怪混合体,然后把它融合成进化了的州政府支持的学校体制法令"(Everhart,1977)。由霍伦斯·曼恩(Horace Mann)领导的倡议在改善普及教育发展的诉求中克服了巨大的障碍(见 Binder,1974)。

公立学校的音乐

19 世纪 20 年代初期,公立学校运动正蓬勃发展,一些人在目睹了由瑞士教育家海因里希·裴斯泰洛齐的追随者在欧洲成功的音乐教育,开始倡导把音乐增加到公立学校课程中,其中最有力度的改革发生在波士顿,由教育改革者威廉姆·伍德布里奇(William Woodbridge)、音乐家兼教育家洛厄尔·梅森(Lowell Mason),还有后来成为波士顿市长的萨缪尔(Samuel)等领导(Birge,1966)。

1838 年 8 月 30 日洛厄尔·梅森在波士顿的一所上流社会的小学开始教音乐,这件事情被当成是美国永久性公立学校音乐教育的开端。在所有的要把音乐增加进学校课程的理由中,宗教动机显然是主导性因素(Miller,1989)。音乐渐渐地传播着,直到内战结束时(1865)成为美国许多城市的必修课,而且到 19 世纪末在大多数的基础学校里(1—8 年级)情况也是如此。开始时是由普通教师定期施行音乐教育,但是渐渐地在大城市这种教育就由培训过的音乐主管来做了。获得视唱技巧是最初的目标,因为许多音乐主管以前都是学校唱歌教师,也因为在电子音响设备发明前大多数偏远地区的人们几乎很少能听到现场真实的音乐。虽然视唱受到了重视,但是 19 世纪的学校音乐教育就是今天所谓的"普通音乐",因为它是为普通学生开设的(Berge,1966;Humphrey,1995)。

第一套供公立学校使用的音乐教材是 1831 年出版的,由洛厄尔·梅森根据常规的公立学校音乐教育教材编著。在 19 世纪的后半期开始出现了逐步分级的系列音乐教材。最突出的几套在教学方法上也是有争议的,要么支持一边,要么支持相反的另一边"口传心授",这种情况 17 世纪在加尔文教教会时就开始,并且促使了唱歌学校和曲调课本的出现(Birge,1966)。

许多早期的学校音乐主管继续使用专业音乐教师简化了的欧式民间艺术音乐的教学方法。像专业音乐教师一样,早期音乐学校主管也大都要么是通过自学,要么是在音乐学校参加过培训,要么是参加过如洛厄尔·梅森在波士顿音乐学院所举办的"暑期音乐大会"。像他们的专业音乐教师前辈一样,梅森和其他早期主要音乐教育家提倡裴斯泰洛齐的教学方法,他们一般也是避开如"首调唱名法"这样的欧式教学方法而采取折中主义的方法。大多数任课教师都在师范院校接受过培训,这些师范院校开始是私立的后来是公立的,在那里音乐是一门必修课而且也常常是最受欢迎的课程(Heller and Humphreys,1991)。

公立学校运动促使了许多学校的建立,其中一些学校就开设音乐教育课,但是很多孩子却没能上学或者只上了很短时间。学校的唱歌教育比较领先,而且与其他类型的音乐体验并行,如在音乐学院、音乐研究所、大学、私人家里和工作室的音乐课及音乐讲座,以及社区唱诗班、合唱团、管弦乐队和铜管乐队(Humpherys,1995)。

义务教育

殖民地和公立学校的立法虽然提供了某些形式的教育,但都是既没有规定具体的入学要求,也没有规定人们从劳动到常规入学许可的足够自由度(Kotin and Aikman,1980)。然而,到19世纪中期,工业化、城市化以及移民等现象导致了诸如犯罪、贫困和社会混乱等社会问题,促使法律和控制社会的机构逐渐出现,许多州都试图通过制定法律(例如,反流浪法)甩掉这些问题,这就为制定义务教育法确立了法律依据(Everhart,1977;Kotin and Aikman,1980)。所有这些因素都导致了"学校系统越来越集中化和官僚化,特别是……在大城市地区"(Everhart,1977)。学校系统的集中化可能是新义务教育法出台的最大动力(见Katz,1971;Katz,1966)。

早期的非义务学校和后来的义务学校都被视为"塑造良好人格和灌输正确的自由主义道德责任观的手段——换句话说,就是为了培养美国公民"(Spring,1974;也见Friedenberg,1965),还有一个很重要的目的就是"多数人情结"(Burgess,1976)和"大熔炉"国度的流行观念,这种观念认为用"义务教育法"作为"规范美国人行为的手段"以使移民美国化(Richardson,1980)。义务教育满足了一些今天被称为"托管"的功能(例如,Cremin,1980;Ensign,1969;Jorgensen,1997;Kotin and Aikman,1980),旨在控制社会的其他机构和立法也开始出现了,包括和义务教育法紧密相关的童工法。因此,对于移民的迅速增加、工业化和城市化的担心,导致了义务教育学校和其他机构动机的变化(从宗教到控制社会的)。

出于所有这些原因,1852年各州开始制定新的义务教育法规,其中马萨诸塞州又一次走在了最前列,要求所有8岁到14岁儿童的监护人都必须保证送孩子上学每年至少12周(其中连续的时间要达到6周,Cook,1912)。这些法规都是公众对于教育能量可以确保民主延续、社会问题减少的信心的一种表现,这种信心从19世纪中期一直持续到20世纪(Everhart,1977;Kotin and Aikman,1980)。从1852年到19世纪末,南方以外的所有州和殖民属地以及阿拉斯加都通过了义务教育立法,到1918年为止所有南方各州也通过了(Department of Education,2004)。

尽管传播速度很快,新的义务教育法在大多数情况下显然并不奏效(Everhart,

1977)。例如,内战前在南方各州一般都不允许非裔美国人上学(见 Blinder,1974；Bullock,1967)。不合乎法律的例外情况也是很常见的,特别是当一个孩子的家庭已经确认是贫困的,但更多时候法律却简单地将其忽略掉了(Ensign,1969)。到 1890 年为止,大多数州和殖民属地都通过了义务教育法,康涅狄格州第一个颁布了带有执法规定的义务教育入学法；到 1900 年为止,30 个州都颁布了要求在一定年龄阶段的儿童必须入学一定时期的法律。南方各州在 1900 年和 1918 年之间也大致如此,尽管其中一些法律中包含了给城市和乡村附加的当地"加入条款"(Kotin and Aikman,1980)。19 世纪后半叶伊始,在联邦法律盛行的情况下,联邦政府要求土著美国人也必须入学(Handel and Humphreys,2005)。

在殖民地历史上的任何时候,义务教育都受到各阶层人们的热情支持,但是随着时间的推移,公众对于教育的信任逐渐转移到作为教育机构的学校身上(Everhart,1977)。约翰·杜威的"普及教育对于民主很重要"的信念得到许多人的认可,而且令人惊讶的是,正是第一次世界大战中被征召士兵的读写能力低下导致了义务教育法的实行(Everhart,1977；Kotin and Aikman,1980)。

义务教育学校的音乐

公立学校运动时代(1830—1865),音乐教育在少数学校里是义务施行的,在那里音乐是学校课程的一部分,至少对于那些少部分正常上学的孩子来说。随着义务教育入学法和其执行条例变得更加普遍,随着音乐教育传播到大多数公立学校,尽管在各州和各地还不均匀,但是音乐已经成了事实上的必修课。

在 20 世纪初期,学校音乐教育之所以变化非常大有两个原因。第一个原因,由于新技术的发展导致普通音乐的变化,一开始是弹奏钢琴,接下来是留声机,然后是无线电收音机。这些发明使得需要通过聆听进行的"音乐欣赏"教学具备了可行性,也为那些听不到现场音乐会的人们提供了听音乐的途径。从大约 1910 年开始,留声机在普通音乐从几乎单一地专注于视唱向综合音乐手段的转变中发挥了非常重要的作用,这些综合音乐手段包括聆听、演奏、声乐以及新出现的玩具乐器(Humphreys,1995)。

第二个原因,源自欧洲和北美洲工业革命后而产生的强大的进步教育运动,进步人士力图使学校成为"社会改革的肺",使学生像成人那样拥有丰富的休闲时间。这场运动引起了有关学校教育目的拓展思考,因此又导致了一门拓展的课程,部分是为了适应不断增加的高中学生人数(Humphreys,1988)。

在进步教育的时代里音乐教育受益于公众对公立学校的信心和信念,这一时期,"为教育作贡献是很坚定的"(Everhart,1977)。具体地说,在此期间广义音乐呈现出其现代形式；北美洲最与众不同的音乐教育乐团进入了学校并且开花结果；而且广义音乐和乐团在学校和社会生活同时都发挥出更重要的作用。这些变化主要发生在教育改革时期,非常相似于公立学校运动期间声乐教学增加普通课程时的情形(Humphreys,1995)。

虽然任课教师继续在师范学校接受音乐培训,但是在19世纪晚期一些音乐督导开始接受由音乐教科书出版商主办的暑期专业音乐培训。1882年,茱莉娅·E.克莱恩(Julia E. Crane)在纽约波茨坦为音乐教育工作者成立了一所专门的师范学校。到20世纪早期为止,当时各州还是部分地实行义务教育法,在许多教育学院和大学里就出现了公共学校音乐系。到第一次世界大战结束时,这些系取代了教科书出版商的机构来对普通音乐教师进行培训,学校里最早的乐团和乐队指挥就是声乐教师、其他学科教师、专业演奏者和学生。然而,在20世纪20年代,以学院和大学为基础的音乐系开始转向培训器乐教师了(Humphreys,1989,1995)。

现代化时代

联邦政府在教育方面的直接行动开始于20世纪50年代晚期苏联发射太空人造卫星后。1962年肯尼迪总统执政时,联邦政府开始倡议艺术,包括艺术教育(见Gauthier,2003),虽然大部分责任和资金来源还由州政府提供,但是联邦政府的立法和司法裁决却有助于给具体教育方面带来变化。其中最重要的变化是,美国最高法院的判决取缔了种族隔离学校(1954),而且国会立法为有特殊需要的学生提供教育(1975)。其他诸如认证机构及主题组织(如音乐教育工作者的全国会议)的影响,在许多方面都对教育事业有帮助,而且各州之间继续相互影响。

现代化时代的音乐教育

目前所有50个州都在如火如荼地进行着教育改革。联邦政府号召"不让一个孩子掉队",据此各州政府按照不同的标准进行征税来筹集资金并且强调标准化考试的分数,而一般人认为这样并不利于学校音乐项目的发展。

所有50个州都强制16岁以下儿童入学,也都要求6年级以下至少要有一部分的音乐教育时间,但是平均一周不到1个小时,有些州对7—8年级也有要求。大多数中等学校都建有乐团,有时候是管弦乐团,合唱团比较居多,乐队总归会有的,有时候也有其他形式的团队,但是参加乐团基本上是不强制的。大约有25%的中等学校学生参加了选拔后的乐团,因此,普通音乐课是强制的,而乐团参与则不强制要求。

大多数公立学校的音乐教师如果有志于教授音乐,都必须持有大学本科文凭或者是州政府认可的证书。差不多84%的美国小学聘用可信任的音乐教师比例远超过历史上任何时候的比例;几乎所有的公立中学都聘用一个或多个乐团指挥;普通音乐丛书和较低程度的乐队方法书都从更加广泛的角度去涉及音乐,包括地理、民族以及文化根源。各中等学校和大学的乐团也以更大的阵容演奏更高质量的音乐,其中许多音乐都是由管理者写的,有时候甚至是由卓越的作曲家写的(Humphreys,1995;Wang and Humphreys,2009)。

调查表明,美国公众绝对地支持学校音乐教育,但是却一贯地把其重要性排到所有科目的最底层。这就意味着公众需要学校音乐,但并不是很强烈,很有些像亚里士多德著作中的格言:"所有的绅士都吹奏长笛,但是没有一个可以吹奏得好。"(见亚里士多德《政治学》第三卷,Mark,1982)。也有证据表明,学生们,特别是男生,在小学低年级阶段比在高年级阶段更喜欢普通音乐课。

结论

今天,绝大多数美国小学都开设普通音乐课;大多数中等学校组建选修课乐团,少数学校开设其他专业的中等音乐课程;许多中学既开设普通音乐课,也开设选修课乐团,有时候强制要求,有时候并不作要求。可以说,音乐课只在低年级是必修课,平均一周不到 1 小时,在高年级音乐并不是强制性的必修课,尽管在大多数州里,16 岁以下都必须上学接受教育。因此,义务教育阶段高年级的音乐课并不是必修课。

然而,关于义务教育和音乐教育的效果仍然有问题。比如说,有证据表明在 19 世纪时义务教育入学立法并没有促使入学率的提高,至少在法律被执行之前(Landes and Solmon,1972),更麻烦的是除了事实上的入学率之外还有义务教育后果的问题。早期的批评家担心在广泛义务教育下固有的私人性和个人主义被丢失(Gremin,1961),从 20 世纪 40 年代开始社会学家一直把学校看作现有社会阶级的元凶(Spring,1972)。事实上,对于政治社会化的研究已经表明,儿童在小学受到教育懂得了遵纪守法就等同于良好公民,也就是说,被动和顺从与活跃公民是相反的(Hess,1968;Spring,1974;Tyack,1966)。研究还表明,当地学校委员会有被上层社会把持的趋势,常常是为了符合现有掌权阶层的利益(Counts,1969;也见 Spring,1972)。

除了由人们被迫做违背他们意愿的事所造成的问题之外,大多数学校仍然使用着工业化时代的范式。因为整个民族从工业化到信息化时代的转换需要经历很长时间,这种过时的范式有可能和学生本身所获得的知识相矛盾。在音乐方面,有人可能认为,乐团模式本身就是来自于军队(乐队)、教堂(合唱团)和精英文化(管弦乐队)传统的保守范例(Britton,1958;Humphreys,1995,1999)。

第八章 美国：反思义务音乐教育发展与效率

除了相信学校对于整个民族读写能力的提高有贡献之外，几乎没有任何确凿的证据可以说明最近10年里美国学校义务教育的效果怎样，或者是整个社会的教育怎样。然而，对于除了读写以外其他知识的测试表明了每况愈下的结果，公立学校曾经被认为是社会贫富分配的平衡器，而后来却被评论家看作问题的一部分。一些人认为教育并不是关于儿童需求，相反却是关于社会认为需求的，也就是说当今的教育制度对一些儿童是有益的，但是"其长期效应对于大多数儿童的选择是有限制的"(Everhart,1977)。例如，斯莫尔(Small)认为大学本科的音乐专业课程就限制了学生的音乐选择。

现存证据并不能使得我们对于儿童或者一般大众在义务教育阶段开设音乐课前后所获得的音乐成就之间进行比较，我们不能确定有多少人学过音乐，或者他们对于音乐了解多少，或者他们在学校唱歌教材范围之外又是如何学习的(Britton,1966)。然而，就像许多孩子学会阅读和写作一样，有少数人在义务教育入学法通过之前就学会"计算"了，有些儿童和成年人并没有接受正规的学校教育就学会了歌唱和乐器演奏。从器乐教材、乐谱和致力于音乐主题杂志(Fellimger and Shepard,1986)的销售数量的增加来看，以及其他的一些指标，包括过多的歌唱学校、合唱社团、乐队、管弦乐团以及到处都有的客厅钢琴演奏和管风琴伴奏和其他音乐活动，我们可以得出结论，校外音乐学习在18世纪特别是在19世纪是无处不在的(Birge,1966；Humphreys,1995)。

在现代，对于普通音乐成就的三个来自全国范围的评估结果都是非常令人沮丧的(Persky,Sandene and Askew,1998)，所记录的相关因素包括：课堂时间太少、其他课教师教音乐、师资的不足等等。在这些令人沮丧的结果中还有一种没有被讨论到的可能因素是：义务教育本身（包括大多数普通音乐教育），由于它强调中低年级学生的收获，因此其成就的标准就只能是最低了(Humphreys,2006)。

乐团选修课是完全不同的一回事也许并不令人奇怪。从消极的一面来看，乐团只服务于少数学生，提供很有限的几种类型音乐，而且主要关注于演奏技巧，而没有创作、安排、指挥、聆听或其他音乐活动。此外，对于大多数参与者来说，学校音乐的经历似乎并不必然地延续到成人期(Humphreys,May and Nelson,1992)。从积极的一面来看，学校乐团可以为能力水平较高并且有积极性的学生提供一次真正具有挑战性的音乐体验(Humphreys,2006)，而且有充分的证据表明，学校乐团的演出质量自上个世纪诞生以来得到了显著的改善和提高。许多音乐方面的教师和学者都明显受益于学校乐团的参与(Humphreys,May and Nelson,1992)。

至于歌曲曲目，这是殖民时期的一些专职音乐教师试图改变美国公众的音乐品味而进行的"改革"(Britton,1958)。不幸的是，僵固的音乐教师教育学院还继续着这种实践，而事实证明他们在流行音乐和非西方音乐方面对教师的职前培训都是失败的(Humphreys,2002,2004;Wang and Humphreys,2009)。然而尽管存在着这些失败,个别的教师、专业组织以及整个音乐界在改善学校音乐曲目方面的持续努力还是取得了一定的成就。

美国公众已然对国家公立学校失去了信心,替代当前学校体系和教育的机构正在推行,如特许学校和家庭施教。然而,今天在地平线上还看不到真正要尝试停止义务教育和学校的任何迹象,相反,国家标准(实际上是课程指南)和各种形式的立法正在试图比以往任何时候都更加严格地"从上到下"接管教育事业(Humphreys,2002),本篇文章成稿时这一现象仍在继续。

公平地说,强制普通音乐教育也展现出其作为整体的强制义务教育的许多失败之处,包括期望和成就的最低标准、学生学习动机的缺乏等问题,在较高年级里这些问题变得更糟糕。通过比较,即使在强制义务教育里中等学校的音乐乐团也不是强制参与的。在完成其目的方面乐团似乎做得更加成功,因为至少部分是出于学生自愿的,具有非强制性。

参考文献:

Aristotle(1982), 'Politica, book VIII', in M. L. Mark(ed.), *Source Readings in Music Education History*. New York: Schirmer Books, pp. 9-17.

Binder, F. M. (1974), *The Age of the Common School, 1830—1865*. New York: John Wiley & Sons.

Birge, E. B. (1966), *History of Public School Music in the United Stated*. Reston, VA: Music Educators National Conference. [First published in 1928, revised in 1937.]

Britton, A. P. (1958), 'Music in early American public education: a historical critique', in N. B. Henry(ed.), *Basic Concepts in Music Education, Fifty-Seventh Yearbook of the National Society for the Study of Education*, Part I, Chicago: University of Chicago Press, pp. 195-207.

Britton, A. P. (1961), 'Music education: an American specialty', in P. H. Lang (ed.), *One Hundred Years of Music in America*. New York: Grosset & Dunlap, pp. 211-29.

Britton, A. P. (1966), 'The singing school movement in the United States', in *International Musicological Society, Report of the 8th Congress*, vol. I. Kassel: Bärenreiter pp. 89-99.

Bullock, H. A. (1967), *A History of Negro Education in the South: From 1619 to the Present*. Cambridge, MA: Harvard University Press.

Burgess, C. (1976), 'The goddess, the school book, and compulsion', *Harvard Educational Review*, 46, 199-216.

Butts, R. F. and Cremin, L. A (1953), *A History of Education in American Culture*. New York: Henry Holt & Co.

Constitution of the United States (adopted 17 September 1787), *Bill of Rights, Amendment 10-Powers of the States and People* (ratified 15 December 1791).

Cook, W. A. (1912), 'A brief survey of the development of compulsory education in the United States', *The Elementary School Teacher*, 12, 331-35.

Counts, G. S. (1969), *The Social Composition of Boards of Education*. New York: Arno Press. [Reprint from original, Chicago: University of Chicago Press, 1927.]

Cremin, L. A. (1961), *The Transformation of the School: Progressivism in American Education, 1876—1957*. New York: Alfred A. Knopf.

Cremin, L. A. (1970), *American Education: The Colonial Experience, 1607—1783*. New York: Harper & Row.

Cremin, L. A. (1980), *American Education: The National Experience, 1783—1876*. New York: Harper & Row.

Department of Education, National Center for Educational Statistics (2004), *Digest of Education Statistics*. Washington, DC: US Department of Education.

Dewey, J. (1916), *Democracy and Education*. New York: Macmillan.

Ensign, F. C. (1969 [1929]), *Compulsory School Attendance and Child Labor*. New York: Arno Press & The New York Times.

Evehart, R. B. (1977). 'From universalism to usurpation: an essay on the antecedents to compulsory school attendance legislation', *Review of Educational Research*, 47, 499-530.

Fellimger, I. and Shepard, J. (1986), 'Periodicals', in S. Sadie and H. W. Hitchcock (eds), *The New Grove Dictionary of American Music*. New York: Oxford Universiy Press, pp. 505-535.

Friedenberg, E. Z. (1965), *Coming of Age in America: Growth and Acquiescence*. New York: Random House.

Gauthier, D. R. (2003), 'The arts and the government: the Camelot years, 1959-1968', *Journal of Historical Research in Music Education*, 24, 143-63.

Greenbaum, W. (1974), 'America in search of a new ideal: an essay on the rise of pluralism', *Harvard Educational Review*, 44, 411-40.

Hadel, G. A. and Humphreys, J. T. (2005), 'The Phoenix Indian School Band, 1894-1930', *Journal of Historical Research in Music Education*, 27, 144-61.

Heller, G. N. and Humphreys, J. T. (1991), 'Music teacher education in America (1753-1840): a look at one of its three sources', *College Music Symposium*, 31, 49-58.

Hess, R. D. (1968), 'Political socialization in the schools', *Harvard Educational Review*, 38, 528-36.

Humphreys, J. T. (1988), 'Applications of science: the age of standardization and efficiency in music education', *Bulletin of Historical Research in Music Education*, 9, 1-21.

Humphreys, J. T. (1989). 'An overview of American public school bands and orchestras before World War II', *Bulletin of the Council for Research in Music Education*, 101, 50-60.

Humphreys, J. T. (1995), 'Instrumental music in American education: in service of many masters', *Journal of Band Research*. 30, 39-70.

Humphreys, J. T. (1999), 'On teaching pigs to sing', www. maydaygroup. org/php/resources/colloquia/VII-humphreys-reenergizing. php.

Humphreys, J. T. (2002), 'Some notions, stories, and tales about music and education in society: the coin's other side', *Journal of Historical Research in Music Education*, 23, 137-57.

Humphreys, J. T. (2004), 'Popular music in the American schools: what the past tells us about the present and the future', in C. X. Rodriguez (ed.), *Bridging the Gap: Popular Music and Music Education*, Reston, VA: MENC, The National Association for Music Education, pp. 91-105.

Humphreys, J. T. (2006), '2006 Senior Researcher Award Acceptance Address: "Observations about music education research in MENC's first and second centuries"', *Journal of Research in Music Education*, 54, 183-202.

Humphreys, J. T., May, W. V. and Nelson, D. J. (1992), 'Music ensembles', in R. Colwell (ed.), *Handbook of Music Teaching and Learning*, New York: Schirmer Books, pp. 651-68.

Jernegan, M. W. (1918), 'Compulsory education in the American colonies: I', *The Shool Review*, 26, 731-49.

Jernegan, M. W. (1919a), 'Compulsory education in the American colonies: I (continued)', *The Shool Review*, 27. 24-43.

Jernegan. M. W. (1919b), 'Compulsory education in the southern colonies', *The School Review*, 27, 405-425.

Jernegan. M. W. (1920), 'Compulsory education in the southern colonies: II', *The School Review*, 28, 127-42.

Jorgensen, E. R. (1997), In Search of Music Education. Urbana, IL: University of Illinois Press.

Katz, M. B. (1971), *Class, Bureaucracy, and Schools*. New York: Praeger.

Kotin, L. and Aikman, W. F. (1980), *Legal Foundations of Compulsory School Attendance*. Port Washington, NY, and London: National University Publications, Kennikat Press.

Landes, W. M. and Solmon, L. C. (1972), 'Compulsory schooling legislation: an economic analysis of the law and social change in the nineteenth century', *Journal of Economic History*, 32, 54-91.

Melton, J. V. H. (1988), *Absolutism and the Eighteenth-Century Origins of Compulsory Schooling in Prussia and Austria*. Cambridge: Cambridge University Press.

Miller, D. M. (1989), 'The beginnings of music in the Boston Public Schools: decisions of the Boston School Committee in 1837 and 1845 in light of religious and moral concerns of the time' (unpublished PhD dissertation, University of North Texas).

National Assessment of Educational Progress (1974), *The First Music Assessment: An Overview*. Denver, CO: Educational Commision of the States.

National Assessment of Educational Progress (1981), *Music 1971-79: Results from the Second National Music Assessment*. Denver. CO: Educational Commission of the States.

Persky, H., Sandene, B. and Askew, J. (1998), *The NAEP 1997 Arts Report Card* (NCES 1999-486). Washington, DC: US Department of Education.

Richardson, J. G. (1980), 'Variation in date of enactment of compulsory school attendance laws: an empirical inquiry', *Sociology of Education*, 53, 153-63.

Rothbard, M. N. (1974), 'Historical origins', in B. A. Rogge (ed.) *The Twelve-Year Sentence*. LaSalle, IL: Open Court Publishing Company, pp. 11-32.

Small, C. (1977). *Music, Society, Education: An Examination of the Function of Music in Western, Eastern and African Cultures with its Impact on Society and its Use in Education*. New York: Schirmer.

Spring, J. H. (1972). *Education and the Rise of the Corporate State*. Boston, MA: Beacon Press.

Spring, J. H (1974), 'Sociological and political ruminations', in J. F. Rickenbacker (ed.), *The Twelve-Year Sentence*. LaSalle, IL: Open Court Publishing Company, pp. 139-59.

Tyack, D. (1966), 'Forming the national character: paradox in the educational thought of the revolutionary generation', *Harvard Educational Review*, 36, 29-41.

Wang, J. C. and Humphreys, J. T. (2009), 'Multicutural and popular music content in an American music teacher education program', *International Journal of Music Education: Research*, 27, 19-36.

第九章 阿根廷：从"唱歌"到"艺术教育中的音乐"

安娜·露西亚·弗朗格
(Ana Lucia Frega)

从殖民时代起，拉丁美洲的音乐教育就主要和罗马天主教堂联系紧密，因此，音乐起着重要的宗教教化作用，传教士、耶稣教会与方济会的诸多牧师，还有独立的音乐教育工作者，都把音乐当作一种施加宗教文化观念的工具（de Couve, Dal Pino and Frega, 1977, 2004; de Couve and Dal Pino, 1999）。

19世纪，从北方的墨西哥一直到中美洲、南美洲的西班牙各殖民地，纷纷掀起了国家独立的政治革命。1810年阿根廷开始革命，1853年和1860年颁布了一系列的国家宪法，建立了代议制的、共和的联邦政府体制。尽管那时的人们也认为教育很重要，但是截至1869年，只有20.2%的孩子上学，77.7%的人口都是文盲。

音乐同革命进程与时俱进。1810年5月25日第一届爱国政府执政之后不久，就创作了若干首歌曲以增进民众爱国热情，尽管还没有把音乐规划进学校课程中，但学生在公众庆祝仪式上已经开始演唱这些革命歌曲了，例如：

由洛佩兹（López）写的爱国歌曲《国歌》（Parera）于1831年5月25日首次在五月金字塔附近的维多利亚广场被唐·茹菲诺·桑切斯（Don Rufino Sanchez）学校的孩子庄严演唱（Gesualdo, 1961）。

1822年，安东尼奥·皮卡萨瑞（Antonio Picassarri, 1769—1843）和胡安·佩德罗·艾斯诺拉（Juan Pedro Esnaola, 1808—1878）在布宜诺斯艾利斯成立了第一所音乐教育学院，当地政府给他们提供了一栋教学楼以支持这所私立学校。

19 世纪，知识分子就提倡音乐教育，并且指出其重要性。例如，1832 年，集律师、政治家和作曲家为一身的胡安·包蒂斯塔·阿尔伯迪（Juan Bautista Alberdi，1810—1884）出版了《如何轻松学钢琴》(*Ensayo de un metodo nuevo para aprender a tocar el piano con major facilidad*)和《触人心弦的音乐之魂》(*Espirilu de la música a la capacidad de todo el mund*)，两者都倡导音乐知识的重要性。身为教师、政治家、记者、作家和阿根廷总统的多明戈·沙缅托（Domingo F. Sarmiento，1811—1888）断言：

　　学校的音乐教育可以培养学生遵守纪律。没有音乐，比如在队列行进中不唱歌，就会步调不一致。因此，在早期教孩子如何听、记、辨和唱得准的确是非常重要的。为了达到这些目标，每节音乐课前所有学生都必须进行下列练习：音节；用手击打节拍；发声；颤音；学唱和队列行进有关的歌曲（Sarmiento，1848，转引自 Sarmiento，1938）。

　　大约在这个时期，有不少学校都在进行音乐教学。例如，1839 年在圣·胡安市（San Juan）就开办了圣罗斯学院（the Colegio de Pensionadas de Santa Rosa），其教学计划规定：每天都要根据金文泰（Muzio Clementi）和阿尔韦迪（Man Bautista Alberdi）设计的方法学习乐谱、弹奏钢琴。博纳仁斯学院（The Colegio Filantrópico Bonaerense）于 1843 年成立，其培养的学生在 1848 年举办了一场音乐会，演奏了由卡鲁里（Carulli）、贝里尼（Bellini）和罗西尼（Rossini）为钢琴、小提琴和笛子改编的曲子。布宜诺斯艾利斯的门特塞拉尔女子学院（The Colegio de Niñas de Montserral）以及盐湖城独立学院（the Colegio de la Independencia）的学生分别于 1848 年和 1849 年进行了类似的表演（Gesualdo，1961）。

义务教育

　　尽管阿根廷也曾试图建立一个联邦制的国家，但实际上确立的却是中央集权制，政治家们借用欧洲和北美的模式巩固这个国家并使之现代化，政府一直吸收鼓励欧洲移民去广袤的农田工作，但是他们中的许多人都决定居住在城市。从 1870 年到 1915 年不到 50 年的时间里，来自各种语言和文化背景的移民使得阿根廷的人口增加了 5 倍。

在此背景下，"首届国家教育委员会"于 1882 年成立，其中有 250 名代表，包括当时最著名的政界和文化界名流，他们就"鼓励公众教育"的观点和原则展开了辩论，但是宗教倾向引发了政治冲突，有些委员想要在公立学校进行天主教教育，另一些委员则坚持学校教育应该非宗教化。

在教育委员会的努力下，1884 年国家通过立法确定给 6—14 岁的所有儿童提供义务的、免费的和分级的小学教育（Ley No. 1420，www.bnm.me.gov.ar/gigal/normas/5421.pdf）。唱歌被确认为必修课："公立学校的日课程要随着课间休息、体育锻炼和歌唱活动而调整变化"，相对而言，宗教教育只能在"课前或课后"进行。法律明确规定，教师资格证书要由国家或省级师范学校颁发，如果外籍教师想在公立小学任教，必须重新认定资格，而且要可以用西班牙语授课。1870 年，在美国教育家乔治·A. 斯特恩思（George A. Stearns）的指导下，恩特·里奥斯省（Entre Rios）的巴拉那河市成立了第一所师范学校，在校培训时间大概要持续四年，课程里包括"唱歌"或"音乐"。

音乐进入义务教育，1884—1920s

声乐及其曲目

尽管官方的教学大纲和培训规划对小学阶段的音乐教学并没有具体的目标，但是从其他文献资料上看，音乐被认为是提高整个民族形象的一种方法：

学校唱歌有助于激发爱国情感，尤其是唱那些被阿根廷军队和人民为自由而战时所唱过的、可以唤醒回忆的爱国歌曲（Consejo Nacional de Educación, 1913）。

但是这种意图在实际中也并不总是可以实现的。

音乐虽然对情感教育十分重要，但是在小学教育中也会被忽视。有些学校教唱歌剧片段；另外一些学校则教唱粗劣翻译的外国歌曲；还有一些学校竟然教唱一些毫无价值的歌曲，因为这些歌曲，是由教师根据自己的标准所选取的。我亲自检查过，有很多这样的教师连国歌都不知道（CNE, 1913）。

除了增进爱国主义，音乐教育受到高度重视的原因还有：它也对儿童的发展产生有益的影响并使西班牙语成为民族语言。当时一位著名教育者何塞·玛丽亚·托雷斯（José María Torres）指出：

学校的歌声能使孩子们的生活丰富多彩，充满生机，同时对儿童肺部和胸部的发育产生有益的影响。如果声音圆润、清晰和悠长,发声共鸣就可以趋于完美,就可以为后期发音器官发出外国语言的曲折变化之音打好基础,就可以形成自如延长气息的习惯,就可以促进演讲技巧的提高和改正发音上的缺陷。所有孩子都可以培养具有音乐细胞的、分辨和模仿音符的能力。如果声乐能作为学校义务教育的一门学科,它就能够随着时间的推移,让地方音趋于悦耳,有助于整个民族语音语调的和谐统一,而且使我们的语言更加动听(Torres,1887)。

就声乐曲目而言,国歌是最基本的保留曲,1813年已经由"全国大会"通过,但是,在19世纪末又有了争议,由于布拉斯·帕瑞拉(Blass Parera,1778—1838)写的原始手稿遗失,所以就有了好几种说法,但是,正如何塞·安德烈(José André)在1927年指出的:

不可能举行联合公开表演了,因为国家教育委员会管辖的学校和司法公共部管辖的师范学校观点互不相同(La Nación,26 June 1927,in Mondolo 2005)。

尽管存在着这些问题,但是歌唱国歌的做法在所有学校都是强制性的,特别是在爱国庆典仪式上,"首都的所有学校5月25日(第一届爱国政府执政周年纪念日)上午九点在每个辖区的广场或街道都应该歌唱国歌"(CNE,1913),而且规定,"校长应该围绕'五月周'有关的各种话题给孩子们演讲,比如……国歌的起源和编写:词作者和曲作者"(CNE,1913)。

而且,在1909年,国家教育委员会明确规定,要想通过小学三年级,学生就应该牢记国歌(Circular N 31 in Mondolo,2005)。直到1994年,由胡安·佩德罗·艾斯诺拉(Juan Pedro Esnaola,1808—1878)写的曲子(最初发表于1860年)作为阿根廷国歌的官方版本才获得通过。

国家教育委员会核准了许多教科书和乐谱,并把它们列入教学大纲,同时还在定期的政府报告《普通教育督察》(El Monitor de la Education Comun)上发表相应的目录,邀请一些音乐家为校园歌曲谱曲,并且特别注意儿童的嗓音特点,歌词都是以道德教育、民族特色或者富有诗意为准则。例如:

公立学校的一个值得信任的音乐教授奥瑞斯忒斯·帕尼扎先生(Mr Orestes Panizza)给我们寄来了一本书,书中就有几首校园歌曲:《夜曲》(A la noche)《天鹅曲》(El canto del Cishe)和《华尔兹》(Vals)(CNE,El Monitor de la Educación Común,1891/1892)。

一位叫曼努埃拉·桑切斯·科尔内霍(Manuela Cornejo de Sánchez,1854—1902)的女撰稿人,给阿根廷独立日的参考曲目《七月的太阳》(El sol de Julio')谱曲并于1900年在阿根廷北部的萨尔塔市第一师范学校教授该歌曲(Frega,1944)。其他作曲家,像加布里埃尔·戴兹(Gabriel Diez)也对由多尼采蒂(Donizetti)、亨德尔(Handel)、海顿(Haydyn)、威尔第(Verdi)和韦伯(Weber)这样的作曲家写的钢琴作品进行了改编。

总的来说,这些学校的音乐举措都取得了令人满意的结果,正如官方报告中所说:"在所有学校中,学生能用一个声部或更多的声部唱歌,……这是高质量教学的证据,也是学生参与公众表演的结果。"(CNE,1938)

就学校的音乐伴奏来说,国家教育委员会在1893年对于"钢琴和脚踏式风琴哪个更好些"还是有争议的。音乐教育工作者和作曲家都在探索,包括阿尔贝托·威廉姆(Alberto Williams,1862—1952)和朱莉安·阿盖蕊(Julián Aguirre,1868—1924),他们说:

脚踏式风琴在初级音乐教学中比钢琴的优势多,比如音的延长,音调准确而又持久,节省场地与费用,而且欧洲比较发达国家也采纳它,所以我们毫不犹豫地用脚踏式风琴替换了普通学校的钢琴。我们必须说明的是,使用脚踏式风琴即使指法不娴熟,演奏也会更容易更准确(CNE,El Monitor de la Educacion Común,1893)。

虽然音乐早先不是成人学校及乡村学校的必修课,但从1905年到1911年,它被纳入课程计划,并且提供了一系列有趣的歌唱活动和曲目。

学生们每天学唱一些适合听唱的歌曲,以便不影响到其他科目的学习,唱国歌是必需的。《国歌》《致敬国旗》《祖国万岁》《古老的阿根廷》《国家之歌》《树的圣歌》《劳动圣歌》等等,以及所有国家教育委员会规定的其他歌曲,都是强制性的(Consejo Nacional de Educación,1938)。

最后,有一点需要强调的就是:在义务教育阶段音乐教育开始的几十年间,没有发现以阿根廷民间音乐和课堂上吉他的使用为基础的校园曲目的任何证据。

教材和教学方法

19与20世纪之交这段时期,音乐课程在强调唱歌的重要性时也包括乐理,指定的教材紧随意大利和法国音乐学院的传统,使用的是"固定唱名法"。国家教育委员会于1889年批准的如下课文对这种方法给出一些指示:音名(Abecedario musical,J. G. Panizza),传授音乐(Tralado de música,Saturnino Berón),视唱练习(Metodo de solfeo,Hilarión Eslava),简单方法(Metodo de solfa,J. G. Guido),乐理(Carteles y metodo de solfeo,Gabriel Diez,CNE,El Monitor de la Educación Común Año XI N 151 1888/89:522)

由约翰·格拉齐奥索·帕尼扎(Juan Grazioso Panizza,1851—1898)所著的《视唱新理论与实践方法》(*The Nuevo Método Teórico Practico de Lectura Musical y de Solfeo*,1877)不仅被国家教育委员会所批准,而且受到米兰大教堂的推崇,还被用于米兰大教堂的唱诗班和布宜诺斯艾利斯市的师范学校和普通学校。在序言中,作者指出:

在理论和实践方面有关"音乐划分"的论文很缺乏,"唱名法"在本省师范学校和普通学校班级课堂里很容易也很适合被采用,正是这两个因素促使我出版这本教学法(Panizza,1877)。

他的著作以埃斯拉瓦(Hilarion Eslava)①、法提斯(Fetis)②和潘塞隆(Panseron)③的理论为基础,书中他指出:

在这本书中,我试图把科学置于幼儿的智力所能达到的范围之内,简化学习过程并尽可能地让学生愉悦于其中,同时根据理论与应用,诱导学生从最基础的音乐理论循序渐进,尽可能地使之清楚而简要(Panizza,1877)。

其内容包括五线谱、调性、等音、音阶、大调、小调、协和音程、增音程和减音程及其转换。帕尼扎坚定地认为"阶名唱法"应该包括音乐艺术所有分支的基础部分(Panizza,1877)。

在其后由帕尼扎写的《视唱法》(*Método de Lectura Musical y Solfeo*,1885)一书中,他建议合唱时应该运用音量变化(轻柔、音量渐进和强音),用钢琴伴奏或用八度音程,以免儿童听觉疲劳。"阶名唱法"每天应练习15分钟到20分钟,其余时间应该用在练唱歌曲上,他主张三年级就应该开始音乐理论的学习:

每个学生有一个写着五线谱的石板,老师首先在黑板上写出孩子们必须写的内容,音乐朗读从读黑板开始,然后抄到石板上,直到孩子们可以轻松自信地朗读音符的名称。孩子们应该背下各项规则(Panizza,1877)。

巴拉那河师范学校的法尔内塞(Josefina B. De Farnesi)教授著写了音乐理论《专为无伴奏教唱歌曲的学校使用》(*The Gramática Musical arreglada especialmente para el uso de los colegios donde se enseña canto sin previo estudio de un instrument*,1882)一书,她提倡多注意练耳:

我的书里没有那些无用的细节和其他书所讲的阶名唱法。依我看来,教乐理最快的方式是让学生能写出、分析和阅读组合在一起的各种音符,并且能听辨出音乐作品片段。这种方法有一个好处:无论有多少学生都可以同时进行任务型训练(Farnesi,1882)。

这本书没有包括唱歌的任何练习或者旋律。

最不寻常的教学方法是由帕勃罗·蒙切卡(Pablo Menchaca,1855—1924)提出的,他是一个专业速记者,他创编了一个使得音乐读写都便利的音符系统。这个系

---

① 埃斯拉瓦(Miguel Hilarion Eslava Y Elizondo,1807—1878)是一位西班牙牧师、音乐家和作曲家,他写了《唱名法》(*Metodo de solfeo*)一书(1846)。

② 法提斯(Francois Joseph Fetis,1784—1871)是一位比利时音乐家、作曲家、评论家和老师,他写了《音乐家传记》(*Biographie universelle des musiciens*)一书(1966)。

③ 潘塞隆(Auguste Matheu Panseron,1796—1859)是一位法国作曲家和声乐老师,他写了《完整的发声方法》(Methode complete de vocalisation,1855)和《视唱表演入门》(*Abc musical on solfege*),未注明出版日期。

统包括半音音阶和音乐字母表,其中每个音都被称为音节,la,se,si,do,du,re,ro,mi,fa,fe,sol,nu。一个花瓣状的符号通过其角度和方位在单一五线谱上的变化来代表不同的音符,另外还有许多别的符号。

蒙切卡在全世界范围内改进了他的音符系统。他于1889年在巴黎的索邦神学院就其音符系统进行了一次讲座,受到普遍的欢迎和接受,随后又传播到了比利时、英国、德国、意大利和美国。1903年,在取得本地教育部门批准的情况下,他在拉普拉塔市男子一中进行了一个试点项目,运用他的音符系统进行教学,一年后,通过《新音乐符号系统》(*Nuevo sisitema leórico gráfico de la Music*),他发表了自己的建议(Menchaca,1912)。1907年,他的音符系统在布宜诺斯艾利斯和拉普拉塔两个城市都投入使用。从1911年到1913年间,他继续推广他的音符体系,希望能够把它运用到大众教育中去,他预想他的音符系统可以被全国5000个学生所掌握,然而音乐督察员罗森·巴维奥(Rosendo Bavío)拒绝了他的请求,理由是:那个符号系统不是一个可以普遍接受的编码系统(Fernandez Calvo,2001a,2001b)。

教师培训

在音乐被引进义务教育学校的早些年间,大家希望普通教师来带这门课,因为学校没有专业教师,师范学校毕业的教师按照要求需要教授至少两门音乐教育的课程。下面是教学大纲的组成内容:

一年级:(1)音乐、声音、音乐的特征。(2)五线谱、音符、高音谱号、增时线。(3)音符,音符时值、休止符及其时值。(4)C大调(自然大调)或4/4拍、小节线。(5)附点和复附点音符。(6)偶数拍/奇数拍、单拍子/复合拍子。(7)连音线和切分音。(8)三连音和六连音。(9)临时符号:升、降、还原、重升、重降。(10)全音阶及半音阶。(11)低音谱号及音符位置。(12)常见符号及标记。(13)全音阶及半音阶。(14)大调音阶,主要调号。(15)降调大音阶,主要调号。(16)大调与小调的不同,及如何识别大小调。(17)带升号的大调音阶及相关小调音阶。(18)带降号的大调音阶和相关小调音阶。(19)高音谱号和低音谱号的读和区分。

二年级:(1)常规符号,装饰音。(2)自然大调和自然小调音阶。(3)音程。(4)调式,大调式及其相关的小调式。(5)音乐的节拍(CNE, El Monitor de la Educación Común,1883)

学校督察员在发现不均等的音乐成绩后,逐渐促使专业音乐教育者的增多:"起初小学教师带领孩子们进行唱歌练习,但不久之后教育主管部门就吸收了专业音乐教师来教,带来了教学的强化和标准化。"(CNE,1938)

19世纪七八十年代,音乐教育工作者通常是在国外学习或者师从为数不多的当地教授,抑或是在成立不久的音乐机构里参加培训。这些音乐机构包括建立于1874

年,由艾斯诺拉(Juan Pedro Esnaola)负责的布宜诺斯艾利斯大学的音乐学院和1880年由胡安·古铁雷斯(Juan Gutierrez,1840—1906)开办的音乐学院。

阿尔伯特·威廉姆斯(Alberto Williams,1862—1952),这个曾获得巴黎音乐学院助学金的音乐人,于1893年建立了布宜诺斯艾利斯音乐学院,在那里有最杰出的音乐家教授阶名唱法、钢琴、小提琴、大提琴、长笛和声乐。到20世纪初,这个学院几乎已有50名教授和1000多名学生。一心想传播音乐教育的威廉姆斯在全国建立了分校(Roldan,1999),这些私立的事业机构获得了国家补贴,其资格受到官方认可,不过当州政府开办公立音乐学院时,他们的这些特权就没有了。

1919年,布宜诺斯艾利斯市政厅乐队指挥卡尔瓦尼(Galvani)促成了几所市政音乐学校的建立,到1927年被整合为一个机构——法雅音乐学院(the Conservatorio Municipal de Música Manuel de Falla)。国家公共教育部在1924年成立的国立音乐学院(the Conservatorio National de Música)是和其平行发展的另一个音乐教育机构,它是以巴黎音乐学院为模式建立起来的。两所音乐学院在几种器乐和声乐方面都有授予学位的权利,并且都是布宜诺斯艾利斯市学校音乐教育工作者培训的沃土。同年,拉帕·拉塔(La Palata)、科尔多瓦(Cordoba)、图库曼(Tucuman)、门多萨(Mendoza)、圣·胡安(San Juan)和圣塔·菲(Santa Fe)各市都创立了音乐学院。尽管音乐学院得到了如此规模的发展,小学教育阶段还是没有足够的专业音乐教育工作者,一般都是非专业毕业生或业余音乐人从事教学。

结论

整个20世纪,义务教育阶段的音乐教育既跟随国际音乐教育发展的趋势,也受到本土教学法的影响。20世纪40年代,达尔克罗兹(Emile Jaques-Dalcroze)的观点获得了音乐督导阿多斯·帕尔马(Athos Palma)的赞同。50年代,吉列尔莫·格瑞泽尔(Guillermo Graezer)极力推广卡尔·奥尔夫的方法。60年代,埃德加·威廉姆斯(Edgar Williams)在阿根廷进行讲座,然后莫里斯·诺琴(Maurice Martenot)的方法也被翻译成西班牙语。在接下来的几十年间,由约翰·潘特(John Paynter)、穆雷·谢福尔(R. Murray Schafer)、布莱恩·丹尼斯(Brian Dennis)和范科伊斯·德拉兰德(Fancois Delalande)写的书先后在阿根廷出版,由于他们的教育理念得到了认可并且培养了几代音乐教师,一些本土的音乐教育工作者,如苏珊娜·埃斯皮诺萨(Susana Espinosa)、安娜·露西亚·弗朗格(Ana Lucia Frega)、玛丽亚·伊内斯·费雷罗(Maria Ines Ferrero)、西尔维娅·富尔诺(Silvia Furno)、维奥莱塔·黑穆斯·加因杂(Violeta Hemsy de Gainza),西尔维娅·马尔布兰(Silvia Malbran)和胡安·何塞·瓦莱罗(Juan Jose Valero)逐渐变得很有名望。这些变化导致了课堂上音乐活动的增加,比如演奏乐器(主要是竖笛,吉他和奥尔夫乐器)和即兴表演。

公立的和私立的音乐院校为准备进入传统表演的学生开设了一些特色课程,并且各院校还增设了作曲、合唱指挥、管弦乐指挥、民乐、早期音乐、流行音乐和电声学等科目。

随着时代发展的趋势,1972年音乐课变成了音乐教育课。1993年,一项新法令建立了从幼儿园到15岁的10年义务教育制度,并且强化了管理上和方法上的权力下放。1995年,联邦文化教育委员会批准了一个公共课程——艺术教育课,各省和布宜诺斯艾利斯市在设计自己的课程时,都必须把此公共课程考虑在内。尽管艺术教育仍然存在于义务教育学习阶段,但音乐不再是必修课,而是作为各省市艺术教育的一门备选课程,虽然许多省都保留着小学音乐教育,但有些省的确不是在各年级的基础教育中都开设音乐课。

2006年的又一项新法令规定在13年的义务教育中,"每个学生都应该有机会在至少两门艺术科目中发展其鉴赏力和创造力",以及音乐教师的培训应当在高等院校中得到支持。现今的教育部和联邦委员会都批准了这个新的基本课程,而且要求每个省市教育部门都必须修改各自课程方面的法律条文。

由此,阿根廷学校音乐教育的历史归纳如表9.1所示。

很明显,阿根廷音乐教育史已经形成了与众不同的特征,有罗马天主教的影响,还有19世纪政治革命以及音乐院校网状发展的影响。只有承认这种影响,我们才能充分理解这些错综复杂的现象,才能理解阿根廷的音乐教育工作者在为今天大多数儿童所受到的音乐教育而作出的贡献和取得的成就。

表9.1 阿根廷学校音乐教育的历史

时间	学科描述	国家文献来源
1884	唱歌(也译为"声乐")	国家普通教育法案第1420号
1887	唱歌与音乐	国家教育会议:小学课程教学大纲
1903	音乐	国民外交部指令:师范学校课程教学大纲
1972	音乐教育	国家文化教育部:1—7年级的课程教学大纲
1995	艺术教育:音乐	文化与教育的联盟会议:普通课程的基本内容
2006	艺术教育:音乐	国家教育法案第26.206号

参考文献:

Alberdi, J. B. (1832), *El espíritu de la música a la capacidad de todo el mundo.* Buenos Aires.

Alberdi, J. B. (1832), *Ensayo sobre un método nuevo para aprender a tocar el piano con la mayor facilidad*. Buenos Aires.

Consejo Nacional de Educación (1883), *El Monitor de la Educación Común*, 2, 21-40.

Consejo Nacional de Educación (1888-1889), *El Monitor de la Educación Común*, 9,141-160.

Consejo Nacional de Educación (1891-1892), *El Monitor de la Educación Común*, 12,201-220.

Consejo Nacional de Educación (1893-1894), *El Monitor de la Educación Común*, 13,221-240.

Consejo Nacional de Educación (1913), *La Educación Común en la República Argentina. Años 1909-1910, presidencia del doctor don José María Ramos*. Buenos Aries: Penitenciaría Nacional.

Consejo Nacional de Educación (1938), *Cincuentenario de la Ley 1420. Tomo II. Memoria sobre el desarrollo de las escuelas primarias desde 1884 a 1934*. Buenos Aires: Consejo Nacional de Educación.

de Couve,A., and Dal Pino,C. (1999), 'Historical panorama of music education in Latin America: music training institutions', *International Journal of Music Education*, 34,30-46.

de Couve,A.,Dal Pion,C. and Frega,A. L. (1997), 'An approach to the history of music education in Latin America', *Bulletin of Historical Research in Music Education*, XIX, (1), 10-39.

de Couve,A.,Dal Pino,C. and Frega,A. L. (2004), 'An approach to the history of music education in Latin America. Part2: Music education from the sixteenth to eighteenth centuries', *Journal of Historical Research in Music Education*,XXV, (2),79-95.

Eslava y Elizondo,M. G. (1846), *Método de Solfeo* (Method of Sol-fa). Madrid.

Farnesi,J. B. de (1882), *Gramática Musical arreglada especialmente para el uso de los colegios donde se enseña canto sin previo estudio de un instrumento*. Buenos Aires: Imprenta Porvenir.

Fernández Calvo,D. (2001a), 'Reformas a la notación tradicional. Una propuesta argentina: Ángel Menchaca', *Boletín de Investigación Educativo Músical*, 8, (24), 23-8.

Fernández Calvo, D. (2001b), 'Una reforma de la notación musical en la Argentina: Ángel Menchaca y su entorno', *Revista del Instituto de Investigación Musicológica '*

Carlos Vega¹, XVII, (17), 61-130.

Fétis, F. J. (1866), *Biographie universelle des musiciens* (12th edn). Paris: Librairie de Fermin Didot Frères, Fils et Cie.

Frega, A. L. (1994), *Mujeres de la Música*. Buenos Aires: Planeta.

Gesualdo, V. (1961), *Historia de la Música en la Argentina. III. La Época de Rosas*. 1830-1851. Buenos Aires: Libros de Hispanoamérica.

Ley de Educación Nacional N°. 26. 206 (Law of National Education No. 26. 206) (2006) Buenos Aires: Ministerio de Cultura y Educación.

Ley Federal de Educación N°. 24. 195 (Federal Law of Education No. 24. 195) (1993) Buenos Aires: Ministerio de Cultura y Educación.

Ley N° 1420 de Educación Común (Law of Common Education No. 1420) (1884), www. bnm. me. gov. ar/ gigal/normas/ 5421. pdf.

Menchaca, A. (1912), 'New music notational system', in *Report of the Fourth Congress of the International Musical Society*. London: Novello, pp. 267-78.

Mondolo, A. M. (2005), 'Siglo XX: Leyes, decretos, resoluciones y fallos judiciales', in C. Vega, *El Himno Nacional Argentino*. Buenos Aires: EDUCA, Apéndice Quinto, pp. 1-19.

Panizza, J. G. (1877), *Nuevo Método Teórico Práctico de Lectura Musical y de Solfeo*. Buenos Aires: Hartmann.

Panizza, J. G. (1885), *Método de Lectura Musical y Solfeo*. Manuscript.

Panseron, A. M. (1855), *Méthode complète de vocalisation* (Complete vocalization method). Paris: Brandus, Dufour et Cie.

Panseron, A. M. (n. d.), *Abc Musical ou Solfège* (Sol-fa musical rudiments). Paris.

Roldán, W. A. (1999), *Diccionario de Música y Músicos*. Buenos Aires: El Ateneo.

Sarmiento, D. F. (1938), *Ideas Pedagógicas*. Buenos Aires: Consejo Nacional de Educación.

Torres, J. M. (1887), *Primeros Elementos de Educación*. Buenos Aires: Imprenta de M. Biedma.

第十章 古巴：音乐教育与革命

丽莎·罗仁兹诺

(Lisa M. Lorenzino)

为了独立与最终获得民族自治，古巴进行了长达几个世纪的与外国统治、种族迫害的历史斗争，在此期间，古巴公立学校音乐教育的开展和人民为了义务教育进行的斗争相伴发生。

1959年1月1日，菲德尔·卡斯特罗（Fidel Castro）进行了革命，由此古巴赢得了独立，并建立了全国范围的教育体系，在参照原先西班牙与美国制度的基础上，古巴自力更生、因地制宜地发展了一套独特、高效的教育制度（Breidlid, 2007；Carnoy, 2007；Johnston, 1995）。如今的古巴被公认为是具有了一套拉丁美洲最成功的教育体系，这给整个国家带来一种民族自豪感，其最著名的就是古巴政府为从学龄前到7年级的所有儿童提供免费的、优质的、以儿童为中心的音乐教育。更加令人印象深刻的是：古巴还施行了一整套专业的音乐教育方法，为全国所有8岁到18岁的学生提供免费的专业音乐培训。

古巴音乐教育的历史开端

古巴非正式音乐教育很可能发生在哥伦布抵达美洲之前的泰诺部落与西邦尼部落存在的时期,而大多数人都认为,古巴第一位正统的音乐教育家是一位伊比利亚人,名叫奥尔蒂斯(Ortiz)(Alvarez,1982)。就在1492年西班牙人抵达古巴后不久,奥尔蒂斯在特尼达拉岛的古巴城开办了一个舞蹈学校,在那里他开始教当地居民一些旋律去伴奏他们的舞蹈,伴随着西班牙人的行动,欧式传统也开始流行,培训高水平的音乐家开始成为古巴音乐教育的一部分(Alvarez,1982)。

在接下来的时间里,我们从古巴公众教育的发展中可以看到,罗马天主教堂是古巴音乐教育的第一个组织机构。1544年,圣地亚哥大教堂(1514年建立)的第一位风琴演奏家格尔·委拉斯凯兹(Miguel Velazquez)开始教孩子们唱教堂歌曲(Alvarez,1982);1612年,当风琴被矗立在哈瓦那大教堂时,这个首都城市就成为古巴的经济、宗教和音乐中心。在整个17世纪中,古巴音乐生活都集中发生在这两个地方,每年都会有经过培训的职业音乐家从欧洲大陆来到这里,这无疑加强了当地的音乐技能水平。

埃斯特班·萨拉斯(Esteban Salas,1725—1803)被称为是这个国家第一个本土的西欧艺术音乐作曲家,开创了古巴当地音乐教育家培训体系的先河。在18世纪后期,萨拉斯把圣地亚哥大教堂发展成为一个高质量音乐教学的中心,拓展的课程包括弦乐器、声乐、吹奏乐器和管弦乐(Carpentier,2001)。除了萨拉斯的努力之外,哈瓦那也一直占据着古巴文化中心的统治地位,这个地位一直保持到今天(Alvarez,1982)。

在19世纪初期,古巴的音乐教育从教堂开始扩展到私人商业领域,哈瓦那的小提琴家布斯凯(Bousquet)被认为是最早拥有私人工作室的教师之一。不久之后,圣地亚哥的朱安·帕瑞斯(Juan,Pares)开始在其家中授课(Alvarez,1982)。海特的奴隶反叛使许多法国人进入了古巴,从而将私人钢琴教学带入了古巴(Vega,2002)。

在整个19世纪,无论是在家中还是一些机构里,工作室教学都得到了扩展。1814年,圣地亚哥成立了古巴第一所私立音乐专科学校,跟所有公立学校一样,这个音乐学校的学生主要是伊比利亚人。不同于公立学校对西班牙出生的男性有很严格的限制,它主要的课程重点在教女性唱歌、弹奏钢琴与拉小提琴(Alvarez,1982)。两年后(1816),一所类似的机构——圣·塞西莉亚专科学校在哈瓦那成立了,由于这所学校的教职员工都是在西班牙出生的,它同样对于伊比利亚人有严格的限制。

随着西班牙和古巴音乐家在卡马圭、圣克拉拉、雷梅迪奥斯、西恩福戈斯和其他一些市区开办越来越多的公立或者私立的音乐工作室和学校,音乐教育机构的扩张都极大地繁荣了整个19世纪的古巴音乐教育。仅仅是一个多世纪以后，古巴就成了古巴人引以为豪的拥有音乐学校数量最多的拉丁美洲国家（Gamatages，1982）。到了1929年，仅一个哈瓦那就拥有35所音乐机构和超过160家小的音乐学校，同年的统计调查显示，当时古巴有1850名来自不同国家的音乐教师，他们大多数教授小提琴、钢琴和唱歌（Calero Martin，1929）。

种族主义与古巴早期音乐教育

最早的非洲人于1515年到达古巴，他们的到来开启了从根本上变革古巴民族组成的进程（Delgado，2001）。到了1811年，有320,000多名黑奴被运送到古巴，这个数字占古巴总人数的54%（Moore，1995）。由于公立学校和音乐学校对伊比利亚人有严格的限制，这些被运送的非洲人不得不依赖其资源去学习音乐。具有讽刺意味的是，他们也只能通过专门控制和禁止他们行动的组织来获得学习音乐的机会。

早在1598年的哈瓦那，黑奴主就开始推广建立一些类似于地方组织的帮会，名为兄弟会（cabildos）或者教友团（cofradias），对于黑奴们来说这些帮会就成了击打乐、唱歌、跳舞和文化宗教保护中心（Delgado，2001）。在地方政府的组织下，这些中心变成黑奴逃避严酷现实的临时避难所，同时也帮助黑人改善了其在南美洲地区的生活境况（Moore，1995）。

然而对于这些避难所的奴隶主来说，其组建目的却并非如此。对于伊比利亚人来说，这些以部落为基础的帮会可以阻止黑人大规模聚集，因此也就抑制了反叛和起义，而且这些帮会也为伊比利亚人对黑人灌输尊敬西班牙王室和天主教堂的思想提供了帮助（Moore，1995）。

在兄弟会学习音乐和在为伊比利亚人开办的音乐机构学习音乐有很大的不同。比起识谱与文字技巧，它更多地注重以听力为基础，通过模仿与口传心授的方式来学习，他们演奏的音乐吸收了不同部落的传统民谣并且有复杂的节奏和声音。与单个的钢琴和小提琴学习相比，教友团更注重击打、唱歌与韵律的融合，更注重音乐自然属性的交流和多元化（Moore，1995）。

随着1870年奴隶制度的废除，古巴的黑人可以正式自由地选择自己的职业（Carpentier，2001）。然而在现实生活中，在黑人可以从事的工作中种族歧视依然普遍存在，从而给他们找工作带来了很大困难。因为白人有权利有机会获得经济更稳定、社会地位较高的工作，所以当时的社会风气就是鼓励黑人从事在当时被认为是不赚钱的与音乐相关的工作，结果，乐器就成了"有色人种手里的救命稻草"（Carpentier，2001）。

有了钱付学费,一些黑人开始加入音乐学校去学习,这也就使他们熟练掌握了旋律配合、歌剧、钢琴和交响乐器。现在黑人不再仅仅被限制成为音乐教授或者音乐教师,他们开始参与到系统的音乐教育中(Alvarez,1982)。一些黑人音乐家根据自己传统复杂的音乐旋律与韵律还有口传心授学习的经历,开始介绍一些音乐教学方法,这对古巴的西方文化教育产生了很大的影响。然而不幸的是,尽管在音乐方面作出了贡献,黑人们在社会的其他领域依然遭受着种族歧视和不公对待(Moore,1995)。

古巴的独立和公共教育的根源

由于古巴的教育很大部分是由伊比利亚天主教结盟控制的,所以在整个西班牙帝国统治期间,古巴的学校都是建立在上层社会、种族歧视和城市的基础上(Johnston,1995)。不过众所周知的是,西班牙确实早在1842年就通过了法律要在小学推行义务教育(Epstein,1987),然而事实上却没有推行开来,而且殖民统治者也的确通过了一些政策去推行全民教育,由于受到殖民地社会经济条件的限制,这些政策对古巴的教育也没有产生任何影响(Epstein,1987)。因此在20世纪初期,穷人、黑人、乡下贫民和女性还是处于没有条件接受教育的状态(Johnston,1995)。

在1895年到1898年的解放战争之后,古巴从西班牙手里取得了民族独立。但由于大范围的经济受损,整个古巴都处于萧条萎靡的境况,随后不久就被美国军队所占领(1906—1909),在经过一段时间的军事被控制之后,古巴又再次对外宣称了民族独立与自治(Milbrandt,2002)。实际上,古巴还是在它的北美邻居——美国的监视之下,这种监视后来演变成了与原先西班牙侵略者类似的政权控制(Bethell,1993;Galeano,1997)。

这种政治变革在某些方面对古巴也产生了有利影响。在美国军队占领古巴的1906年到1909年期间,美国军队尝试着通过成立一个教育部然后在古巴建立起全国性教育体系。不幸的是同西班牙统治时期一样,由于这个政府部门没有实施它权力与委任的根源,在接下来的10年里,古巴的公共教育发展极为缓慢(Johnston,1995)。

在美帝国主义的压制下,20世纪早期的古巴充斥着流血、杀戮、暴政以及动荡不安(Moore,1995)。在外界看来,古巴是一个天堂岛,拥有灿烂的沙滩、音乐和舞蹈,繁荣昌盛。但真实情况是,随着格拉多·马查多(General Machado,1925—1933)和巴蒂斯塔(General Batista,1933—1944和1952—1959)的政权发展成贪污腐败和骚乱暴力的温床(Galeano,1997;Moore,1995),古巴人民的反美情绪在日益加深。不幸的是,公立学校、音乐学校乃至整个古巴社会都成为这些骚乱的受害者(Johnston,1995)。

在 19 世纪 30 年代，由于巴蒂斯塔的残暴统治，政府的公信力出现了危机，巴蒂斯塔为了镇压市民的反抗，关闭了学校，克扣教师工资，人民的不满情绪日益加剧（Johnston，1995）。那些被解散和驱逐的教师，还有被关押在监狱里的学生开始猛烈抨击当政者。在这种剧变之下，一个由美国公司和宗教教派提供资金支持的上层社会的私立小学校侥幸存续下来。在这之前的几个世纪里，只有极少数的人可以进入到这所学校中（Johnston，1995）。

古巴音乐教育的先驱

20 世纪末，在古巴人民为国家独立进行斗争的同时，为了在古巴建立起一个自由的、义务的、没有种族歧视、没有阶级之分的音乐体系，音乐教师们也结盟在一起而进行斗争。以哈瓦那的教师为先锋，音乐学校和私立工作室的教师都参与了这次斗争，这些教育者的抗争是对当时社会风气败坏的直接反应。除了少数著名学校，其他音乐学校还有与其相对应的公立学校都变成了腐败堕落之地（Alvarez，1982）。在马查多和巴蒂斯塔管理期间，对于滥发音乐学位证书和奖学金与滥用艺术学生的抱怨越来越多，而且行政权力的滥用也不可避免地与当地政党联系在一起。在哈瓦那，仅仅一个市长选举就可以带来很大范围的音乐机构行政权力与教职员工结构的改变，民众再一次地对这些改变表露不满情绪。在一些公立学校的部门里，教师们被驱散或者被关进监狱，有的学校甚至被关闭（Alvarez，1982）。

古巴三位最具有影响力的音乐教育先驱就出现在这个动乱的年代。修伯特·德·布兰克（Hubert de Blanck）、吉列尔莫·托马斯（Guillermo Tomas）和塞萨尔·佩雷斯（Cesar Peres），三位先驱者一方面致力于将音乐吸收到公立学校的课程中，另一方面致力于扩大音乐学校的学生人数。他们的努力为古巴公立学校的音乐教育奠定了基础。

修伯特·德·布兰克（Hubert de Blanck，1856—1932）

修伯特·德·布兰克出生于荷兰，在欧洲接受的教育。1883 年他定居哈瓦那，并成为一名杰出的钢琴演奏家、作曲家和拥有最高学位的教育家（Diez，1982）。1885 年，布兰克与小提琴家安塞莫·洛佩兹（Anselmo Lóspez）合作开办了一所国立音乐学院，这所学校为古巴音乐教育发展作出了突出的贡献。它为 12 岁到 20 岁的学生教授课程，也是第一家接受政府支持的音乐学校，同时利用有限的资金支持，布兰克每年为 8 名有前途的黑人学生提供奖学金，这在古巴历史上也属先例（Alvarez，1982）。

与此同时,哈瓦那其他音乐机构也采用了布兰克学校设置的课程。它的专业教学项目设置是将课程主要集中在试唱练习技巧的提高、和声的学习、作曲的培训和对某一项乐器单独的学习,这些课程都有严格的要求与标准。因为雇用了当时最好的音乐家做教师,布兰克使得这所学校慢慢发展成为古巴第一所专门教授钢琴、唱歌、小提琴、长笛和吉他专业的音乐学校。通过10年的发展,学校的课程已经包含了大多数管弦乐器的教授。

怀着在古巴全国普及发展音乐技能的满腔热情,布兰克在很多地方建立了音乐学校,这些学校吸收了哈瓦那音乐学校的教学课程。随着这些学校的蓬勃发展,布兰克成为了第一个尝试音乐教育全民化的音乐家。

布兰克同时还发展了音乐印刷业,创编了古巴第一本音乐教育刊物,这对古巴产生了深远的影响。他还著述了很多音乐教学法方面的书籍和文章,其中一些一直沿用至今(Diez,1982)。由于在多个领域具有杰出贡献,布兰克被公认为是古巴文化发展最重要的人物之一(Diez,1982)。

吉列尔莫·托马斯(Guillermo Tomás,1885—1933)

吉列尔莫·托马斯的哈瓦那市音乐学院(Conservatorio Municipal de la Habana)建立于1903年,是古巴第一所完全由政府出资的为包括黑人在内的所有学生提供免费教育的音乐学校(Alvarez,1982)。与当时其他音乐学校将重点放在教授钢琴、小提琴和唱歌上不同的是,市音乐学院选择与哈瓦那市政乐队联盟,免费为10—20岁可以通过入学考试的学生教授风笛、钢管乐器和打击乐器。由于它主要服务于穷人、黑人和工人阶级的学生,因此其他音乐学校并没有感觉其经济地位受到威胁。

19世纪80年代后期,军乐队在古巴一些地方得到了发展,最著名的是在哈瓦那、雷梅迪奥斯(Remédios)、圣·灵(Sancti Spíritu)和西恩富戈斯(Cienfuegos)这些地方(Alvarez,1982)。乐队与学校结合在一起,为那些梦想成为演奏家的孩子和年轻人提供风笛和打击乐器的课程,除了学习一些试唱练习和理论,学生被派去给军乐演奏家当徒弟,这么做的目的是日后在乐队中可以替代师傅的位置。就像布兰克的学校以高标准严要求而著名一样,托马斯也雇用了哈瓦那市政乐队里最好的音乐家来当教师以提高教学质量。

在音乐学校建立的最初几年里,教师们像做慈善一样工作,学校只提供基本的花费以激励他们努力工作,但是随着音乐学校的发展,教师们逐渐可以得到合理的报酬(Alvarez,1982)。市音乐学院也在继续扩展它的课程,其中包括理论知识、和声和听音训练。1930年到1932年间,由于学生对巴蒂斯塔政府进行斗争,学校暂时关闭了三年,随后学校有了新的领导人阿尔马蒂奥·罗尔丹(Almadeo Roldán)和托马斯·门生(Tomás Protégé),最终市音乐学院发展成为古巴最有影响的音乐学院之一。

塞萨尔·佩雷斯·森忒纳特(César Perez Sentenat, 1896—1973)

与罗尔丹同时期出现的塞萨尔·佩雷斯·森忒纳特使得古巴音乐教育的发展更加完善。作为一个和德彪西(Debussy)、拉威尔(Ravel)一起接受培训的音乐家和作曲家,森忒纳特为古巴的音乐教育积极活动了30多年。他最杰出的贡献就是发起了一场要求建立全国教师培训机构的运动,这就是音乐师范学校(Escuela Normal de Música)(Alvarez, 1982)。

1909年,追随圣桑(Saint-Saëns)、马斯奈(Massenet)和杜波依斯(Dubois)在巴黎发展了钢琴教学法机构的领导,森忒纳特在1910年抱着创立音乐教育学校的目的与一些政治家接洽(Barreras, 1928; Rodríguez, 2004)。由于森忒纳特的目的是阻止贪污腐败和保证古巴音乐教育质量的发展,他的提议并没有被马沙杜政府通过。1917年这位执着的音乐大师再一次向政府提出了他的计划,遗憾的是又一次因为动荡不安的政府和社会而沦为空谈(Ponsoda, 2002)。

1931年,森忒纳特和罗尔丹一起把注意力转移到音乐教育的其他方面,而就在这个时候,政府同意了他的提议,哈瓦那市音乐学院的创建就受益于此,从此古巴便拥有了第一所全部由政府出资的音乐学校(Ponsoda, 2002)。1961年,尽管一个政府出资支持的教师培训机构在古巴成立了,但是在中间的过渡阶段,音乐教授们还是连续被政府一时兴起的政策所束缚,政权的动荡不安依然是阻碍古巴音乐义务教育发展的一个重要原因(Alvarez, 1982; Ponsoda, 2002)。

初级音乐教育和古巴第一位音乐教育家

在对古巴音乐学校作出重大贡献的同时,布兰克、托马斯和森忒纳特对初级音乐课程也产生了影响。1901年,他们努力促使小学学习项目中添加了音乐课程,这个项目使用了部分由托马斯、布兰克和同事艾米里奥·阿格拉蒙特(Emilio Agramonte, 1844—1916)设计的课程,强调齐唱和轮唱,还有一个强调视唱和音乐理论的课程(Ortega, 2004)。

加斯帕·阿圭罗·巴热拉斯(Gaspar Agüero Barreras, 1878—1951)

布兰克及其同事们的工作,由加斯帕·阿圭罗·巴热拉斯继续进行下去。在他长达60多年的职业生涯中,巴热拉斯开创性地发展了古巴义务音乐教育,因而被认为是古巴的第一位音乐教育家(Rodríguez, 2004)。身为精通心理学、哲学和教育学的一位学者,巴热拉斯致力于教师培训,他的观点持续影响了古巴几代音乐教育家。

巴热拉斯是一位少年奇才,他在 14 岁的时候就能非常专业地弹奏钢琴,不久就成为轻歌剧和诗歌剧的指挥,1893 年开始了他在贸易协会(the Asociación de Dependientes del Comercio)58 年的教授任期,1902 年他决定离开指挥岗位,开始在布兰克的音乐学校工作,教授视唱和钢琴。除了其专业职责外,1915 年这位大师开始了他在哈瓦那师范学校(the Escuela Normal de Maestros de la Habana)最具影响力的工作,一直在这里工作到 1946 年(Rodríguez,2004)。

作为一名教育家,人们认为巴热拉斯在那个时代具有前瞻性。他在哲学方面受过良好的教育,尤其精通莱布尼茨(Leibnitz)、笛卡尔(Descartes)和赫尔巴特(Herbart)的作品,而且深谙世界音乐教育的动向。此外,他对欧洲和拉丁美洲的学校,特别是法国、瑞士、德国、阿根廷、墨西哥和美国的情况有着深刻的了解,对阿根廷的格瑞皮(Greppi)以及谢威(Chevé)和裴斯泰洛奇在模式系统方面的著作印象尤其深刻。巴热拉斯在普通教育领域影响最大的是阿尔弗雷多·阿瓜约(Alfredo Aguayo)博士——另一位在古巴新学校运动中的重要人物。

古巴的新学校运动是基于法国的后革命时代理念:自由、平等、博爱和达尔文学说以及格式塔理论原则之上的运动,在 1930 年到 1950 年之间达到了顶峰。从哲学意义上说,这种运动支持激发生命力、自发行动、孩提时代、读写能力和社团理想,重视把孩子作为学习的"主体",反对把孩子作为学习的"客体"。对巴热拉斯在新学校运动上产生主要影响的有阿瓜约、卢梭、福禄贝尔、杜威和蒙台梭利。

通过把自己的哲学思想和这些具有世界影响的思想相结合,巴热拉斯形成了一种把理论和实践结合在一起的音乐教授法,这种教授法非常关注儿童歌唱中自发性和自然性的理念(Barreras,1928)。因为在萨苏埃拉(Zarzuela)工作过,巴热拉斯也极其重视通过模仿来唱歌(的方法)。然而,在他的哲学理论当中最为重要的还是:一种符合孩子天性的、跟他们天生的好奇和求知欲有关的方式教授音乐的需求(Rodríguez,2004)。

巴热拉斯把这种以孩子为中心的音乐教育理念运用到自己的职业活动中,继续在哈瓦那师范学校,还有这个城市中最好的一些音乐学校和音乐工作室的教师中培训(有多方面知识和经验的)通才教师(Rodríguez,2004),不仅为后来人提供了哲学理论基础,也为创新的、以孩子为中心的古巴音乐教育打下了基础。是他将认知理论和心理学理论熟练地应用到这些教学法中的。

学校音乐的发展

在 20 世纪 20 年代初期,毫无经验的古巴小学音乐教育课程在课堂上增加了一个新的维度——运动(Ortega,2004),该课程强制要求教师在教授音乐时与体育一起进行,1926年时,两个科目之间的联系通过额外的课程改革得到了加强。在哈瓦那,这些改革由森忪纳特和他同辈人来实施贯彻,并且对教师进行了培训,然而,改革在其他省份的进展却十分缓慢。与此同时,由于政府在1931年对哈瓦那每691名学生只配备一名音乐专业人员,对于小学音乐教师的专业培训实质上名存实亡(Pichardo,1973)。

10年后的1943年,在剧烈的政治混乱中,教育部组织音乐教育部门在全国的公立学校中推广音乐课(Menendez,1944),他们希望在全国把音乐理论和歌唱结合在一起。1943年,古巴教育部邀请纽约大学的玛格丽特·梅内德斯(Margarita Menendez)给感兴趣的学校音乐教师介绍音乐教学法课程。这是提高岛国音乐教学法培训的一次有效尝试,然而这次尝试也存在一些不足:没有可用的西班牙语音乐书;参加培训的人用英语指挥;演唱美国民歌。尽管缺少合适的材料,梅内德斯还是提到:古巴人非常能歌善舞……他们急于培养这种音乐艺术,积极参加各种音乐指导(Pichardo,1973)。

同时,政府为专业音乐教师的培训提供经费,而且课程材料也扩展到包括圣歌、歌曲、练习、初级理论、视唱材料、音乐欣赏和进入古巴小学的有限数量的乐队(Ortega,2004)。然而,在这十年中学校音乐课程发展的质量和水平是不均衡的,城市里拥有最广泛的资源,而受到政府部门忽视的农村人却得不到像哈瓦那——或者退一步说——像圣地亚哥学校(Santiago Schools)所享受到的好处。

整个20世纪50年代,政治局势紧张到极点,几乎无人关注教育,特别是农村教育。在20世纪前半叶,尽管教师教育和行政政策都有所改善,即使在古巴首都也只建了一所新学校(MacDonald 1985)。随着政治局势更加紧张,卡斯特罗就用公共教育的战斗口号来为他1959年的"一月革命"加油助威(Castro,1961)。

古巴革命

有人说,古巴革命的目的主要是为了全民教育(Breidlid,2007;MacDonald,1985)。1959年古巴的识字率是23.6%,此外,超过64%的学龄儿童没有上学,完成6年义务教育的只有3%(Berube,1984)。卡斯特罗为了感谢帮助他胜利的广大农业人员,执政后他就立刻开始了古巴公共教育体系的全面重建。

事实上,古巴革命后的数个月中,新组政府的许多决定都没有经过周密设计(MacDonald,1985;Moore,2006)。然而,卡斯特罗对公共学校教育的具体目标是非常清楚的,他把文化扫盲和民族自豪感作为重中之重,立即开始进行政策变革,建立一个以古巴著名诗人何塞·马蒂(Jose Marti)和马克思主义著作为基础的全国公共教育体系(Breidlid,2007;Figueroa,Prieto and Gutiérrez,1974)。卡斯特罗开始制定

的古巴公共学校体系,本质上具有很强的包容性:

把高效工作和学校工作,学校团体和农村团体,教育发展和国家经济,社会发展和文化发展,智力形成和道德、社会、物质和审美能力的形成,青少年群体和成人群体等等各方面结合在一起,所有这一切都包容在这位新执政者对未来充满信心的综合设计中(Figueroa,Prieto and Gutiérrez,1974)。

作为对古巴新政权的支柱,苏联提供部分资金帮助其实施第一个举措:消除文盲。1961年,卡斯特罗开始培训一批20万余人的志愿者教师深入农村,教大量不识字的农村人识字(Berube,1984)。在这一年间,随着志愿者参加扫盲的活动变得跟促进革命运动同样重要,教育和读写能力成为国家的中心工作(Breidlid,2007)。不久,农民"学会了文字,志愿者体会到了贫困的艰难,所有人都找到了他们自己热爱祖国的原因"(Gumbert,1988)。截止到1962年,识字率上升到了95%,联合国教科文组织宣布古巴已经消除了文盲(New Internationalist,1998)。

卡斯特罗在以后的数年中继续对教育体制进行彻底变革,随着全国各地几千所新学校的建立,以前被忽视的人现在能够接受免费的高质量公共教育了(Eckstein,1997);继续开设大学和技术学校,学生们拥有了更多的接受优质大学教育的机会。到1986年,古巴夸耀说大学招收了26.8万学生,与1958年的1.9万学生相比有了实质性的增长。

卡斯特罗的新教育体系,不是建立在物质刺激的基础之上,而是鼓励新的道德体系的发展,强调团结、献身、正义、民族主义和国际主义,"建立在一个自我奉献、共同努力和相互支持的氛围中"(Breidlid,2007)。学生们学会共同努力,创建一个强调革命共同事业、反对个人主义和无序竞争的环境,因此,从本质上在学校里消除了种族、性别和地区性的差异(Breidlid,2007;Gasperini,2000;Lutjens,1996)。

卡斯特罗先开始把这个公共教育新体系运用到圣地亚哥和哈瓦那现有的音乐学院中,后来又加上了比那尔德里奥(Piñar Del Rio)、马坦萨斯(Matanzas)、圣克拉拉(Santa Clara)和卡马圭(Camagüey)的音乐学校。他把音乐学校进行国有化,变成对任何通过试唱入学考试的学生都实行免费开放的音乐学校(Moore,2006)。1961年国立艺术学院(在哈瓦那)开办后,古巴为8—18岁的有兴趣成为职业音乐家的儿童提供了一个国家培训课程(Moore,2006;Schwartz,1979),这个课程扩大到了每个省的学校当中,因而可以让公民享受免费的、优质的专业音乐教育(Moore,2006)。

1959年之前古巴开设的私立音乐学校课程中,对视唱音乐理论、音乐历史和个人乐器培训等方面提供高级培训(Alvarez,1982),随着专业课程的发展,教育部开始强制执行音乐学校入学测试课程,这些专业音乐学校培养了古巴最优秀的音乐家、学校音乐教育专家和普通音乐教师。直到现在,这些学校仍然在音乐培训中发挥着重要作用(Alvarez,1982;Ortega,2004;Sublette,2004)。

后革命时期的公立学校和音乐必修课

1959年卡斯特罗胜利之后,公立学校的音乐教育也发生了广泛的变化,由教育部控制建立一个全国性强制音乐教育课程,这个课程既强调高标准、高质量、使用本土材料,又重视教学实践的创新以及教师教育和职业发展的改革(Carnoy,2007;Gasperini,2000)。

全国范围内义务音乐教育课程的补充和音乐鉴赏教师的准备工作同时开始。在接受过类似于"消除文盲志愿者"的培训之后,这些教师被派往全国各地去教授儿童古巴音乐史,使用的是跟古巴重要的音乐理论家的著作相联系的、由本国人制作的、高质量的音乐教材(Ortega,2004)。

20世纪60年代末期,古巴进行了另外一场革命——学前课程和教师培训方面的变革,这场变革实施了一个基于达尔克罗兹、柯达伊、奥尔夫和斯图高义(Stokoe)①方法论之上的项目,进一步使用本土音乐教材(Ortega,2004)。他们使用本国音乐专家玛丽亚·东涅塔·恩里克斯(María Antonieta Henríquez)和舞蹈专家埃尔弗里达·马勒(Elfrida Mahler)的教材,开始在古巴人的课堂当中使用本土音乐教材,以传统游戏和民俗为特色,执行一种把音乐和形体运动表达结合在一个课堂活动中的全国性课程标准(Ortega,2004)。不久,学前教师开始接受专业音乐指导,学前阶段的儿童每周强制接受80分钟的音乐艺术教育课(Gasperini,2000)。

目前的小学课程改革意味着每年艺术教育量要达到1—6年级80小时、7年级70小时的要求。1974年,在改革国家课程之后,创新的初级音乐项目从1年级开始执行。为了加快课程改革的实施,政府通过无线电使得全国各个地区都能够接收到广播课程(Ortega,2004)。

教育部规定的创新音乐教育项目于20世纪80年代后期开始在小学高年级实施,课程内容强调古巴音乐和舞蹈以及欧洲艺术音乐的学习,还有声乐、节奏、创造性表达、身体表达和舞蹈。不幸的是,由于"从学前到7年级和8年级的音乐教育缺乏持续性和统一性",课程和项目的实施出现了困难,"在使用的课程内容和方法策略上"也存在着不一致性(Ortega,2004)。

为了弥补这些缺陷,2001年音乐教学法与世界潮流相附和的改革再次被引进到小学音乐教育当中(Ortega,2004),这次改革在实施方面颇为成功。现在的音乐课程要求注重知觉、探索和声音表达,经过修订的课程内容包括:歌曲、游戏、身体表达、声音感觉、听力活动和创新过程,并且鼓励学生们去探索、倾听、歌唱、描述、解

---

① 斯图高义(1929—1996)是一位阿根廷舞蹈家和教育家,以她的跟身体表达相关的工作和作品而闻名。

释、阅读、观察和进行对比。课程改革是以奥尔夫、达尔克罗兹、柯达伊、维拉·罗伯斯(Villa-Lobos)、加因扎(Hemsy de Gainza)和弗莱加(Frega)以及古巴音乐先驱森忒纳特和布兰克的著作为基础的(Ortega,2004)。

当代古巴学校的音乐教育

从奥提兹(Ortiz)小心翼翼地在特立尼达开始尝试到500年之后的今天,古巴的音乐教育实行了高效的双轨系统。在通才教育方面,所有古巴孩子从学前时期到7年级,接受每年70—80小时的音乐教育;在公立学校体制中(这种体制被认为是拉丁美洲最为成功的体制,Breidlid,2007;Gasperini,2000),通才教师训练有素,热衷于社会各群体的高等学术事业(Breidlid,2007;Carnoy,2007;Gasperini,2000;Moore,2006)。本土制作的课程教材质量很高,因为它与古巴社会的文化环境息息相关,而且,涵盖创造性、运动以及歌唱的课程都是用基于最新的认知理论和心理学理论的教育学方法表现出来(Carnoy,2007;Gasperini,2000)。

在专业人员教育方面,古巴的音乐学校因为教育出一批世界上最伟大的音乐家而在国际上享有盛名——这些音乐家的数量对于1100百万人口的国家来说比例很高(Levinson,1989;Moore,2006)。8—18岁的学生在学习大学入学考试课程的同时,接受免费的、优质的专业音乐指导。尽管教师们在教学方法方面创新不多但都训练有素,他们以国家强制执行的课程为基础设立了非常高的标准(Rodríguez,2004)。

没有任何外部机构——比如联合国教科文组织和世界银行——的经济支持,古巴为自己的国民提供了一种独特的音乐教育体系。从国际的视角来看,这个体系承担了额外的学习课程。古巴学校以其包容性和机会的均等而为世人所知,它们好像"打破了只有北美诸国才能够为绝大部分学生提供优质教育的传统观点"(Breidlid,2007)。

参考文献:

Alvarez, M. (1982),'La enseñanza de la música en Cuba' (diploma dissertation, Faculdad de Música, Instituto Superior de Artes, Havana, Cuba).

Barreras, G. (1928),'La enseñanza de la música,' *Pro Arte Musical*, reprinted in Educación, 111, (enero-abril, 2004), 52-3.

Bérubé, M. (1984), *Education and Poverty: Effective Schooling in the United States and Cuba*. Westport, CT: Greenwood.

Bethell, L. (ed.) (1993), *Cuba: A Short History*. New York: Cambridge University.

Breidlid, A. (2007), 'Education in Cuba-an alternative educational discourse: lessons to be learned', Compare-A Journal of *Comparative and International Education*, 37, (5), 617-34.

Calero Martín, J. (ed.) (1929), *Cuba Musical: Album-resumen Ilustrado de la Historia y de la Actual Situación del Arte en Cuba*. Havana: Imprenta Molina y Cía.

Carnoy, M. (2007), *Cuba's Academic Advantage: Why Students in Cuba Do Better in School*. Stanford, CA: Stanford University Press.

Carpentier, A. (2001), *Music in Cuba*. Minneapolis, MN: University of Minnesota Press.

Castro, F. (1961), *History Will Absolve Me*. New York: Lyle Stuart.

Delgado, K. (2001), 'Iyesá: Afro-Cuban music and culture in contemporary Cuba'. *Dissertation Abstracts International*, 62, (09), 292. (UMI No. 3026270).

Diez, A. (1982), 'Hubert de Blanck: Baluarte de la pedagogía musical en Cuba (1856—1932)' (diploma dissertation, Faculdad de Música, Instituto Superior de Artes, Havana, Cuba).

Eckstein, S. (1997), 'The coming crisis in Cuban education', *Assessment in Education*, 1, 1-12.

Epstein, E. (1987), 'The peril of paternalism: imposition of education on Cuba by the United States', *American Journal of Education*, 96, 1-23.

Figueroa, M., Prieto, A. and Gutiérrez, R. (1974), *The Basic Secondary School in the Country: An Educational Innovation in Cuba*. Paris: UNESCO.

Galeano, E. (1997), Open Veins of Latin America. New York: Monthly Review.

Gasperini, L. (2000), 'The Cuban education system: lessons and dilemmas', *Country Studies, Education Reform and Management Publication Series, The World Bank*, 1, (5), 1-36.

Gramatages, H. (1982), 'La música culta', in Ministerio de Cultura (ed.), *La Cultura en Cuba Socialista*. Havana: Editorial Letras Cubanas, pp. 124-50.

Gumbert, E. (ed.)(1988), *Making the Future: Politics and Educational Reform in the United States, England, the Soviet Union, China, and Cuba*. Atlanta, GA: Georgia State University Press.

Johnston, L. (1995), 'Education in Cuba libre, 1989—1958', *History Today*, 45, (8), 26-32.

Levinson, S. (1989), 'Talking about Cuban culture: a reporter's notebook', in P. Bressner, W. LeoGrande, D. Rich and D. Siegle (eds), *The Cuba Reader*. New York: Grove, pp. 487-97.

Lutjens, S. (1996), *The State, Bureaucracy, and the Cuban Schools*. Boulder, CO: Westview.

MacDonald, T. (1985), *Making a New People: Education in Revolutionary Cuba*. Vancouver, BC: New Star.

Menendez, M. (1944), 'Public school music in Cuba', Music *Educators' Journal*, 30, (3), 27-8.

Milbrandt, R. (2002), *History Absolves Him: Reading Package*, History 291. Camrose, AB: Augustana University College Press.

Moore, R. (1995), 'Nationalising blackness: Afro-Cubanismo and artistic revolution in Havana, 1920-1935', *Dissertation Abstracts International*, 56, (06), 2376. (UMI No. 9534899).

Moore, R. (2006), *Music and Revolution: Cultural Change in Socialist Cuba*. Berkeley: University of California Press.

New Internationalist (1998), 'Jewels in the crown', 301, 27-28.

Ortega, P. (2004), 'Tendencias pedagógica-musicales del siglo XX y su influencia en Cuba', *Educación*, 111, (enero-abril), 43-7.

Pichardo, H. (1973), *Documentos Para la Historia de Cuba III*. Havana: Editorial de Ciencias Sociales.

Ponsoda, A. (2002), 'César Pérez Sentenat y la pedagogía musical cubana', *Clave*, 4, (2), 49-52.

Rodríguez, D. (2004), 'Gaspar Augüera Barreras: Primer pedagogo musical cubano', *Educación*, 111, (enero-abril), 48-51.

Rodríguez, V. and García, Z. (1989), *Haciendo Música Cubana*. La Habana, Cuba: Pueblo y Educación.

Schwartz, C. (ed.) (1979), *Impressions of the Republic of Cuba*. Washington, DC: American Association of State Colleges and Universities.

Sublette, N. (2004), *The Missing Cuban Musicians*. Albuquerque, NM: Cuba Research and Analysis Group.

Vega, A. (2002), 'Breve historia de la música Cubana', www.contactomagazine.com/delavega2.htm (accessed 7 September 2002).

第三部分

非洲和亚太地区

第十一章 澳大利亚：反复出现且尚未解决的问题

罗宾·史蒂文斯　简·斯科特
(Robin Stevens and Jane Southcott)

作为一个政治实体，澳大利亚建立于18世纪末，是英国诸多殖民地之一。早期的殖民者作为强大的大英帝国子民，试图复制在"祖国"实行的社会制度。到1901年澳洲联邦创立为止，所有的殖民属地都建立了州立学校，同时还有各种教会学校和私立学校，孩子们在这些学校接受小学教育。本章将介绍音乐教育作为一门义务教育必修课在澳大利亚三个殖民属地（后来都统属澳洲联邦政府）的发展情况。1872年第一个实行义务教育体制的是维多利亚，接下来南澳大利亚和新南威尔士分别在1875年和1880年也实行了义务教育体制。但是作为学校课程中的一门必修课，音乐在各个殖民属地的要求级别是不一样的。新南威尔士从1867年开始规定歌唱要达到一定的"资格等级"；维多利亚在1874年规定唱歌为免费课程中的必修课（Stevens, 1978）；在南澳大利亚从1890年开始学校就期待开设唱歌课（至少是听歌课），直到1900年，音乐作为一门课程才被写进法定教学大纲（Southcott, 1997）。由于历史不同，三个殖民属地在把音乐教育引进义务教育课程方面皆存在着各种各样的问题。本章将讨论音乐在初级教育阶段的实行情况——学校对音乐教学的实施、普通音乐教师和专业音乐教师的培训以及音乐课的教学内容和教学方法。如果要以大纲的形式呈现出开设音乐课的基本原理，最重要的是要考虑校园音乐曲目和作为教学对象的儿童的属性特点。

在 2004—2005 年《国家音乐教育评论》（Pascoe et al., 2006）一书中所核定的许多当今的问题都和过去有渊源关系，按照奥德里奇（Aldrich, 1996）所告诉我们的，审视过去不仅是很有益的而且也是必要的，因为这对于我们认知目前课程的现状和将来教育政策的制定实施都有一定的指导作用。

没有把对澳大利亚土著儿童的教育单列出来，其原因有二：一是因为在19世纪和20世纪初，澳大利亚土著儿童适合什么样的教育主要由教会负责；二是因为在1967年土著居民被正式承认为澳大利亚公民前，一直盛行着主张社会同化的政策，这就意味着没有针对极少数土著儿童的特殊教育，他们只能就读于当地普通学校。

殖民背景

欧洲对于澳大利亚的殖民统治开始于1788年"第一舰队"到达博特尼海湾（现在的悉尼所在地）——舰队满载着囚犯，同行的还有官员和海员，他们在新南威尔士建立起关押犯人的监狱。后来更多的舰队带来更多的囚犯，随着其中一部分犯人获得了有限制的"可住可走"的自由以及自由迁居者的到来，殖民地开始发展起来并且逐渐达到自给自足。1788年至1850年间，共有162,000名囚犯被遣送到澳大利亚（Marvic n.d.），这些囚犯分别被关押在新南威尔士的麦夸里港、莫顿港（现在是昆士兰州的一部分）、范迪门州（就是后来的塔斯马尼亚）的亚瑟港和诺福克岛。其他一些自由移民聚居在天鹅湖殖民地，它建于1829年，1836年更名为西澳大利亚，后来至1836年年末在南澳大利亚殖民政府宣告成立的阿德莱德也有自由移民聚居。1851年，南菲里普港从新南威尔士分离出来，被称作维多利亚。1856年和1859年，分别建立了塔斯马尼亚和昆士兰殖民属地。随着19世纪民族主义浪潮的高涨，最终在1900年英国议会投票通过一项法案，宣布澳大利亚联邦共和国成立。1901年1月1日，原先6个拥有自治权的英国殖民属地组成为一个澳洲联邦国家。

殖民时期学校的音乐教育和师资培训

虽然直属于英国王权统治，基础教育却是每一个殖民属地各自的责任，这种情况一直延续到现在,学校教育仍然是州政府负责。在这三个被选取州的早期,学龄人口的教育是由私人教师、教会组织和私人投资学校的业主负责,因为建立学校常常是早期殖民者优先考虑的事情。例如,在南澳大利亚殖民者到达的第一年就成立了3所私立学校(Smeaton,1927),10年后又成立了教育委员会来监督有资质的学校所获得的经费支持。修订的教学大纲里有歌唱课但并未作为必修课(Southcott,1997),直到《1875年教育法》(*The Education Act 1875*)出台,在南澳大利亚才有了州立学校、义务教育的大众学校(Miller,1986)。在新南威尔士,如果不是对政府资金有强硬要求的话,即使在几年之后殖民当局都不会对教育给予关注。1848年,新南威尔士殖民政府指定成立国家教育委员会(模仿爱尔兰国家教育体制),建立非教会体制的学校,同时也成立一个宗教学校委员会来支持各教堂兴办初等教育学校。维多利亚在1851年成立了同样的两个委员会(Miller,1986),不过是直到1872年、1875年和1880年,维多利亚、南澳大利亚和新南威尔士把小学教育列为义务教育。

唱歌,或者按照平常所叫的"声乐课",在维多利亚和新南威尔士国立示范学校是普设课程之一,因为这两所学校是由国家教育委员会创建的。1851年,新南威尔士的国立学校建议每天唱歌半小时,普通教师应该给孩子们上音乐课(Miller,1986)。遗憾的是,大多数国立学校的教师几乎都没有音乐教育的背景和技能,这也并不稀奇,因为在当时大多数教师甚至没有参加过儿童基础教育的读、写、算技能的培训,更别说音乐了。声乐教育早期运用"赫尔教学法"(Hullah's method),在悉尼和墨尔本的国立学校教师培训机构都有教授,不过大多数教师的培训都是在小学教师培训机构里进行的,由于指导教师自身缺乏专业音乐知识和技能,这些培训机构在小学教师教唱歌曲方面的培养收效甚微(Stevens,1978)。

考虑到所有殖民属地的教师都普遍缺乏音乐竞争力,音乐课很快就被当成选修课而不是必修课。尽管新南威尔士校委会也意识到音乐在教育中的重要性,但还是在1855年"无奈地宣布取消音乐课"(Stevens,1981)。因而,国家教育体制在进行教师教育时也引入声乐课程,例如,在学校里进行的小学教师培训;开设"福特街培训学校"的课程;把声乐课设为教师获得教师资格证(有资格才可以晋升)的必考课;所有这些措施的初衷都在于促进对普通教师的音乐培训,但效果并不尽如人意(Stevens,1978)。

大约在同一时期,维多利亚官方教育机构决定任命巡回音乐教师以弥补普通教师缺乏音乐知识和音乐技巧的不足。1853年由教会学校委员会任命的第一个专职音乐教师,乔治·李维斯·艾伦(Geoge Leavis Allan,1862—1897),就去往墨尔本的好几所学校教授音乐,接下来更多的巡回音乐教师得到了任命。1859年时,为了激励偏远地区的普通教师给予学生们"系统的"声乐指导,每年给他们发5英镑的小费(Stevens,1978),同时在教会的学校里,当地不收取报酬的唱歌教师(常常是业余的)

也相当普遍。维多利亚国家教育委员会决定遵循教会学校委员会的做法,也委派了巡回音乐教师来确保在其学校中至少可以提供一些音乐课程。然而,在新南威尔士,唱歌教学就彻底留给普通教师尽可能地去做了,因为许多教师仍然是没有接受过培训,即使受过培训也只是泛泛地学了一点规定课程的皮毛,因此由普通教师所授音乐课的程度和质量就可想而知了。

所有这些都源自至今仍然困扰着澳大利亚学校音乐教育的三个主要问题:

(1) 在政府所办的小学里音乐教学应该由谁来施行,特别是在"由普通教师还是专业教师来施行"的问题上;

(2) 教师教育是否应该包括音乐课程,特别是针对小学普通教师的培训课程,因为一般来说在之前他们几乎没有任何音乐经验;

(3) 音乐是学校选修课程的理念。

不管怎么说,官方教育机构还是非常重视唱歌的价值的,1867 年在新南威尔士,新的教育委员会正式把音乐课引进到普通学校课程中,按照这个规定,普通教师依据教学大纲,使用"首调唱名法"、乐谱和课程顺序负责向学生教授唱歌,教师培训课程中有"首调唱名法"声乐必修课,教师等级考试中也要求考声乐课。1880 年公共教育部成立后,音乐课就成为学校课程中的一门必修课,到 19 世纪 90 年代为止,新南威尔士州公立学校几乎所有孩子都由普通教师教授音乐课,而且在年终学校督查考试中通过率达到 75%～80%(Stevens,1978)。整个系统由一位音乐总监负责维护,他的任务是在音乐方面培训教师,帮助教师为他们等级考试中的音乐要求做准备。最初这项计划名义上由詹姆斯·费舍尔(James Fisher,1826—1891)负责,他被官方正式任命为"唱歌大师"(Singing Master)(Stevens,2002)。从 1885 年开始,他的继任者胡果·阿尔佩(Hugo Alpen,1842—1917)成为第一个音乐负责人(Stevens,1993)。

与新南威尔士稳定的进步相比,维多利亚的音乐教育却在教育委员会时期倒退了。1862 年教育委员会替代了国家委员会和教会委员会双重负责制,这主要是由于在 1864 年引进了孩子们上音乐课要付"一周 1 便士"的特殊费用政策。采取这种费用政策的初衷是为了补偿在公立学校配备专业音乐教师(又叫巡回音乐教师)的大量开销,在这种安排下,很快音乐在学校课程里就由于有额外的费用而变成额外倾向的选修课了,儿童们接受音乐指导的数量明显下降了(Stevens,1978)。

1872 年,随着维多利亚教育部提出"免费的、义务的、面向大众的"学校教育的口号,"唱歌费用"被废止,并且音乐课被包含在"免费指导课程"之内。在实际可行的公立学校中教授音乐课,由巡回音乐教师或是得到许可证的普通教师来教授,普通教师为此还可以得到 10 法郎音乐指导费用的年终分红,他们的工作由一个音乐督察员进行监管。尽管这项制度被计划得很好,但是随着时间的推移,适当培训过的普通教师代替了专业音乐教师。19世纪90年代的经济大萧条迫使当时的政府从公立学校取消了所有已经支付的指导费用,缩减了专业音乐教师的开支,并且废止了音乐督察员的岗位。因此,尽管在学校课程中还属于必修课,但是维多利亚公立学校的音乐教学几乎中断了。在19世纪末期,孩子们一般也只是由没有经过音乐专业训练的普通教师教一些口耳相传的歌曲罢了(Stevens,1978)。使得音乐课成为脆弱学科的一个重要因素是:政府负责的小学需要由专业音乐教师而不是普通教师进行音乐教学,这种情况在学校音乐教育中一直持续到现在。

在奠定州政府负责的义务大众教育制度基础的《1875年教育法》颁布前,南澳大利亚就在殖民属地对于管理学校教育进行了很多有效的尝试。前10年虽然非常困难,但是在1847年学校被给予了财政援助,并且创建了教育委员会进行监察,1851年的教育法令确立了独立的教育中心委员会,初始之时这种半官方的体制产生了相当大的影响,但是那些热情有余而培训不足的教师之间差别也相当大。直到1860年,学校委员会条令的规定才推荐唱歌教学课程,但也不是必修的,也没有建议任何教学方法。然而通过亚历山大·克拉克(Alexander Clark,1843—1913)对学校音乐教育活动的积极改善(从1876年开始亚历山大·克拉克就是阿德莱德市示范学校的教师带头人,从1884年开始,他被任命为学校督察员,其影响范围更加广阔),唱歌(至少是口耳相传的唱歌)被规定进《1890年教育条例》(*Education Regulations* 1890)中。克拉克以当时的英语代码为模型创编了一套学校音乐大纲,1900年在南澳大利亚强制推行使用(Southcott,1997)。这个课程与获得"首调唱名法学院"初级证书的要求有些相似,并且也成为1876年开办的阿德莱德培训学院教授学生音乐课程的基础。

殖民地学校音乐课的属性和合理性

显而易见,早期殖民地教育当局在提供初级的"三基"(the three Rs)教育方面都遇到了很多困难,更不用说把音乐包括在学校课程之内了。然而从一开始,教育当局、家长和普通公民似乎都期望音乐课应该包括在学校教育中,其实很有必要追问学校音乐课在殖民时期和后来的联邦时期的属性与合理性。学校课程本身和音乐课都是从大不列颠(澳大利亚的母体国家)继承下来的传统的一部分,建立于19世纪50年代早期的新南威尔士和维多利亚的国立学校体制,就非常接近爱尔兰国家教育体制[①]的模式,殖民地教育当局把当时爱尔兰国立学校课程中的声乐直接搬用到当地教学中。学校音乐的引进具有强烈的功利主义基础,因为人们相信,音乐在

---

① 详情参见本书第四章。

一般情况下可以对社会,特别是对儿童进行文明教化的影响。19世纪中期,殖民地的社会环境对于孩子们来说远不够好,一开始大部分殖民地人都是囚犯,后来有一些自由迁居者,其中大部分是来自爱尔兰的无业贫民或者是一些与不列颠当局持不同政见者。19世纪50年代早期,淘金者汇集在这里寻求发财机会,使得情况加剧恶化,他们中许多人都是被那些"自以为高尚的殖民者"认定为"不受欢迎的人",新南威尔士和维多利亚出产黄金地区的情况就是对于许多儿童来说极其不稳定环境的代表。据学校督察员詹姆斯·波维克(James Bonwick)所记录,当时维多利亚金矿区的孩子们生活在"一个充满赌博、咒骂、酗酒和放纵的"世界当中(Stevens,1981)。即使没有犯罪和金矿的衰落,南澳大利亚政府也认识到音乐在学校里是对粗俗行为的一种矫正——音乐也许会成为改善个体行为最强大的力量(Southcott,2004)。

殖民地教育当局急切地要从后代培养方面留下文明开化或是改革影响的特征,以班级唱歌为形式的音乐在这方面有着丰富的价值意义。例如,新南威尔士学校委员会在报道1855年时期学校对音乐"几乎全部忽略"的情况时就引用了其教化礼仪、阻止酗酒放纵方面的功能。1857年维多利亚教会学校委员会认识到学校音乐对金矿区孩子生活环境的重要性,因此委派了巡回音乐教师。两年后,由于教育资金不足面临着要解雇巡回音乐教师的威胁时,公众用愤怒的态度来回应此事,反对撤销音乐教育的请愿书潮水般涌向教会学校委员会,巴拉腊特社区的居民论辩说音乐教师可以在智力上和道德方面帮助底层社会的孩子(Stevens,1981)。同一时期在新南威尔士督察员威廉姆·威尔金斯(William Wilkins)提出一个方案,目的是鼓励在农村区域内公立学校的教师用基本相同的思想去教唱歌,预言这将会使学校受到家长们的欢迎(Stevens,1978)。

到19世纪60年代后期,教育权威人士们开始注意到学校音乐的娱乐价值。1867年在新南威尔士提倡扩大音乐教学时,督察员威廉姆·麦金太尔(William McIntyre)主张学校音乐应该保持精神上的含义,提供单纯的娱乐和积极的影响。他的一个同事、督察员奥尔帕斯(Allpass)补充道:"似乎很少有教师能够理解到大声唱出一首歌对于容易兴奋的孩子们来说就好像打开了安全阀门,并且可以使那些行动迟缓的孩子变得活泼。"(引自Stevens,1981)

在南澳大利亚,从19世纪90年代起,为了提高孩子们和教师的发音质量,特别举办一种强有力的挑战赛活动。1911年南澳大利亚教育部长针对学校明确指示道:"很有必要根除不清楚的发音吐字、马马虎虎的演讲以及澳大利亚鼻音和俚语。"(见South Australian Parliamentary Papers,1911)唱歌在这种活动中被看作是最主要的工具,而且可以当作是其他两门功课之间的休息,以安抚和舒缓儿童的大脑疲劳,因为唱歌可以是一种"愉悦的休息",能够解除学生对一般课程的厌烦,还可以利用一些零碎时间。唱歌也可以对一些机械性的活动进行伴奏,比如缝纫和操练。这一时期,几乎每个学校都有一个管弦乐队,能够伴奏操练并且在学校庆祝典礼时进行表演(Southcott,1997)。也有一些人认识到通过"识谱学音乐"的学习可以提高智商(Stevens,1978)——用今天的话说,就是通过音乐理论和音乐知识的学习来发展并提高认知能力。

音乐课程的内容和执行

在所有的殖民属地中都有一个假设:声乐应该通过"读谱"来教而不是仅仅凭听力,这是基于当时英国和爱尔兰的课程而来的。三个殖民地都尝试过赫尔的"固定唱名法",而且在新南威尔士,威廉姆·威尔金斯把"首调唱名法"改进成学校使用最有效的教学方法和符号系统。"首调唱名法"是由1867年被任命为专职音乐教师的詹姆斯·费舍尔采用的,尽管后来人们对费舍尔的专业指导并不满意,但是"首调唱名法"是"可移动的do"的五线谱记号方法的基础,这种方法由他的继任人、新的督察员胡果·阿尔佩成功地发展和推广。在维多利亚,为了适应当地人的需求,19世纪50年代期间由资深的专业音乐教师乔治·艾伦运用一种"唱名数字化"方法(把数字1—7不固定地运用在五线谱上)来教音乐,这种方法是以英国牧师约翰·怀特(John Waite)的原则为基础(Rainbow,1967)。随后这种方法又获得1878年任命的音乐督察员约瑟夫·萨默斯博士(Dr Joseph Summers,1839—1917)的正式赞同和支持(Stevens,1997)。然而,在19世纪80年代,"唱名数字化"方法受到了"首调唱名法"的挑战,这种方法是由音乐督察员萨默斯的继任者塞缪尔·迈克伯尼博士(Dr Samuel McBwrny,1847—1909)所倡导。后来,在1890年出版的《首调唱名教程》(*Tonic Sol-fa Programme*)一书中补充了"早期的1884年政府学校的歌唱教程",指出这两种方法出自同一个渊源(Stevens,1978)。在南澳大利亚,赫尔的方法经过早期不尽如人意的尝试之后,由亚历山大·克拉克(Alexander Clark,1995)引进,由其继承人弗朗西斯·里默·格雷唐姆(Francis Lymer Grattom,1871—1946)改良过的"首调唱名法",最后成为南澳大利亚公立学校体制中的天才作品(Southcott,1996)。

进入20世纪后,从1972年起维多利亚开始实行义务教育,南澳大利亚是从1875年起,新南威尔士是从1880年起,而且音乐在这三个殖民属地的初等教育学校课程中属于必修课(新南威尔士1867,维多利亚1872,南澳大利亚1990)。然而,随着科学技术的创新发展(如留声机)和许多教学仪器的新方法(如大量笛子类乐器和其他音乐器材),作为学校里的一门学科,唱歌已经变成"音乐"了,目的是为了反映更加广泛的内容和音乐教育新方法。从20世纪20年代起,学校音乐课开始包括音乐听力、音乐鉴赏和打击乐队等活动,从学校建立起始就存在于澳大利亚各学校的

"吹(笛)打(鼓)乐队"现在已经列入教学大纲中。其他乐器形式(比如维多利亚的曼比组合小提琴教学方法)也被介绍到各学校里去(Cameron,1969;Southcott,1993),还有达尔克洛兹的"体态律动"通过无线电广播设备从20世纪30年代起开始教授(Pope,2006),这些发展中很少是澳大利亚人独创的,大多数都是仿效外国的。在20世纪50年代,这种趋势随着学校磁带录音机的引进而延续着,60年代是奥尔夫和柯达伊的方法,70年代早期开始有了自己的创造性教学方法。

学校音乐曲目和儿童的体验

为了渗透道德教育的内容,课堂上使用的歌曲(尤其是在殖民地早期)都经过了仔细筛选。1876年,詹姆斯·费舍尔用简单美妙的音乐旋律歌唱了劝诫性的歌词:"我不可以欺侮我的母亲,她用一生爱着我,她宽仁地原谅我的过错,教我去祈祷。哦,我将怎样尽力去使她快乐,她随时都将会明白;如若她离开了我,离开了这个世界,我将会是什么样子!"(Stevens,2002)。正如通过赞美诗和陶冶性情的歌曲进行宗教道德价值的灌输一样,给儿童选择的歌曲曲目也可以承载着建构家庭生活的功效。

之后,特别是在殖民地士兵小分队被送往苏丹战争和南非战争时期,具有爱国主义和民族主义内容的歌曲作为一种促进帝国公民自豪感的手段受到了欢迎。例如,在澳大利亚庆典中一个重要的节日是"帝国日",官方的首次澳大利亚庆祝是在1905年。这天,孩子们听了关于帝国的故事、唱了歌曲《上帝拯救女王》(God Save the Queen)和《前进,美丽的澳大利亚》(Advance Australia Fair),表演了健美操和军事演习队列操,走上了爱国主义的舞台列队行进以接受检阅。一个女学生的回忆典型地代表了许多人:"帝国日是非常特殊的一天。我记得有一年我扮演博阿迪西亚女王,穿一件白色的飘逸长袍,举着英国国旗,戴着金光灿灿的钢盔,拿着三向叉。"(引自 Hetherington it al. ,1979)(见图 11.1)。庆典活动如果没有歌曲就是不完整的,一些歌曲是澳大利亚的,但大部分都是英国的,如《海洋是英国的荣誉》(The Sea is England's Glory)和《英格兰船员》(Ye Mariners of England)(Southcott,2002)。

随着殖民属地转变成澳洲联邦,学校音乐也变成一种培养儿童爱国主义情感的重要媒介。在1906年,学校明确地宣称:"培养爱国情感是非常重要的。我们有着成千上万的孩子们,他们应该在长大时相信世界上只有自己的祖国最亲……有关国旗、伟人事迹、祖国风光等歌曲都应该推荐给孩子们去唱。"(Education Gazzette South Australia, 1906)。

第三部分
第十一章 澳大利亚：反复出现且尚未解决的问题 | *161*

图 11.1 帝国日，澳大利亚南部的邓普顿山学校(Mount Templeton)①

对于音乐在殖民地教育的价值最有根据的说法也许都是源于威廉姆·威尔金斯(William Wilkins,1872—1892)，因为他是新南威尔士教育体制最主要的缔造者。1870年他再次阐述了公共教育体制中应该开设唱歌课的重要原因，比如，德国通过学校音乐的影响使得整个民族从欧洲最沉醉的民族到最清醒的改变，他以此为例再次重申了他的信念："作为一种手段，音乐的教化作用逐渐成熟，使得儿童在和同伴频繁交流的社会氛围中得到了锻炼。"(引自 Stevens,1978)特别是在人烟稀少的地区尤为重要，在那里社会交往的机会少得可怜，更为重要的是，音乐有一种强有力的纪律约束，通过这种约束，唱歌就可以替代一些不必要的教育体罚。

尽管合唱是班级唱歌的自然产物，但是合唱音乐节的发展却可以让孩子们像成人在合唱乐团或者教堂合唱团表演那样体验音乐艺术。年终慈善音乐会、音乐庆典和大范围的庆典活动在殖民地学校里都举办得相当频繁(Stevens,1978)。在新南威尔士，重要的公共活动都安排了由学校孩子们举办的大型演唱会，例如，1868年，当爱丁堡国的君主阿尔弗雷德(Alfred)王子访问殖民地时，一万个来自悉尼各学校的孩子们，随着军乐队的伴奏和詹姆斯·费舍尔的指挥，在政府官邸门前的草坪上清楚地、完美地、协调一致地演唱了《上帝拯救我们尊贵的女王》(*God Save our No-*

---

① 参见 Children's Hour, Classes IV and V, Grades 7 and 8, XXVII,(308),August 1915:169。［译者注］

ble Queen)这首歌(Stevens,1978)。澳大利亚联邦成立举行就职典礼仪式时,另外一个相近人数的学校合唱团在悉尼中央公园演唱了包括胡果·阿尔佩的《联邦澳大利亚》(Federated Australia)等许多歌曲,又一次激发了儿童强烈的爱国情感和民族自豪感(Chaseling,2003)。后来,又出现了每年一度的合唱音乐节,比如,以"千人大合唱"(见图11.2)为特色的南澳大利亚社会表彰音乐会,以及以缓和的形式为特色的现在仍在继续表演的小学生音乐节。

图11.2 1912年亚历山大·克拉克与社会表彰音乐会的"千人大合唱"排练[①]

为学校学生们设计的比较大型的表演经常是以有教育意义的内容为核心。其中一个小孩子在描述她自己在学校的音乐体验时举的例子就是这样一个音乐会。1892年,南澳大利亚高勒学校的一个学生卢拉·夸尔顿(Luella Quarton)给学校报社寄了一封信,在信中她写了关于她在期末学校音乐会上的情况,虽然这封信很可能是在老师的辅导下写的,但这却是目前存留的孩子心声的独特例子。夸尔顿描绘了由五年级学生表演的学校大合唱——《白色的花冠》(The White Garland):

八点钟幕布升起,舞台上露出由比德内尔(N. Beadnell)老师扮演的女王,坐在宝座上被"学者们"围绕着。女孩子们穿着白色的连衣裙,在舞台深绿色背景的映衬下,非常非常漂亮。校长伯纳德(R. Burnard)先生先进行了一个简短的演讲,在莫尔斯(A. Morrs)小姐的钢琴伴奏下,然后我们开始表演大合唱《快乐的心情》(Happy Hearts)。各种各样的人物角色,像准时先生、拖沓先生、毅力先生、吵架先生、慷

---

① 参见 Education Gazette XXVIII,(312),8 October 1912:216。[译者注]

慨先生和自私先生,分别被夸尔顿(L. Quarton)、比德内尔(P. Beadnell)、加尔莱尔(E. Gartrell)、伯纳德(S. Burnard)、詹姆斯(L. James)和利姆博(G. Limb)所扮演。大合唱结束时还唱了一系列的歌曲。诺斯(R. Northy)先生是总导演,这种成功中凝结着他的很多心血。

《白色的花冠》是一首专为学校写的大合唱,也非常具有教育意义,讲述女王的奖励是给那些表现好的、用功的学生(准时的、慷慨的、坚毅的),同时指责但最终会原谅曾经在一些方面犯过错误的坏学生(拖沓的、爱吵架的、自私的)等。其实,人们创作了很多类似这种的承载教化信息的音乐作品。

其他歌曲仅仅是为了让儿童享受唱歌,是关于他们日常生活诸如游戏、玩具、户外冒险和其他童趣等方面内容的歌曲。例如,《荡桨歌》(Paddling Song)描绘了澳大利亚儿童奔跑在沙滩上的经历:"我们飞过闪烁的沙子,光着脚丫,外衣系高高"(Macrae and Alsop,1910)。在这种娱乐性的歌曲中一个反复吟唱的主旋律就是大自然,尤其是澳大利亚的灌木丛。最早关于澳大利亚动物的歌曲之一是在1879年出版发行的《幼兽歌》(Joey's Song),它被收录在题目是《有袋类动物法案或坏男孩、好狗和老人袋鼠》(Marsupial Bill or the Bad Boy, the Good Dog and the Old Man Kangaroo)的用诗歌的形式表现的警示寓言中(Stevens,1879)。另外一个例子是《铃鸟之歌》(Tale of the Bellbird),由维多利亚的塞缪尔·迈克伯尼(Samuel McBurney)所创作(见图11.3),也是用歌词讲述了一个"孩子被铃鸟的声音所吸引而迷失在灌木丛中"的寓言故事(Stevens,2006)。

存留下来的学校音乐会最常见的形式是来自许多不同班级和活动展示的节目单,要找到由孩子们对当时场景的描述是相当困难的,一个早期的例子是来自1879年蒙塔矿山学校的梅布尔·理查德(Mabel Richard)对年度音乐会的描述,其中包括了一系列的小表演:

第一个节目是由员工米切尔小姐(Mrs. M. C. Mitchell)表演的,之后是由大约30人的男女声合唱表演——《笑之歌》(A Laughing Song)。接下来是幼儿园小朋友表演的唱歌和律动……在一阵欢呼和鼓掌之后,同学们又表演了一首名为《滂沱大雨和漂流的船》(A Wet Sheet and a Flowing Sail)的歌,男孩子们的卡宾枪队列紧随其后……接下来是一个四幕剧《灰姑娘》……一群女孩表演集体操,还有一些比较大的男孩子们的标枪操……最后一个节目是女孩演唱的名为《中国伞》(Chinese Umbrella)之歌,表演得非常精彩(Richards,1879)。

这段简要的描述浓缩了那个时期儿童学校音乐活动的范围。像《滂沱大雨和漂流的船》这种专为音乐会表演准备的歌曲反映了澳大利亚对英国的拥护,而且这种歌曲还经常在群众音乐会上演出,有时还带有动作,甚至有号笛乐器伴奏。歌曲《中国伞》是许多学校音乐会上的传统节目,主要用来反映当代新品味,特别是夸张的音乐喜剧。

图11.3 《铃鸟之歌》①教唱谱,是19世纪后期澳大利亚儿童用五线谱和"首调唱名法"的证据

从19世纪末期开始,澳大利亚的所有学校普遍拥有10—40人组成的吹打乐队(见图11.4)。最初,这些乐队都是课外的,但是后来它们就成了学校音乐科目中的一部分。乐队中队员们的训练都是军事化的,经常为学校的队列训练进行伴奏。1894年时,亚历山大·克拉克是南澳大利亚教育部《仪仗队年鉴》(Mannul of Drill)的作者,年鉴是模仿《英国军队年鉴》(British Army Mannull)编写的。作为学校音乐会的一部分,男孩子们常常要完成他们的体操——卡宾枪列队表演(扛着真枪或者模型),这个节目因为给人视觉冲击力很大所以特别受到大家的欢迎。此外,还有其他儿童表演的健美操,女孩子们经常会用铁环、指挥棒和花棒。

---

① 《铃鸟之歌》,Samuel McBurney 作曲,Andrew Barton 作词,来源于:The Austraklia Progreeive Songster No. 2 for Senior Classes. Sydney; Augus & Robertson, Sydney, pp. 35—6。[译者注]

图11.4 澳大利南部斯塔尔特(Sturt)街道学校管乐队(来自作者收藏的贺年卡)

历史留下的教训

重新梳理义务教育阶段音乐教育方面的历史,很多问题都浮现出来,这些问题不仅与澳大利亚目前的国家局势有关系,也为国家制定未来教育政策时提供了"历史的经验和教训"。有三个最重要的"教训"需要牢记于心。

第一个教训是,小学音乐教学所需专业教师的配备在体制上受到不可避免的经济限制,因此这种配备小学音乐教师的方法在经济萧条时代是很容易受阻的,比如1890年发生在维多利亚的情况。而且,20世纪50年代以后维多利亚再次聘用专业音乐教师作为主要手段来进行音乐教育,历史又一次重演,尽管这一次更多的是由于课程政策的变化而不是经济原因。在20世纪70年代末,由107位专业音乐教育家组成的音乐机构被裁撤,取而代之的是学校音乐教师(Stevens,1978)。不幸的是,新体制没能有效地在学校提供音乐教育,因为在学校里音乐教师的岗位大多都被其他科目的专业教师占满了。学校里音乐所处的地位一直很脆弱,尤其是在经济下滑的时期。

第二个教训是,为了保证小学教师能够胜任教授音乐课,无论是职前或者是在职,有必要对普通小学教师在音乐教育方面进行综合性训练,比如说在19世纪最后一个10年内新南威尔士所实行的,历史证明其做法是正确的。他们使用一种恰当的音乐教学方法——"首调唱名法",在威尔士实行的是"普通教师教音乐法",到20世纪早期新南威尔士公立小学几乎所有的儿童都接受了音乐教育,而且在学期末督察员的考查时通过率达到 75%～80%(Stevens,1978)。只有教师在音乐方面的教育达到一定水平,学校课程中的音乐教学才能得到保证。

　　第三个教训是,音乐教育者必须一如既往地去倡导在学校把音乐课作为必修课。相当多的公立学校的课程改革把音乐放在一门统称为"艺术"的科目里,这样的话,音乐课就可教可不教。放弃如此重要的一门课就等于拒绝给予学生的全面发展,应该受到强烈的谴责。

　　像许多其他国家一样,在公立学校进行音乐教学中,澳大利亚仍然承受着许多长期未解决问题的困扰。因此,在制定未来学校音乐教育政策时应该吸取历史所留给我们的教训。

参考文献:

Aldrich, R. (1996), *Education for the Nation*. London: Cassell.

Allen, C. G. (n. d.), *The White Garland*. London: John Curwen & Sons.

Cameron, A. E. (1969), 'The class teaching of music in secondary schools in Victoria, 1905—1955' (unpublished MEd thesis, University of Melbourne).

Chaseling, M. (2003), 'The great public school choir', in K. Hartwig and G. Barton (eds), *Artistic Pratice as Research: Proceedings of the XXVth Annual Conference of the Australian Association for Research in Music Education*. Syndey: AARME, pp. 25-43.

Education Department, South Australia (1906), *Education Gazette*, XXII, (232), 43.

Hetherington, H., Sharam, R, and Rymill, P. (1979), *Penola Primary School Centenary History*. South Australia: Penola Primary School Centenary Committee.

Macrae, D. F. and Alsop, M. (1910), 'Paddling Song', in *Some Children's Songs*. Melbourne: George Robertson, pp, 1-3.

Marvic, A. (n. d.), *[Australian] Historical Timeline*, home. vicnet. net. au/~pioneers/pppg10. htm, accessed 30 August 2008.

McBurney, S. (n. d. [c. 1895]), *The Australian Progressive Songster No. 2 for Senior Classes*. Sydney: Angus & Robertson.

Miller, P. (1986), *Long Division: Schooling in South Australian Society*. Adelaide: Wakefield Press.

Parliament of South Australia (1911), Report of the Minister of Education in *South Australian Parliamentary Papers*, No. 44.

Pascoe, R., Leong, S., MacCallum, J., Mackinlay, E., Marsh, K., Smith, B. et al. (2005), *National Review of School Music Education: Augmenting the Diminished*. Canberra: Australian Government.

Pope, J. (2006), 'Music through movement over the radio: a dilemma for Dalcroze', in A. Giráldez, M, J. Aramberri, F. Bautista, M. Díaz, L. Hentschke and M. Hookey (eds), *Proceedings of the 26th World Conference of the International Society for Music Education*. Kuala Lumpur: ISME. CD-ROM.

Quarton, L. (1893), 'News of the month: entertainment at Gawler', The Children's Hour, Class 4, V, (44), 95.

Rainbow, B. (1967), *The Land without Music: Musical Education in England 1800-1860 and its Continental Antecedents*. London: Novello & Co. Ltd.

Richards, M. (1879), 'Letter', Tonic Sol-fa Reporter, November, 245.

Smeaton, T. H. (1927), *Education in South Australia from 1836 to 1927*. Adelaide: Rigby.

Southcott, J. E. (1993), 'Martial strains', in V. Weidenbach and J. Callaghan (eds) *The Transformation of Music Praxis-Challenges for Arts Education: Proceedings of XIVth Annual Conference of the Ausralian Association for Research in Music Education*. Sydney: AARME, pp. 269-286.

Southcott, J. E. (1995), 'The establishment of the music curriculum in South Australia: the role of Alexander Clark', Research Studies in Music Education, 5, 1-10.

Southcott, J. E. (1996), 'Curriculum stasis: Gratton in South Australia', in V. Weidenbach (ed), *Proceedings of 15th Annual Conference of the Australian Association for Research in Music Education*. Sydney: AARME, pp. 51-9.

Southcott, J. E. (1997), 'Music in state-supported schooling in South Australia to 1920' (unpublished PhD thesis, Deakin University).

Southcott, J. E. (2002), 'Songs for young Australians', in J. E. Southcott and R. Smith (eds), *A Community of Researchs: Proceedings of XXIInd Annual Conference of the Ausralian Association for Research in Music Education*. Melbourne: AARME, pp. 164-71.

Southcott, J. E. (2004), 'The singing by-ways: the origins of class music education in South Australia', *Journal of Historical Research in Music Education*, XXV, (2), 116-27.

Stevens, J. B. (1879), 'Marsupial Bill: of the bad boy, the good dog and the old man kangaroo', reprinted from *The Queenslander*. Brisbane: Gordon & Gotch.

Stevens, R. S. (1978), 'Music in state-supported eudcation in New South Wales and Victoria, 1848—1920' (unpublished PhD thesis, University of Melbourne).

Stevens, R. S. (1981), 'Music: a humanizing and civilizing influence in education', in G. Featherstone (ed.), *The Colonial Children*. Melbourne: Royal Historical Society of Victoria, pp. 63-72.

Stevens, R. S. (1986), 'Samuel McBurney-Australian tonic sol-fa advocate', *Journal of Research in Music Education*, 34, (2), 77-87.

Stevens, R. S. (1993), 'Hugo Alpen-New South Wales Superintendent of Music, 1884—1908', *Unicorn: The Journal of the Australian College of Education*, 19, (3), 93-6.

Stevens, R. S. (1997), 'George Leavis Allan', in W. A. Bebbington (ed.), *The Oxford Companion to Australian Music*. Melbourne: Oxford University Press, p. 20.

Stevens, R. S. (2002), 'James Churchill Fisher: pioneer of tonic sol-fa in Australia', in J. E. Southcott and R. Smith (eds), *Proceedings of XXIInd Annual Conference of the Ausralian Association for Research in Music Education*. Melbourne: AARME, pp. 172-82.

Stevens, R. S. (2006), '"Forward gaily together" – the school music compositions of Samuel McBurney', in J. E. Southcott and P. de Vries (eds), *Proceedings of the XXVIth Annual Conference of the Australian Association for Research in Music Education*. Melbourne: AARME, pp. 116-25.

第十二章 日本：音乐是道德教育的工具吗

小川昌文
(Masafumi Ogawa)

日本应该把音乐作为道德教育的工具吗？2008年时日本在学校音乐课程中并没有把本土音乐作为基础内容，这在局外人看来也许很是惊讶。最近，尽管日本音乐在更大程度上被纳入当前的音乐教科书中，但根本上日本的课程还是以西方音乐为基础的，这就意味着西方五线谱被视为标准，学生不仅演唱欧洲或美国歌曲，而且还听贝多芬的《第五交响曲》。在大多数音乐教室中都配有音乐会中使用的钢琴以及其他西方乐器，日本传统的乐器如十三弦日本筝（koto）或者日本鼓（taiko）也在逐渐普及但仍然不如西方乐器常用。当然，必须明确的是，在包括日本在内的亚洲国家里，西方音乐的流行和西方工业化和殖民主义的影响是分不开的，因为在19世纪时它随同其政治经济思想体系一起被引入并灌输到这些亚洲国家中。

在本章中，笔者提出以下三个问题：

（1）为什么日本的学校音乐课程以西方音乐为主？

（2）日本本土音乐应该作为核心吗？

（3）日本音乐教育的思想基础在本质上有缺陷吗？

作为日本的音乐教育工作者，我有义务解释并回答这三个重要问题，我也有责任解释目前日本音乐教育的特征和现状。因此，在这一章里，我将对日本音乐教育历史中最关键的阶段进行简单概述，从音乐进入学校教育到第二次世界大战后的教育改革，最后着重回答上述三个重要问题。

学校音乐教育的开端

音乐纳入学校教育的同时,日本开始了现代化。经过幕府时代(Tokugawa shogunate,1603—1868)的长期自我封闭(闭关锁国,与世隔绝),1868 年新的日本政府对世界开放,明治(Meiji)时代开始,相应地,政府开始通过从国外雇佣世界级的科学家、工程师和学者来改革日本,这被称为是"邀请国外雇员"(Oyatoi Gaikokujin),实际上这些海外专家的专业领域覆盖了包括音乐在内的每个学术科目。

1872 年颁布了一部新法律《教育基本法》(Gakusei),这是为在整个国家建立学校教育体系而颁布的第一部教育法。它建立在欧洲模式上,主要借鉴荷兰和法国(Kimura,1983),其中,音乐第一次成为学校的一门课程——小学称"声乐"(shōka),中学称"表演"(sōgaku)。但是,此法又另外指出目前音乐教育可以被忽略。由于这部法律基本上没有什么效果,也不符合当时的现实情况,所以被废弃了,1879 年被《教育法》(Kyōikurei)取而代之。值得注意的是,刚开始在学校课程中音乐只是一门选修课,直到 1919 年日本政府修订了《教育法》之后音乐才成为必修课(Sawasaki,1983)。

音乐研究委员会的成立

1880 年日本实施学校音乐教育的同时,一个名为音乐研究委员会(Ongaku torishirabe kakari)的机构也建立起来了,目的是根据《教育基本法》和后来颁布的《教育法》补充音乐教育,这是第一个为音乐研究和音乐教师培训而创办的机构。

这个机构是由政府建立并运作,教育部的三个教育官员在其形成过程中起到了关键作用,他们分别是田中不二麿(Tanaka Fujimaro,1845—1909)、目贺田种太郎(Mekada Tanetarō,1853—1926)和伊沢修二(Isawa Shūji,1851—1917)。田中不二麿于 1870 年到 1878 年间在教育部担任部长;目贺田种太郎毕业于哈佛大学,主管留学奖金项目;伊沢修二曾就读于波士顿布里奇沃特师范学校,后来成为该校负责人。这三个人都曾到美国留学,并且把美国音乐教育当作日本的模式来进行调研,回国后,他们就集中精力在日本创办并发展了这个新的音乐研究机构。

音乐研究委员会有三个目标:
(1) 通过整合东西方音乐来创造出一种新音乐;
(2) 培养在未来可以创立"国乐"的领军人才;
(3) 在全国范围内把音乐教育纳入学校。

路德·怀庭·梅森（Luther Whiting Mason）

1872年，日本政府派代表团拜访新英格兰音乐学院院长埃本·拓耶（Eben Tourjeè,1834—1891），并把此作为研究西方文化任务的一部分（见 Ogawa,1991）。埃本·拓耶向代表团成员推荐了他的好友路德·怀庭·梅森（Luther Whiting Mason,1817—1896），一位正处于职业生涯巅峰的德高望重的音乐教育家。结果8年后，梅森正式被邀请成为音乐研究委员会的第一位外国员工。

作为19世纪最有影响力之一的美国音乐教育家，梅森于1864年到1878年间一直担任波士顿私立学校的负责人，并且还是许多音乐教科书的作者（参见 Howe,1997;Ogawa,2003），他是编著整套分级音乐教材《国家音乐课程》（*The National Music Course*）（Mason 1870a）第一人。他采用了三种欧洲音乐教育方法——有约翰·柯尔文（John Curwen,英国）的，有葛巴谢谱式（Galin-Paris-Chevé,法国）的，还有基督教徒海因里希·霍曼（Christian Heinrich Hohmann,德国）的（见 Hohmann,1853），梅森修改并结合这些方法从而逐渐形成了他的"美式声乐教学法"。

梅森于1880年3月2日到1882年7月14日在日本任职（Nakamura,1993）。在此期间，他有三项主要任务：培训音乐研究委员会的学员；为学校开发音乐教材；在各类学校里教授音乐。这三项任务与音乐研究委员会的三个目标紧密相连。值得指出的是，尽管他被授予权威的地位，但他既不是该委员会的主要负责人，也不是最终决策者，因为该委员会是由教育部和伊泽修二掌控的。

在音乐研究委员会里，梅森教授声乐法课程、钢琴、簧风琴、交响乐以及基础和声。很可能他的系列音乐教材《国家音乐教程》被用于声乐法教学中；用于钢琴教学的教材是费迪南德·拜厄（Ferdinand Bayer）的《学龄前钢琴演奏入门》（*Vorschule im Klaviaspiel*,Opus101）。声乐法课程一周4次课，而钢琴、交响乐与和声是一周1次课。在和声课上，梅森在给学生评分的时候信心不足，就把学生的和声练习交到英国音乐学院的斯蒂芬·艾米瑞教授（Stephan A. Emery,1841—1891）那里定期批改（Nakamura,1993）。

他的第二个职责是为日本第一套音乐教材——《初等学校歌曲集I—III》——的出版作出了巨大贡献（Ministry Education,1881,1883,1884）。梅森参与了前两册的编写，《初等学校歌曲集I》（*Shogaku Shokashu*）于1881年出版，包含了33首合唱歌曲，其中30首选自梅森的《国家音乐教程》，其余的由音乐研究委员会工作人员创作。《初等学校歌曲集II》（*Shogaku Shokashu*,1883）包含16首歌曲，15首是合唱歌曲，1首是轮唱歌曲，其中13首选自国外音乐教材，3首是本土的。

除了音乐教材的编写，梅森还参与了教师声乐指南手册的编写，即《国家音乐教师》（*The National Music Teacher*）（Mason,1870b），还有《准备课、第二系列乐谱的关键与第二音乐读者》(*A Preparatory Course Key to the Second Series of Music Charts and Second Music Reader*, Mason 1873)，这些手册中的一部分由内田凯驰(Yaichi Uchida)翻译成日语叫做《唱音乐与听音乐》(*Ongaku skinan and Ongaku shōkei*)，这些译本不仅在音乐研究委员会使用，同时也用于全国大多数的教师培训学校。

为了完成他的第三项任务，梅森在东京师范学校、东京女子师范学校、东京女子学校附属小学和附属幼儿园以及东京学习院(Gakushuin)小学教授音乐课程。除了培训学生，梅森的教学也用来检验新教材的有效性，他的教学成果体现在1882年1月30日和31日举办的大型音乐会上(dai-enshukai)。

1881年11月，梅森的辛苦工作得到了回报，他的合同得到了延期，但是在1882年6月，他收到了一个离开日本几个月的请求，目的是为以后的音乐教材收集材料。梅森在1882年7月14日离开日本经美国到达德国汉堡(Hamburg)，但是在1882年11月，他的合同突然被日本政府取消了，其理由如下：第一，伊沢修二和梅森对于发展音乐教育有不同的方法——尤其是伊沢修二对梅森没有表现出足够的融合日本和西方音乐的能力感到失望；第二，梅森的薪水出奇的高，对音乐研究委员会的财务来说是一大消耗；第三，梅森已经实现了最初的目标，不再需要他作出任何贡献(Nakamura 1993)。实际上，梅森的离开引起了委员会政策的变动，在日本政府取消合同的同时，他们已经同德国专业作曲家弗朗兹·埃克特(Franz Eckert, 1852—1916)协商签订了一份新的合同，从此以后，音乐研究委员会成为了一个德国风格的音乐专业学院(Nakamura, 1993)。

伊沢修二和他的音乐教育哲学

作为日本音乐教育发展的核心成员之一，伊沢修二被称为"日本音乐教育之父"，他于1880年到1891年期间担任音乐研究委员会的主要负责职务。伊沢修二刚开始是梅森的学生，后来成为他的朋友和同事，并且出版了自己的系列音乐教材，这些教材是他和梅森研究的成果。尽管伊沢修二不是音乐家，但他明白音乐教育的角色和重要性。

在伊沢修二的职业生涯中，他至少两次向政府提交了音乐教育的理论依据。第一次是在1878年，他向教育部部长提交由他和美佳塔·塔纳塔罗(Megata Tanetaro)共同执笔的第一封请愿书，在信中他写道：

音乐能使学生振奋精神，放松身心，加强肺功能，促进健康，锻炼思维，愉悦心情以及形成良好的性格，这些都是音乐带给学生的直接益处。相应的它对社会产生的间接影响是：提供娱乐，驱除邪恶，促进社会全民进步，愉悦民众，颂扬美德以及享受和平。

伊沢修二没有提及其理论依据的来源。但是，尽管强调音乐的功能价值，他认为音乐比起其他学科还是次要的，伊沢修二可能认为这种策略在获得政府认可方面更有效，而实际上他的理论依据与美国音乐教育家梅森的很相似，除了后者认为音乐还对宗教具有影响作用之外(Ogawa,2000)。

第二份陈述中，伊沢修二在前言中就概述了音乐教育的目的。他讲到音乐教育的重要性可以分为三类：道德的、智力的以及身体的，儿童的小学阶段在道德方面的重要性是三者中最重要的(Ministry Education,1881)。

第一份请愿书是在音乐研究委员会成立之前提出的，第二份是在该委员会成立之后且伊沢修二成为其主要负责人时提出的，强调音乐的道德观念，在把音乐当作一门课程的同时他强调其不仅代表伊沢修二的观点，同时，也表明了政府的立场。从此以后，它就成为日本音乐教育界公认的官方理论依据。

1883年，伊沢修二关于音乐教育的理论依据做了一次重要的题为《唱歌价值与教学方法》(*On the Merit of Singing and the Method of Teaching*)的演讲。他提出音乐教育的两个价值——促进学生健康与发扬道德爱国精神。在此伊沢修二更加强调了音乐教育在道德方面的作用：

小学时期是最重要的教育阶段，因为这个年龄段的孩子很敏感且易塑造。因此，这个阶段使用的音乐应该精心挑选，委婉且优雅，以便于培养学生善良和公平的优良品质。例如，歌曲应该赞美花朵、鸟儿、月亮和风，以便孩子的思想与大自然融为一体，道德作用得以发挥(Tokyo Geijutsu Daigaku,1987)

伊沢修二继而指出通过唱歌教育体现的11种道德作用(Ogawa,2000)，在所有的这些作用中，音乐被视为终止一切的手段。他认为在音乐学习过程中有九个阶段，目前的音乐课程应编排如下：

(1) 背唱

(2) 符号标记

(3) 音阶练习

(4) 五线谱标记练习

(5) 合唱旋律练习

(6) 轮唱

(7) 二重唱

(8) 钢琴

(9) 交响乐(Tokyo Geijutsu Daigaku,1987)

有趣的是，音乐层次被混淆了，因为它把各种音乐风格和类型混在一起。前七个阶段通常用于声乐训练，但这并不一定意味着它们就是钢琴教学和交响乐演奏必要的前提条件，但这正是伊沢修二和其同僚的观点。另外，这九个阶段不仅在难度方面有梯度,而且还代表了逐渐提升的音乐价值(Ogawa,2000)。在伊沢修二看来,高一阶段要比低一阶段更有价值,因此,交响乐被认为是音乐创作的最高形式。

在后来的文献中也有引述伊沢修二的音乐教育观。1884年,音乐研究委员会的第一份报告中包含了伊沢修二的一篇题为《音乐和教育之关系》(Ongaku to kyōiku no kakei)的文章,他认为大调歌曲要优于小调歌曲,因为"前者通常是华丽的能唤起人欢快的情绪,而小调歌曲通常是柔软无力的给人一种消沉的感觉"(Ogawa,2000)。伊沢修二进一步指出:"如果一个人受到大调音乐的熏陶,他或她就会变得优雅、欢快,从而身心健康。"(Ogawa,2000)

伊沢修二画了一个表格,在这个表格中他列出了每个国家大调和小调的分布。德国98%的歌曲都是大调,排名首位;接下来是瑞士、波兰和塞尔维亚。根据奥格瓦所载,"文化进步的国家比起文化落后的国家拥有更多的大调歌曲"(Ogawa,2000)。这个观点在今天的日本依然有例可证,尤其是在低年级教科书中大多数歌曲都是大调歌曲。

作为日本音乐教育的创始人和早期决策者之一的伊沢修二,他的哲学思想有效地代表了政府的立场,同时,他的观点和影响很长一段时间在学校课堂实践中得到了体现。

评估三个目标

音乐研究委员会的三个目标在多大程度上得到了实现?第一个目标是整合西方和日本的音乐,被叫作"西日风格融合工程"(wa-yo secchu),这就意味着要整合两种不同的音乐体系,使其相互作用从而产生一种新的音乐体系。融合两种不同的音乐文化并非易事,因此实际的结果是,二者仅仅是表面上的折中妥协,包括日本音乐向西方五线谱符号的转变、用日文为外国歌曲作词以及由日本作曲家用西方风格创作新歌,这些例子能在目前《初级学校歌集》的三册书中查到(Ministry Education, 1881,1883,1884)。例如,日本歌曲被转化成了五线谱符号;歌词配上苏格兰《友谊天长地久》的曲调重新命名为《萤火虫》(hotaru);德国民歌《轻舟荡漾》(Lightly Row)重新编排成了《蝴蝶》(chocho)。至于新歌的创作,歌曲《狂野的粉红色》(amato nadeshiko)是出自梅森的一个日本学生。这些成就都源自梅森、伊沢修二以及音乐研究委员会成员的共同努力。实际上,对于西方音乐和日本音乐的改编和融合在当时并没有实现,直到一个世纪后武满彻(Toru Takemitsu)的出现才实现了这些目标(Ogawa,1994)。

音乐研究委员会成功地培养了一批音乐领军人才,实现了第二个目标。1880年委员会建立时有22个学生,包括一些专业演奏"雅乐"(Gagaku)的宫廷乐师,其余的都大多数来自于贵族家庭。第二年又加入了12名学生。课程是四年制,学生学习歌唱、钢琴、日本筝(koto)、簧风琴(reed organ)、胡弓(kokyu)、小提琴、和声、乐理以及音乐史和教学法。实际上他们并没有西方音乐的教育背景，但是他们中的大多数都表现出非凡的进步。其中有三个人，余山木根(Yoyama Kine)、小田延(Koda Nobu)和汤实道(Us Sanemichi)分别成为东京音乐学校的大学教授、音乐调研所(Ongaku torishirabe kakari)的继任者，其他毕业生都成为遍及日本师范学校的教师。

第三个目标也是成功的。在音乐调研所成立之后，学校的基础设施体系在短时间内就组织起来。正如之前概述的，《初等学校歌曲集》得到出版，音乐教师成功地被培训，因而日本音乐教育在5年内得到全部确立。

反思创建时期的意义与价值

如前所述，日本的音乐教育初始之时处于政府控制之下。由于它形成了自有的教育系统，使日本被迫面对一个文化转型，面对一个将西方音乐融入现有日本文化的斗争。在19世纪的日本，西方音乐不仅仅是一种不同的艺术形式，也是工业化、帝国主义和基督教诸方面社会变革的一部分。为了维护政权，对音乐教育进行控制、审查和妥协是不可避免的。

最初，政府没办法创建一个融合东西方风格的新音乐系统。对于学校而言，西方音乐变成了标准，而日本传统音乐(除了极少部分歌曲)则被排除到学校之外。政府更关心的是教材形式，而不是音乐内容，因此，日本的学校音乐采用了西方的音乐体制，并且将其作为一种道德教育的工具。

另一个不可避免的问题是实现把音乐纳入到学校教育的预期目标。因为西方音乐如此迅速地被带进日本，难免要花很长一段时间才能渗透日本音乐的教育。例如，小学的唱歌教材只有齐唱，偶尔有两声部的歌曲材料用于小学高年级和中学。

西方声乐在当时几乎不被理解，因为西方古典音乐和日本传统音乐的歌唱风格有很大的不同。一般而言，西方歌唱时口腔和咽喉要打开，而在日本歌唱时通常口腔和咽喉相对闭合。很难找到关于日本早期的音乐教育在歌唱发声方面的文献资料，这似乎可以看出先驱们试图避开这个问题。例如，当内田凯驰(Uchida Taichi)翻译路德·梅森的一本预备课程书时(1873)，就省略了其中海因里希·科特扎尔特(Heinrich Kotzolt)写的声乐练习部分。

对于政府，音乐教育是德育的一种工具，音乐教育的目的是培养道德思想(*tokuseinokanmyo*)和教化帝国子民(*kokokumin no ikusei*)，尽管在教育体系和结构上稍有变化，但是音乐教育的这些目标一直持续到第二次世界大战结束。

音乐教育改革

明治维新七年后又发生了另一场历史变革。1945年日本被盟国占领,日本的政治和社会制度被废弃,取而代之的是在美国统治下而建立的新体制,相应的教育制度也彻底革新了。

1946年3月,美国第一个由乔治·D.斯托达德博士(Dr George D. Stoddard)担任主席的教育代表团到日本来评估其教育制度。3月底,"派往日本的美国教育代表团的报告"提议通过教育来支持民主。基于这份报告以及后来新日本宪法的创立,《新教育基本法》(Kyōiku kihon hō)和《学校教育法》(Gakkō kyōiku hō)于1947年3月颁布(见 Hamano,1982),新的教育制度是6—3—3模式:6年小学教育、3年初中教育、3年高中教育。小学和初中是义务教育,每个学校的课程由《学习课程》所决定,教师由每个省教育局聘用,小学和初中的教科书免费发给学生,这种制度一直延续至今。

自1947年起,新教育制度下的音乐教育在小学和初中是必修课程,因为音乐课程必须彻底重组,所以急需音乐教育专家。毕业于德国柏林学院的作曲家诸井三郎(Moroi Saburo,1903—1977)于1946年被任命为教育部部长,准备编排新课程(Kan,2003)。他全权负责哲学、方法论和日本学校的音乐教科书,其成果就是1947年出版的《第一学习课程》(Gakushu sidō yōryō)。

《第一学习课程》(The first course of study)

这本音乐课程有140多页,包括12个附有教学方法建议的章节。主要内容有音乐教育目标、音乐学习理论、教学方法、音乐和其他学科的关系、对儿童音乐能力研究的成果以及各个年级音乐教学的详细说明。它是当时最全面、最权威的音乐教育资料,尽管这本《第一学习课程》是按照教学指南编发的,建议教师按照它来进行教学活动,但也并不强制非这样做不可。实际上,当时也没有其他课程资源可供利用,因此各个学校都以此来开展自己的音乐教育。

诸井三郎指出,音乐教育的最终目标依然是德育和美育,然而正如四野(Mashino,1986)所描述的:

> 德育和美育的意义并未被正确理解,音乐教育用于德育和美育的真正含义是:通过理解感知音乐之美来培养学生高尚的审美情操和丰富的人格魅力。
>
> 音乐本质上是一门艺术,因此它不应该是一种手段而是一种目的。艺术的功能并不能解释艺术的本质,音乐用于德育和美育的解释就是对音乐之美的理解和感知,其本身也是审美教育。(Mashino,1986:18)

诸井三郎的观点明确地表明审美是美的形式。由于诸井三郎在德国学习过作曲,极大地受到巴赫、莫扎特和贝多芬的影响,所以他的音乐教育理念很自然带有这些大师的色彩。

由诸井三郎提出的最引人注意的观点之一是:日本的音乐教育应该以欧洲音乐教育体系为基础,这是因为"对音乐感知的基础只能通过某一种音乐来建立"(Mashino,1986)。他认为"同时教授几种音乐会阻碍儿童对音乐感知的发展"(Mashino,1986)。在他看来,音乐教育未来的方向是很明确的。又一次,日本选择西方音乐体系作为其学校音乐教育,而没有坚持它自己本土的音乐风格。

同时诸井三郎也指出,歌曲应该以大调为主,因为"大调不仅是欧洲音乐最基本的音阶,而且儿童也更喜欢大调。建立一种大调乐感对于儿童来说同样重要,因为这可以使他们放松心灵,成为健康快乐的公民"(Mashino,1986)。尽管论证稍有不同,但是诸井三郎重申了伊沢修二的大调主导地位的观点。

1947年以后,尽管随着课程改革增加了日本歌曲的比例,学校音乐教育的基本结构还是以西方音乐为核心。1958年从法律上对《第一学习课程》有了明文规定,这就意味着每个学校必须遵循其规定的课程,否则就要受到处罚。除了强调德育和美育外,《第一学习课程》的目标也进行了改变。

目前的音乐教育

2010年,即第二轮音乐教育改革63年后,应该怎样来描述日本的音乐教育呢?目前的课程还是在1998年制定的,规定小学阶段音乐教育的主要目标是:"通过聆听音乐来培养学生对音乐的热爱和感知力,培养学生基本的参与音乐活动的能力,培养学生高尚的审美情操。"(Ministry Education,1998)中学阶段与小学阶段的音乐教育目标相似,差异仅在于其最终目标不再是德育和美育。

小学阶段课程目标之一是通过快乐的音乐活动"使学生对音乐产生兴趣,通过音乐体验培养儿童让生活变得欢乐和丰富的态度和习惯"(Ministry Education,1998)。很显然,音乐只是实现最终目标的一种途径。音乐界的权威们想要实现的是:用音乐来影响学生的态度而不是把音乐作为研究对象。

其他课程目标强化了音乐教育的功能价值。例如,一、二年级唱歌的一个目标是"通过聆听来尝试演奏音乐","尝试"一词暗含了评价标准而不是相关成就(Ogawa,2004),其最终结果是让学生表现出积极的人生态度和适应社会进步的行为(Ogawa,2004)。还有,音乐教育的目标更加倾向于培养学生而不是让学生在音乐方面有所成就。

日本音乐课程的内容要求日本筝(Koto)或尺八(Shakuhachi)音乐成为音乐欣

赏课程听力材料的一部分,本土民间音乐也被推荐用于课堂教学。在中学,更加强调音乐教育,曲目中的歌曲必须是在日本拥有悠久历史的歌曲,能与日本大自然之美、日本文化、日本语言之美相联系的歌曲(Ministry Education,1998)。此外,要求在所有年级教授日本国歌,日本传统音乐也成为音乐欣赏课中的一部分。

目前音乐课程的学习涵盖了更多方面的内容,但笔者在这儿并不打算全面地解释日本的音乐教育,而是要关注其哲学基础。需要记住的是,目前的音乐课程是必修科目,每个音乐教师必须按照课程规定进行教学,如柯达伊或奥尔夫等其他课程是不允许的。

在日本有效开展音乐教育的障碍之一是:缺乏对音乐教师进行足够的培训[①]。一般来说,小学音乐教师在音乐表演和教学法方面接受的培训都不够,学校普通教师在课堂上教授音乐,只有少数地方政府聘用专业人士来教授音乐。这些普通教师在他们进入大学时具有很少的音乐背景,对于大部分先前没有任何音乐经验的男教师更是如此,当他们成为教师时,他们不得不教授音乐,因此常常只能是在课堂上播放CD。

至于主修音乐且在中学任教的大学毕业生,他们拥有良好的专业素养、精湛的音乐演奏技能,不幸的是他们只局限于演奏西方乐器,他们在钢琴表演或咏叹调方面取得了很高的水平,但是几乎没有人熟知日本乐器。结果是,这些音乐教师只教授西方古典音乐,除非他们大学毕业后研究非西方音乐。因此,尽管政府鼓励音乐教师教授日本传统音乐,但是,职前课程结构以及教师自身的条件并不允许这样做。

结论

在文章的开始,我们就提出的三个问题:
(1) 为什么日本的学校音乐课程以西方音乐为主?
(2) 日本本土音乐应该作为核心吗?
(3) 日本音乐教育的思想基础在本质上有缺陷吗?

日本音乐教育在早期必须采用西方音乐,因为当时的教育制度西方化,而且社会工业环境也发生了迅速变化。最初的融合西方音乐和日本音乐的意图失败了,作为折中,引入的西方音乐体系被保留下来,但是其思想与内容又受到当时国情的严格控制。第二次世界大战后不久,日本又有机会重新修订课程标准,但是西方音乐又一次被选作课程中心,当《第一学习课程》于1958年成为全国课程标准时,西方音乐占据主导地位。

---

① 与日本音乐教师培训相关事件的全面讨论,参见 Ogama(2004)。

关于第二个问题,自从引入西方音乐100多年来,西方音乐已经成为日本文化必不可少的一部分。尽管大多数日本人以为音乐起源于西方,但我还是强烈地坚持在现行课程中应当增加日本音乐的比例,可我也认识到要把它作为课程中心也是不现实的。

关于第三个问题,我认为音乐教育仍然没有得到很好地实施,并且从哲学的角度来看是有瑕疵的。正如我们所看到的,引入音乐教育是为了对年轻人进行德育教育,这种观点一直持续到第二次世界大战结束,此后,音乐教育的理论依据得以改变,尽管德育教育被培养高尚情操所取代,但是其目标在本质上是相同的——音乐仍然是实现德育的一种工具。最近,也就是2008年3月28日,日本教育部宣布新学习课程第八版本的有效性将持续到2011年。这个音乐课程中包含了一个新条款,该条款更加公开地支持现状:"以德育目标为基础,而且考虑到其和美育的关系,教师应该根据音乐的特点适当涉及道德话题。"(见 Ministry Education,2008a,2008b,2008c,2008d)这一令人吃惊的陈述清楚地暗示了音乐教育应该与德育相关,这一点在我看来是退步。

总之,日本的音乐教育一开始主要是作为实现目标的手段而存在的,其主要目标是进行道德培养,而传承本土音乐文化、获得音乐技能、接受多元文化的价值并没有被认为是学校音乐教育的重要功能。如果在将来它不再是德育的一种工具,那么某一天音乐教育是不是可能会消失?[①]

参考文献:

Chiba,Y.(2007),*Doremi wo eranda nihon jin*(The Japanese choose the do-re-mi system). Tokyo:Ongaku no tomo sha.

Eppstein,U.(1994),*The Beginnings of Western Music in Meiji Era Japan*. Lewiston,NY:Edward Mellen Press.

Hamano,M,(1982),*Sengo ongaku kyōiku wa nani wo shitaka*(What were the achievements of music education after World War II?). Tokyo:Ongaku no tomo sha.

Hohmann,C H.(1853),*Praktischer Lehrgang des Gesang-Unterrichts in Volksschulen I—IV*. Nordlingen:Christian Beck'schen Buchhandlung.

Howe,S. W.(1997),*Luther Whiting Mason:International Music Educator*. Warren,MN:Harmonie Park Press.

---

① 以下文献可为日本音乐教育史研究提供补充信息:Chiba(2007)、Iwai(1988)、Iwai et al(2003)、Kawaguchi(1991,1996)、Nakayama(1983)、Nomura 和 Nakayama(1995)、Sawasaki et al(2003a,2003b)、Suzuki(2006)、Takeshi(1996)、Zdzinski et al(2007)。

Isawa, S. (1884), *Ongaku torishirabe kakari seiseki shinpōsho* (Extracts from the report of Isawa Shūji). Tokyo: Ongaku torishirabe kakari.

Iwai, M. (1988), *Kodomo no uta no bunka shi* (A history of children's songs). Tokyo: Daiichi shobō.

Iwai, M., Takeuchi, M., Sawasaki, M., Tsuda, M., Nakayama, Y. and Shimada, Y. (2003), 'Meiji kōki' (Music education in the late Meiji period), in F. Yamamoto (ed.), *Nihon ongaku kyōiku jiten* (Encyclopedia of music education). Tokyo: Ongaku no tomo sha, pp. 743-51.

Kan, M. (2003), 'Moroi Saburō', in F. Yamamoto (ed.), *Nihon ongaku kyōiku jiten* (Encyclopedia of music education). Tokyo: Ongaku no tomo sha, pp. 769-71.

Kawaguchi, M. (1991), *Ongaku kyōiku no riron to rekishi* (Theory and history of music education). Tokyo: Ongaku no tomo sha.

Kawaguchi, M. (1996), *Kindai ongaku kyōiku seiritsushi kenkyū* (A study of the development of modern music education). Tokyo: Ongaku no tomo sha.

Kimura, N. (1983), 'Nihon no kindaika to kyōiku' (Modernization of education in Japan), in F. Yamamoto (ed.), *Nihon ongaku kyōiku jiten* (Encyclopedia of music education). Tokyo: Ongaku no tomo sha, pp. 8-15.

Mashino, S. (1986), *Ongaku kyōiku yonjūnenshi* (A history of four decades of music education). Tokyo: Tōyōkan.

Mason, L. W. (1870a), *The National Music Course: Four Series of Forty Charts*. Boston, MA: Ginn.

Mason, L. W. (1870b), *The National Music Teacher*. Boston, MA: New England Conservatory of Music.

Mason, L. W. (1873), *A Preparatory Course and Key to the Second Series of Music Charts and Second Music Reader*. Boston, MA: Ginn.

Ministry of Education (1881, 1883, 1884), *Shōgaku shōkashū daiippen* (A collection of songs for elementary schools, vols 1, 2, 3). Tokyo: Ministry of Education.

Ministry of Education, Science and Culture (1998), *Gakushū shidō yōryō shōgakkō* (The course of study in the elementary school).

Ministry of Education, Science and Culture (2008a), *Gakushū shidō yōryō shōgakkō* (The course of study in the elementary school), www.mext.go.jp/b_menu/shuppan/sonota/990301/03122601/007.htm.

Ministry of Education, Science and Culture (2008b), *Gakushū shidō yō ryōchūgakkō*

(The course of study in the middle school),www. mext. go. jp/b_menu/shuppan/sonota/990301/03122602/006. htm.

Ministry of Education,Science and Culture (2008c),Gakushū shidō yōryō shōgakkō (A draft of the new course of study in the elementary school), www. mext. go. jp/a_menu/ shotou/new-cs/news/080216/002. pdf.

Ministry of Education,Science and Culture (2008d),*Ongaku kyōin yōsei no rekishi* (A draft of the new course of studying the junior high school), www. mext. go. jp/a_menu/ shotou/new-cs/news/080216/003. pdf.

Nakamura,R. (1993),*Yōgaku dōnyūsha no kiseki* (A history of the introduction of Western music into Japan). Tokyo: Tōsui shobō.

Nakayama,Y. (1983),'Ongaku kyōin yōsei no rekishi',(A brief history of music teacher education in Japan), in M. Kawaguchi (ed.),*Ongaku kyōiku no rekishi* (A brief history of music education in Japan). Tokyo: Ongaku no tomo sha, pp. 143-54.

Nomura,K. and Nakayama,Y. (eds) (1995),*Ongaku kyōiku wo yomu* (Source readings in music education). Tokyo: Ongaku no tomo sha.

Ogawa,M. (1991), 'American contributions to the beginning of public music education in Japan',*Bulletin of Historical Research in Music Education*, XII, (2) ,113-28.

Ogawa,M. (1994), 'Japanese traditional music and school music education', *Philosophy of Music Education Review*,2,(1),25-36.

Ogawa,M. (2000), 'Early nineteenth century American influences on the beginning of Japanese public music education: an analysis and comparison of selected music textbooks published in Japan and the United States' (unpublished DME thesis, Indiana University).

Ogawa,M. (2003), 'Luther Whiting Mason', in F. Yamamoto(ed.),*Nihon ongaku kyōiku jiten* (Encyclopedia of music education). Tokyo: Ongaku no tomo sha, pp. 761-5.

Ogawa,M. (2004),'Music teacher education in Japan', *Philosophy of Music Education Review*, 12,(2), 139-53.

Sawasaki,M. (1983), 'Nihon ongaku kyōiku jiten' (A chronological table of music education in Japan),in M. Kawaguchi(ed.),Ongaku kyōiku no rekishi (History of music education). Tokyo: Ongaku no tomo sha, pp. 198-238.

Sawasaki, M. , Nakahara, A. Takeshi, K. Tsuda, M. Yagi, S. an Yoshida, T.

(2003a), 'Shōwa kōki' (Music education in the late Shōwa period), in F. Yamamoto(ed.), *Nihon ongaku kyōiku jiten* (Encyclopedia of music education). Tokyo: Ongaku no tomo sha. pp. 480-488.

Sawasaki, M., Tanabe, T., Tsuda, M., Kawazoe, K. and Hirata, Y. (2003b), 'Shōwa zenki' (Music education in the early Shōwa period, in F. Yamamoto (ed.), *Nihon ongaku kyōiku jiten* (Encyclopedia of music education). Tokyo: Ongaku no tomo sha, pp. 488-96.

Suzuki, S. (2006), 'Shōwa zenki no shihangakkō ni okeru kyōiku jissenn ni okeru shiteki kenkyū' (A historical study of music education in normal schools in the beginning of the Shōwa period)(unpublished doctoral thesis, School Education, Hyogo University of Education).

Takeshi, K. (1996), 'American educational influences on Japanese elementary music education from after World War II through the Shōwa period'(unpublished doctoral thesis, University of Illinois at Urbana-Champaign).

Tokyo Geijutsu Daigaku (1987), *Tokyo geijutsu daigaku hyakunen shi* (The centennial history of Tokyo University of Fine Arts). Tokyo: Ongaku no Tomosha.

Zdzinski, S. F., Ogawa, M., Dell, C., Yap, C. C., Adderley, C. and Dingle, R. (2007),'Attitudes and practices of Japanese and American music teachers towards integrating music with other subjects', *International Journal of Music Education*, 25,(1),57-73.

第十三章 南非：土著根源，外来文化的侵袭以及不确定的未来

罗宾·史蒂文斯　埃里克·阿克罗非
(Robin Stevens and Eric Akrofi)

和欧洲文化不一样，非洲以社区为基础的教育体制在土著人那里已有几千年的历史，这种制度旨在让儿童为将来长大成为部落成员做好准备。在大部分非洲文化中，这样的教育体制利用"音乐艺术"——唱歌、打鼓、跳舞和其他一些音乐形式——作为主要手段，使得孩子们既可以"知乐达礼"，又可以学到一些基本生活技能。事实上，在土著非洲人的生活中，尤其是在南非的社会背景下，音乐已成为乌班图人（ubuntu）生活中必需的一部分，这种习俗来自于祖鲁（Zulu）格言"一个人仅仅是一个处在与别人相互联系之中的人"和科萨（Xhosa）格言"一个人以别人的存在而存在"的观念，这一观念利用音乐来使用和支持固有的社会互助原则。正如赫布斯特（Herbst）、德维特（de Wet）和里杰斯德克（Rijsdijk）（2005）所说："撒哈拉以南非洲的音乐艺术表演和教育都要求所有人通过乐器和舞蹈来表达自己的意思。所有这些活动都是在社会规范的背景中发生的。"

本章内容从三个层面的概念编制纲要框架，得到了包括索尔森（Thorsén，1997）和坎贝尔（Cambell，2008）等几位作者的认可，纲要大致包括以下几点。

• "不正规教育"（informal education），是指在家庭、同龄人中的"终身学习，经常没有明确的教育目的"（Thorsén，1997），非常接近于一种"自然学习"，因此这种学习是"原始的，它是自然地、不自觉地发生着，并且没有任何形式的直接指导"。（Campbell，2008）

- "非正规教育"（non-formal），是指"私人的、非政府的教育部门"所进行的（Thorsén loc. cit.）或者是"部分指导性"地发生在音乐学院之外的学习，"随意性强，且没有连续性"。（Campbell loc. cit）

- "正规教育"（formal），代表的是"通过政府制定好的从初级到高等的教育制度"（Thorsén loc. cit.），或者说是那种"通过诸如有学校背景的高素质教师精心设计而进行"的学习。（Campbell loc. cit）

尽管在专业术语和定义方面有差异，但此纲要还是选取在撒哈拉沙漠以南最具说服力地区的音乐教育为例，以在文化方面更加合适和妥当的方式来考虑南非学校义务教育中音乐方面的分歧和争论，而不是仅仅在欧洲的"以学校为中心"的理念框架之内来考虑。另外，这个纲要也为南非在教育中通过音乐来推行改革提供了可持续的平台。因此，本章将分三部分论述，大体上包括这样三个层面的内容：土著方式学习所谓的音乐、传教基础教育的音乐和公立学校教育的音乐。在所有这些背景下，某种或其他教育形式对于年轻人来说是不可或缺的经历，因此所有背景都要采取一些强制性的措施，至少也要有义务地、直接地去参加这个社会环境中集体的学习活动。

随着社会政治情况的改变，南非义务教育的引进和特点也是几经变革。在19世纪与20世纪之交，欧洲大部分省的儿童已经在接受义务教育，然而就南非土著人而言，据说直到1994年建立的"新南非"政府，才为小学和初中学龄儿童普遍提供学校义务教育。

原住民的音乐学习

根据豪特弗雷斯（Hauptfleisch，1997），南非最早的居民可能是桑族人（San）——非洲南部的布须曼人，他们是一群猎人，几千年以来他们都居住在南非这片广阔的土地上。大约2000年前，一些桑族（他们自称是科伊科伊人，Khoikhoi）部落开始从所谓的讲班图语(Bantu)的非洲黑人那儿得到绵羊和牛,这些黑人在目前的南非这块土地上就逐渐站稳了脚跟。

在桑族人和南非黑人中间一直就存在着一些不正规的教育制度。然而,在科萨人进行割礼(ulwaluko)、女孩成人礼(intonjane)开始的时候产生了一种更加正规的教育。恩泽维(Nzewi,2003,引自 Herbst,du Wet and RiJsdijk,2005)曾经论述道,和一般理解不同的是,土著人的音乐学习有一种哲学系统的观念在起作用,或者说他们传授的步骤通常仅仅与"正规的"(formal)训练有联系,而这种"正规训练"不同于西方所采用的"正规的制度化的"训练。尽管恩泽维的观点被赫布斯特、德维特和里杰斯德克(Herbst,du Wet and RiJsdijk,2005)所认可,避免使用"正规的(formal)、不正规的(informal)、非正规的(non-formal)"三种形式,然而现代作者在十分正式的纲要中还是使用它们,因此笔者也只能以此来论述该章。

在南非,从一开始音乐就是所有种族背景学生学校教育的重要组成部分,特别是在由传教士社团提供的土著学校中,"首调唱名法"成为学校音乐教育的重要内容,在开普敦省尤为如此。然而,欧洲音乐教育未加批评地就被引进到了当地,许多非洲学者已经承认这种外国音乐形式是以学校教育的形式和基督教的传播来对当地人进行渗透的,是一种"文化扩张"。考辛斯(Primos,2003,引自 Herbst,du Wet and RiJsdijk,2005)指出学校只教授圣歌和其他欧洲歌曲,因此上学和参加周末学习的土著孩子总是学不到他们自己的本土音乐。

在断言非洲人的文化史和本土信仰已经根深蒂固在他们共有的音乐艺术实践中时,门高纳(Mngoma,1990)哀叹道:"欧洲文化已经影响到非洲人的文化取向,并且已经阻止了他们的发展、经历以及他们用音乐表达自己的能力,因此他们与自己的文化遗产渐渐疏远了。"实际上,根据赫布斯特、德维特和里杰斯德克的研究(Herbst,du Wet and RiJsdijk,2005),早在1994年,政策制定者和许多教师就常常错误地认为,南非的音乐教育开始于1652年荷兰长官简·冯·利比克(Jan van Riebeeck)到达好望角,因此完全忽略了本土音乐教育艺术含蓄的学习实践先于非洲殖民化的事实。

从这些评论中可以很明显地看出,土著南非音乐艺术在南非学校音乐教育背景下仍然处在获得充分认可的过程中。正如阿克洛菲(Akrofi,1998)所记载的:"在南非学校的课程中,要把传统非洲音乐和西方音乐放在相同层面上考虑是一项艰难而漫长的任务……非洲音乐在这个国家的学校教育计划中位置是次于西方音乐的。"

特殊使命教育的音乐

好望角(曾被称为开普敦殖民地)成为欧洲人的一个定居点始于1652年荷兰东

印度公司把开普敦作为远东航行线上的"供给站"之时。自1679年,好望角就成为荷兰的一块殖民地;然后从1795年到1803年又被英国人侵占;随后又成为临时巴达维亚共和国(1803—1806)的一部分;1806年时又被英国人所占领,1820年,5000个左右的英国人到达好望角并且驻扎下来。大约从那时起,波尔人(Boers)因不满英国人的统治,横跨奥兰治河向北迁移,这就是著名的"大迁徙"(Great Trek)(Ferguson and Immelman,1961)。

除了荷兰和英国的殖民者,好望角殖民地其他居民就是当地桑族人(San, Khoihoi)。在北面,德兰士瓦(Transvaal)建成了独立的波尔共和国(1852—1899),以荷兰语为官方语。两次英波战争之后,在1907年德兰士瓦最终沦为英国的殖民地。1910年,德兰士瓦和好望角其他自治殖民地开普敦、纳塔尔和奥兰治自由邦组成了"南非联盟省"(见图13.1)。需要注意的是:英国高级委员会在巴苏陀兰(Basutoland)、现莱索托(Lesotho)、贝专纳兰(Bechuanaland,现博茨瓦纳)和斯威士兰(Swaziland)的殖民领地都不包括在南非联盟中。英语和荷兰语(后为南非荷兰语所替代)成为南非的双重官方语言。

图13.1　1910年南非联盟的各省图①

早期荷兰殖民地的教育几乎仅仅是为阅读《圣经》而进行的扫盲教育。荷兰归正教会为新产生社区创办了学校,而且为了满足农村孩子的需要,私立农场学校也频频建立。随着英国统治的到来,好望角殖民地总督查尔斯·萨默塞特勋爵(Lord

---

① 来源于:Grade11 Resources,'Boer War—South Africa 1899'(1899年南非的布尔战争,网址http://dt-ss.tripod.com/eleven-resources.html)。

第十三章 南非：土著根源，外来文化的侵袭以及不确定的未来

Charles Somerset,1814—1826），根据英国初级学校的体制建立了免费非宗教教育体系。通常情况下，当地社区建立的学校都是由教育界权威人士投资建设和检查的，他们还规定了学校教学课程（说明也是英文的）。教育局官方给教师们发放资格证书，其中许多教师都是从苏格兰招聘来的。德兰士瓦在英国统治时，荷兰归正教会在这里建立起自己的基督教民族学校，荷兰语和英语都是主导语言，这就为教育的双语体系搭建了一个平台，联盟后的省级学校都采纳这种体系（Dean,Hartmana and Katzen,1983）。理论上讲，由于初级教育是免费和非宗教的，土著人（南方的科伊科伊人和东海岸科萨人）也是可以上学的。然而，由于那里实行着一项种族法律，由教会组织操纵的学校只给当地非欧裔儿童提供初级教育。

19世纪时，南非的大部分教会如果不是圣公会就是不遵从习俗的新教机构[①]，特别是在由不遵从习俗的新教教派所建立起的教会中，如卫理公会（Methodist,Wesleyan）、浸信会（Baptist）、长老会（Presbyterian）和公理教会（Congregational）等等，普遍采用"首调唱名法"和乐谱来作为促进教堂会众唱歌的方式。在所有教派的教会学校中，音乐不仅仅是被用来通过唱赞美歌和其他礼拜仪式的歌曲来灌输道德和宗教原则的工具，而且在英帝国所有的殖民地学校也被作为"指导性学科"正式地被教授并且引以为常。

最早记载"首调唱名法"被介绍到教会学校的例子之一是由住在国王威廉姆镇的（Henning,1979a）英国牙科医生托马斯·丹尼斯（Thomas Daines,1829—1880）所记载的。离开英国之前，他已经了解过"首调唱名法"，大约1860年在国王威廉姆镇格瑞医院工作时，他可能为欧洲人社区开设过视唱班和业余唱歌学习班。两年以后的1862年，丹尼斯在圣马太教会学校（St Matthew's Mission school）给当地小学生教授"首调唱名法"，在国王威廉姆镇为乌班图语唱诗班授课。到1867年时，丹尼斯就已经指挥着200—300人的乌班图[②]合唱团，歌唱由珀塞尔（Purcell）创作的业余歌曲、赞美诗和音乐（Henning,1979a）。

晚些时候，"首调唱名法"被广泛应用在巴苏陀兰、卡夫拉里亚（Kaffraria）[③]以及南部伊丽莎白港周围的传教所（Tonic Sol—fa Reporter,1883）。在开普敦殖民地教育工作中最著名的传教所之一是勒弗戴尔传教机构（Lovedale Missionary Institutions），在那里，"首调唱名法"搞得轰轰烈烈。勒弗戴尔传教所于19世纪20年代由来自爱丽丝镇的格拉斯哥传教士社团（Glasgow Missionary Society）的一群牧师建

[①] 罗马天主教的传教，在法国殖民地的非洲东部、意大利殖民地的非洲中部和葡萄牙殖民地的非洲西部繁荣发展，但是没有在南非的荷兰、布尔和英国殖民地发展。

[②] "班图"是一种广泛使用的通用术语，既指南非的土著人，更特指他们使用的语言。

[③] 卡夫拉里亚（Kaffraria）与东海岸"大鱼河"北部接壤，是国王威廉姆镇、东伦敦及北郊（包括临纳塔尔边界的特兰斯凯地区）的合并。卡夫拉里亚于1865年成为开普敦的附属殖民地。

立,位于现在叫作东开普敦省(Eastern Cape Province)的东伦敦西北部的西边(Shepherd,1941)。除了宗教活动之外,传教所的主要目的是对当地社区土著居民科萨人进行教育。1841年建立了一个只为男孩授课的勒弗戴尔学院(Lovedale Institution),后来这个学院也为科萨族年轻人提供高等教育,因此,在随后的一段时期里,来自勒弗戴尔的好几百名男孩通过了开普敦大学(Cape University)的公共考试,还有好几百名科萨人教师在勒弗戴尔学院接受了培训(Gandhi,1905)。有一种重要的方式对土著科萨人(实际上是当地南非人)接受教育承起着支持作用,那就是勒弗戴尔出版社的成立,从1823年开始,他们出版了福音派书籍和与宗教教育有关的读物,其中有科萨语的圣经、圣歌集、学校用书和其他基督文学方面的书。勒弗戴尔学院全盛时期的重要人物是牧师詹姆斯·斯图尔特博士(Reverend Dr James Stewart,1831—1905),他在1867年进入勒弗戴尔学院,1870年成为院长。勒弗戴尔出版社使得"首调唱名法"的音乐创作成为现实,这也导致了由南非土著人所创音乐的出版,其中包括牧师约翰·诺克斯·伯克维(Reverend John Knox Bokwe,1855—1922)和伊诺克·桑顿嘉(Enoch Sontonga, d. 1904),他们都是勒弗戴尔学院的学生。阿克洛菲(Akrofi,2006)认为,第一代合唱音乐的南非黑人作曲家——包括提约·索加(Tiyo Soga)、卡瓦(R. T. Kawa)和本杰明·泰姆扎瑟(Benjamin Tyamzashe),都是通过像勒弗戴尔这样的传教学校受到了音乐教育,在那里他们"通过首调唱名法学到了音乐的基本理论"(Hansen 1968)。

尽管勒弗戴尔培训学院是教授"首调唱名法"的主要地方,但也有许多其他传教所也是这样,特别是开普敦省东部城市如国王威廉姆镇、博福特堡和葛兰斯城,在这些地方这种方法不仅在教会学校使用,而且也用来培训当地教师。在教会影响不太明显的城区,主要通过"首调唱名法"教授的音乐在公立学校以及政府资助的学校中也担当着重要的角色。

公立学校的音乐

自从19世纪20年代萨默赛特勋爵(Lord Somerset's)的新举措出台后,由开普敦殖民政府管理的免费非宗教公立学校的费用提供就已经初具形态。政府的免费学校(也称英国免费学校)大体上建立在兰开斯特(Lancaster)监督系统的基础上,其使用说明也是用英语进行。尽管免费学校的初衷是面向各个种族,但实际上他们还是主要满足那些有欧洲背景的孩子们的需要,而以传教为基础的学校几乎就是专门来满足土著孩子的上学需求(South African History Online,1999—2008)。

早期在公立学校里音乐只是一个选修科目,而且学校课程中是否安排音乐课完全依赖于那些具有音乐知识、音乐技能和那些能够认识到音乐教育价值的教师们所推出的教学举措。在南非,学校音乐教师的先驱之一是克利斯朵夫·伯克特(Christopher Birkett),他来自英国蒙茅斯新港,大约在1854年来到开普敦殖民地。伯克特和另外一个重要人物亨利·尼克逊(Henry Nixon)于1853年到1854年期间在威斯敏斯特培训学院(Westminster Training College)接受了培训(School Music Review 1894)。在威斯敏斯特他们最初接受的是赫尔式培训,但是两人在移民前都非正规地学过"首调唱名法"(Mus Her,1894)。在南非,伯克特向葛兰斯城(Grahamstown)、克莱道克(Cradock)和海尔德城(Healdtown)的正规学校和周末学校的合唱队推荐介绍"首调唱名法"(Malan,1979a)。在19世纪60年代早期,其他城区学校教师也使用"首调唱名法",其中包括约翰·韦德伯恩和乔治·基德(John Wedderburn,George Kidd,Henning,1979b)。

另一位先驱是詹姆斯·H.艾施利(James H. Ashley,1824—1898),19世纪60年代,他把"首调唱名法"介绍到开普敦(Musial Herald,1894)。经过一番努力,艾施利和亨利·尼克逊成功地使得公立学校采用"首调唱名法"。大约是1882年,时任普通教育主管的朗廷·戴尔博士(Dr Langham Dale)把音乐规定到公立学校教师获得资格证书的教学大纲中,并且任命尼克逊为开普敦殖民地培训学院和学校的音乐督办(Sch Mus Rev,1894;Mus Her,1894)。戴尔对尼克逊拥护"首调唱名法"很感动,在公立学校中这个记谱体系和五线记谱法具有同等位置(Mus Her,1894)。

1891年接替戴尔出任普通教育主管的是托马斯·缪尔博士(Dr Thomas Muir)——据说"他自己就是一个音乐爱好者"(Sch Mus Rev,1894)。缪尔派遣尼克逊去调研开普敦学校的音乐状况,结果,两个辅导员——亚瑟·李(Arthur Lee)和詹姆斯·罗杰(James Rodger)就被委派去开普敦(Sch Mus Rev,1894)的男教师和女教师培训学院教授"首调唱名法"。所有受训人员都要接受尼克逊检查,并且要通过一个视唱测试。20多年来作为学校音乐教育督办,尼克逊利用一切机会宣传"首调唱名法",包括在他致力于对霍顿督人(Hottentot,Khoikhoi)教授唱歌的时期(Sch Mus Rev,1894)。

1895年,"首调唱名法"的另一位忠实拥护者亚瑟·李,成立了由开普敦地区公立学校600名孩子组成的合唱团。"首调唱名音乐学院"的考试似乎早已得到开普敦各学校的大力提倡,因为完成结业考试是成为合唱队成员的先决条件(Sch Mus Rev,1895)。翌年,合唱团的人数剧增到700个,在开普敦的年度音乐会上,合唱由一个管弦乐队伴奏(Sch Mus Rev,1896),音乐会有一个未经彩排、靠手势歌唱和视唱的节目,是由托马斯·缪尔直接推行并鼓励学校采纳的。在开普敦殖民地其他地方,比如东部伊丽莎白港附近的尤丹赫支(Uitenhage),"首调唱名法"就已经在当地人中间推行,由于这样或那样的偏见,这种方法显然并没有受到欧裔社区的欢迎(Mus Her,1896)。因此人们认为,开普敦学校合唱队可能会完全由欧裔社区的孩子组成,因为科伊科伊人的孩子或其他土著人社区的孩子不大可能进入开普敦市的公立学校学习。

至少是为了学校音乐教育的目的,到 1897 年时开普敦殖民地被分成两个区,由弗雷德里克·法林顿(Frederick Farrington)和亚瑟(Arthur)分别督查东区和西区,俩人都是"首调唱名法"的倡导者。1893 年,弗雷德里克·法林顿从北斯塔福德郡(Staffordshire)移居到南非,第二年,他被任命为开普敦殖民地的音乐督查。由于音乐检查团分为两个部分,法林顿以伊丽莎白港—尤丹赫支地区为根据地,一年内,使 3500 多个孩子接受过"首调唱名法"的唱歌学习。1898 年,"首调唱名音乐学院"在伊丽莎白港进行了第一次考试(Henning,1979c)。法林顿还推行学校合唱竞赛,这种情况在伊丽莎白港一直持续到 1912—1913(Malan,1979b)。法林顿对在当地倡导合唱音乐也很感兴趣,他和陆军上校史沫特莱·威廉姆斯(E. Smedley - Williams)一起组建了"东伦敦当地音乐协会",并且还举办了合唱歌曲大赛(Henning,1979c)。

亚瑟·李来自利兹市附近的伯斯托尔(Birstall),在移民去南非之前,他在威斯敏特培训学校接受教师资格培训,并且在伦敦进行了短期教学活动(Mus Her,1898)。在被任命为西部省的唱歌指导和督办之前,他曾在开普敦的公立学校受聘当教师,三年之后,通过"首调名唱法"把他的歌唱方法推扩到了全省,并且去各地进行巡游,督察农村学校和教会学校以及城区中心学校的施行情况。和法林顿一样,李也提倡"首调唱名音乐学院"的认证考试,特别是学校教师的音乐资格认证(Mus Her,1914)。

法林顿说"当地人的才能是难以置信的",并且对教会学校中"当地孩子的机智"进行了评价,他说:"在那里随处都可以发现黑板上写的赞美诗和赞美歌"(Sch Mus·Rev,1898)。1898 年,两个音乐督办都报道了"首调唱名音乐学院"的资格认证考试,在东区有 498 人获得,西区有 1244 人(Sch Mus Rev,1898)。第二年(1899),东区获得认证的数量增加到 736 人,西区几乎增加一倍,达到了 2179 人(Sch Mus Rev,1899)。

1897 年在开普敦建立学校音乐的传统之一就是一年一次的学校合唱竞赛,它是在教育总监托马斯·缪尔的帮助下组织的(Sch Mus Rev,1898)。尽管竞赛向所有学校开放,但起初似乎就已经限制在优越的欧洲人学校里,比如师范院校(The Normal College School)、好望角神学院(Good Hope Seminary)、三一公立学校(Trinity Public School)和隆德伯西女子高中学校(Rondebosch Girl's High School)。类似的学校合唱竞赛在开普敦殖民地的其他地方也举办,同时也包括在伊丽莎白港的"市府挑战盾赛"(Municipal Challenge Shield)。然而在 1898 年伊丽莎白港的合唱比赛中,有许多来自混合学校的新成员,里面有一位指挥,是典型的土著人老师,"他看起来不是疲倦而是非常开心",他经常自己作词谱曲(Sch Mus Rev,1899)。到 1900

第十三章 南非：土著根源、外来文化的侵袭以及不确定的未来

年,一个来自教会学校的混血儿合唱团,在开普敦学校合唱比赛中获得第二名的好成绩(Mus Her,1901)。

因此,到19世纪末,"首调唱名法"不仅影响到城市公共学校的音乐教育,而且对教会学校、教师培训学院和当地社区都有重要影响,它已经使得土著人的音乐水平得到很大程度的提高。尽管"首调唱名法"被认为是一个"文化殖民的工具",然而,在整个19世纪,它却丰富了人们的生活,实际上,它也为后来优秀非洲合唱音乐传统的发展打下了坚实的基础。

殖民地当局通过对各类学校直接支持或资助制度来提供初级教育,这类学校主要是由学生的地理位置决定,公立城镇学校主要是为满足欧裔孩子的学习需求,偏僻农场学校是为欧洲移民而设置,而土著人的学校教育几乎都是由教会社团专门提供。事实上,直到20世纪20年代,土著儿童赖以接受教育的公立学校与教会学校相比少得可怜。一个很好的例子就是1926年在开普敦省,为土著儿童提供教育的只有一个政府公立学校,然而这里却有1625个传教会学校(Horrell,1963,引自 Hlatshwayo,2000)。即使是在英国殖民统治时期,似乎也没有像后来那样根据种族所故意制定的学校种族隔离政策。例如,在纳塔尔(Natal),副州长G.沃尔斯利先生(Sir G. Wolseley)在1875年公开表达自己的观点,学校对有无欧洲背景的所有儿童都应该平等开放(Behr and Macmillan,1971)。但是,尤其是在一些大的中心城市,私立学校的收费制度(尽管有政府资助)使得非欧裔小学生无法进入这些学校接受教育。

1905年,时任教育督办的托马斯·缪尔先生(Macmillan,1971)将小学义务教育引进到开普敦殖民地(Macmillan,1971)。受1899—1902英波战争严重影响的德兰士瓦和奥兰治自由州,分别在1907年和1895年实施了小学义务教育(Macmillan,1971)。1893年纳塔尔成为自治殖民地,但是直到1910年时那里的小学才实行了并不是免费的义务教育,因为家长还得支付学费(Macmillan,1971),似乎是那时小学教育的义务性质(即使不是专属地)主要地应用于欧洲人。

然而,在教会强烈影响下的农村地区,传教所的学校教育是义务的,特别是对男孩子。在其他教会影响极小的地区,义务教育是不可能实现的(Pells,1938)。由于对特殊地区人口占数量优势种族的重视,学校满足教育需求的服务顺序依次是:欧洲人、有色人和黑人的(土著的)孩子们。直到1910年南非各殖民地并入南非联盟后,土著人接受教育的责任才逐步受到重视,并且与欧洲的学校教育体制分开进行。1948年,非洲国家党提出的"种族隔离"或"自我管理"的分离教育政策出台,根据1953的《班图教育法》(*Bantu Education Act*),土著人口的教育接受民族事务部下设的专门教育部门管理。

非洲国家党在对教育方面加强管理的同时,对于在种族方面分离的管理体系实行权力下放。对黑人、有色人和印第安社区的教育管理从省级转移到中央,分离学

校体制于1953年对黑人强制实行,1963年和1965年分别对有色人和印第安人实行。1984年,设立了民族教育部(Department of National Education,DNE)来处理"一般性的教育事件",继续实施统一管理学校教育的模式(Hauptfleisch,1997)。

在1948年到1994年期间(种族隔离时期),由于对白人、有色人和南非黑人实行不同的种族政策,学校音乐教育逐渐崩溃。非欧裔人学校所面临的主要挑战是:音乐教学大纲和教学方法通常是以西方为中心的,因此对于大部分非白色人种的学生是不适用的。而且,因为种种原因,许多非白色人种的学生几乎得不到音乐课程的学习指导,例如音乐课缺少时间安排;缺少专业音乐教师;缺少音乐设备,包括乐器和教学材料;音乐教师缺少工作机遇以及地位低下。

1994年第一次民主选举之后,非洲国民大会(African National Congress,ANC)领导的民族统一政府所制定的主要教育政策框架——"重建和发展方案"——开始生效。"重建和发展方案"(Reconstruction and Development Programme,RDP)中第3、4、8段中的声明对音乐教育有着特殊的意义(ANC,1994):"在小学、中学、高等学校以及非正规的教育中,艺术教育应该是整个民族教育课程的必要部分。对于和艺术课程紧密相关的创作、教师培训以及对所有学校的艺术设备提供,都应给予急切的关注。"(转引自Hauptfleisch,1997)

新的民族统一政府指定教育部、民族教育培训论坛起草了一个"教育课程发展方案",目的是解决南非教育的历史性危机。结果成立了25个各行业委员会,其中就有艺术教育委员会,该委员会下设有戏剧、舞蹈、音乐和视觉艺术每个领域的小组委员会。音乐小组委员会论述了音乐教育既是一般课堂内容的必修科目,又是中学课程的选修科目,该小组委员会还明确指出成功实施音乐必修课的主要障碍:"音乐教育的教学水平主要是由教师的教育水平来决定的,而后者迫切需要关注。"(转引自Hauptfleisch,1997)奇怪的是,音乐小组委员会并没有去解决其他两个有争议的问题:每周的课时分配和非考试教学大纲(小组委员会认为如果不把音乐课程列入考试范围内它就很难成功落实)。不过,音乐小组委员会对核心教学大纲以及课堂音乐作出了规定。关于音乐课程作为选修科目的实施,小组委员会关切地指出,现行基本教学大纲只是基于对西方音乐艺术的专门研究,因此,委员会建议,有关基本教学大纲各种音乐教育实践的研究都应该予以发展。

1994年,艺术文化科技部部长委派了一个文化艺术工作组(Arts and Culture Task Group,ACTAG),要他们制订一个新的与现行南非宪法一致的文化艺术方案。在ACTAG的提案中(1995)与音乐教育有明确联系的是:

● 艺术教育(包括音乐)是学前教育的必要部分。

● 在小学高年级阶段,学习者应该独自体验音乐,并且有机会将音乐和其他艺术相结合。

第十三章　南非：土著根源、外来文化的侵袭以及不确定的未来

- 在初级中学的低年级阶段，学习者应该有能力专攻音乐。
- 来源于非洲南部、欧洲、亚洲以及美洲的音乐都应该包括在内。
- 音乐课程应该与当地人的资源、需求和兴趣相符合。
- 音乐教育应该包括用音乐来教育、有关音乐的教育、通过音乐来教育以及为了音乐来教育等内容。
- 评估应该比以前更为重要(quoted in Hauptfleisch,1997)。

根据哈乌普特弗雷斯(Hauptfleisc,1997)，ACTAG还提议：由政府资助来完成一个全国性研究工程，包括艺术教育的价值和效益、改革后的课程、初级水平综合艺术的开设评估与测评、教师教育与资源开发，这些都是之前从未提出实施过的。

总而言之，种族隔离制度崩溃后所制定的新教育体制，把音乐和其他课程整合成一个"艺术文化学习课"。人们尝试着把土著人的知识体系融合到艺术文化学习领域中，同时孕育出这样的思想：教室应该是社区的延伸，因此它应该反映乌班图原则(Herbert,de Wet and Rijsdijk,2005)。然而，在后种族隔离时代的南非，大部分教师都没有接触过这种教育和培训，正如斯密特(Smit,2007)所说：

在南非，大部分不得已而教授艺术文化课的教育工作者都没有在以下四个方面接受过培训，即音乐、戏剧、舞蹈和视觉艺术。有些人只在一个或两个方面受训过，许多人一项也未曾受训，这就让人产生了一种不安的感觉：教师不合格，同时对于学习者和将来的学习领域也有消极影响。

在南非，执行这种新的艺术文化课程相当困难，而且未来也很具有挑战性，这主要是因为教师所面对的问题来自于以下历史因素，这一点已被赫伯斯特、德维特和里杰斯德克(2005)所确认：

（1）殖民主义对撒哈拉沙漠以南非洲音乐教育的影响是一般的，对南非音乐教育的影响是特殊的；（2）音乐教育只是伴随西方教学观念和方法一起引进到非洲大陆的；（3）英国统治对南非音乐教育的影响，偏好唱圣诞歌曲和欧洲民歌，学习西欧古典音乐时要求书面上的读写能力从而影响了口唱能力；（4）种族隔离对南非教育的普遍影响，对音乐教育的特殊影响，而且这种影响在以前非白人教师培训学院的不合格教师培训中尤为突出。

自从1994年以来，教育部的合理化规划大幅度减少了该地区教师培训学院的数量，许多学院被关闭了，另外一些则与大学合并，剩余的培训学院虽设有音乐系，但只有一两个授课人去承担教学任务。除此之外，至今南非还没有哪所大学在文化艺术方面给学生授予学位，或者是在该领域培训出了教学专家。

指导南非当今音乐艺术教育的两门课程，即《2005年学校课程》(Department of Education,2005a，包含8个艺术门类：舞蹈、戏剧、音乐、视觉艺术、传媒、工艺、设计和文学)和《2005年修订版国家课程9级艺术文化说明》(Department of Education,

2005b,包含10个艺术门类：舞蹈、戏剧、音乐、视觉艺术、手工、设计、传媒、艺术管理、工艺和文物），这两个课程都认为音乐只是艺术许多门类中的一种，因为这两个课程是以学习领域的水平制定的，它们尤其不包括音乐教育的成就。因此，在新的教育体制中，音乐目前正在经过斗争而获得一席之地。本章得出这样的结论：尽管在学校课程中音乐的地位已经很显著了（特别是在19世纪），但是在当今的南非，义务教育阶段音乐的未来还是不确定的。如果没有课程的重大改革，许多学生就会因为不能获得使他们能够参与、理解和欣赏音乐的基本知识和技能而离开学校。

参考文献：

African National Congress (1994), *Reconstruction and Development Programme*. Johannesburg: Umanyano.

Akrofi, E. A. (1998), 'Traditional African music education in Ghana and South Africa', *Legon Journal of the Humanities*, 11, 39-47.

Akrofi, E. A. (2006), 'Composition in tonic sol-fa: an exogenous musical practice in the Eastern Cape Province of South Africa'. Unpublished paper.

Behr, A. L. and Macmillan, R. G. (1971), *Education in South Africa* (2nd edn). Pretoria: J. L. van Schaik.

Campbell, P. S. (2008), *Musician and Teacher: An Orientation to Music Education*. New York: W. W. Norton & Company.

Dean, E., Hartman, P. and Katzen, M. (1983), *History in Black and White: An Analysis of South Africa Schools History Textbooks*. Paris: UNESCO.

Department of Education, South Africa (2005a), *Curriculum* 2005. Pretoria: Department of Education.

Department of Education, South Africa (2005b), *Revised National Curriculum Statement Grades R-9 Arts and Culture*. Pretoria: Department of Education, www.info.gov.za/otherdocs/2002/natcur.pdf (accessed 11 September 2008).

Ferguson, W. T. and Immelman, R. F. M. (1961), *Sir John Herschel and Education at the Cape, 1843—1840*. Cape Town: Oxford University Press.

Grandhi, M. K. (1905), 'Education among the Kaffirs', *Indian Opinion* (30 December 1905), in *Complete Works of Mahatma Gandhi*, Vol. 5, http://mkgandhi.org/vol5/ch045.htm.

Hansen, D. (1968), 'The life and work of Benjamin Tyamzashe: a contemporary Xhosa composer', Occasional Paper No. 11. Grahamstown: Institute of Social and Economic Research, Rhodes University.

Hauptfleisch, S. (1997), 'Transforming South African music education: a systems view'(unpublished DMus thesis, University of Pretoria).

Henning, C. G. (1979a), 'Daines, Thomas', in J. P. Malan (ed.), *South African Music Encyclopedia*, vol. I. Cape Town: Oxford University Press.

Henning, C. G. (1979b), 'Graaff Reinet', in J. P. Malan (ed.), *South African Music Encyclopedia*, vol. II. Cape Town: Oxford University Press.

Henning, C. G. (1979c), 'Farrington, Frederick', in J. P. Malan (ed), *South African Music Encyclopedia*, vol. II. Cape Town: Oxford University Press.

Herbst, A., de Wet, J. and Rijsdijk, S. (2005), 'A survey of music education in the primary schools of South Africa's Cape Peninsula', *Journal of Research in Music Education*, 53, (3), 260-83.

Hlatshwayo, S. A. (2000), *Education and Independence: Education in South Africa*, 1658—1988. Westport, CN: Greenwood Press.

Malan, J. p. (1979a), 'Grahamstown', in J. P. Malan (ed). *South African Music Encyclopedia*, vol. II. Cape Town: Oxford University Press.

Malan, J. p. (1979b), 'Port Elizabeth, music in (1820-1920)', in J. P. Malan (ed.), *South African Music Encyclopedia*, vol. IV. Cape Town: Oxford University Press.

Mngoma, K. (1990), 'The teaching of music in South Africa', *South African Journal of Musicology*, 10, 121-6.

Musical Herald (1892-1914). London: John Curwen & Sons.

Pells, E. G. (1938), *European, Coloured, and Native Education in South Africa*, 1652-1938. New York: AMS Press.

School Music Review (1892-1899), London: Novello & Company Limited.

Shepherd, R. H. W. (1941), *Lovedale, South Africa: The Story of a Century*, 1841-1941. Lovedale, Cape Province, South Africa: Lovedale Press.

Smit, M. (2007), 'Facilitating the formation of personal and professional identities of arts and culture educators', in E. Akrofi, M. Smit and S-M. Thorsen (eds), *Music and Identity: Transformation and Negotiation*. Stellenbosch: African Sun Media, pp. 215-31.

South African History Online (1999-2008), 'The Amersfoort legacy: a history of education in South Africa' (Timeline 1800-1899), www. sahistory. org. za/classroom/education-350years/timeline1800s. html (accessed 19 February 2009).

Thorsén, S-M. (1997), 'Music education in South Africa—striving for unity and diversity' (Swedish), *Schwedische Zeitschrift für Musikforschung (Swedish Journal for Musicology)*, 79, (1), 91-109, available in English at www. hsm. gu. se/digitalAssets/848/848801_Music_Educ_in_South_Africa_. pdf (accessed 11 September 2008).

Tonic Sol-fa Reporter (1883-1891). London: John Curwen & Sons.

译 后 记

这是一本并不算晦涩但却学术味儿十足的著作。

翻译过程中，我遵循的原则是努力保持其学术内容的准确性，在此前提下，尽可能使表达符合汉语习惯。在很多情况下，做到这一点并不容易，这并不单是文字上的问题，更主要的是因为在不同的文化背景下，不同的语言已经形成了各自特有的表达习惯和论述风格。因此，译文中不可避免地有某些句子会带有英语式的表达痕迹，希望读者可以理解。

这是我第一次参与学术著作的翻译工作。我深切地感到，翻译本书的过程既是一个学习的过程，又是一个与各国学者进行交流的过程，因而也是一个充满乐趣与愉悦的过程。我翻译得比较慢，这本书大约用了近八个月的时间，这固然与我欠缺这方面的翻译经验有关，也与我总想用心体会、仔细琢磨有关。在用心体会的时候，对西方义务教育（当然包括音乐教育）有所认识；在仔细琢磨的时候，又对中国义务教育有所反思。我的专业是英语教育，我曾从事过近20年的基础英语教育工作，对我国义务教育有着切身的体悟与观察。通过本书的翻译及出版，我希望能够为我国音乐教育工作者更进一步了解世界各国义务教育阶段的学校音乐教育尽些绵薄之力，同时也希望此书作为"西方音乐教育译丛"之一，对我国比较音乐教育研究起到积极的促进作用。

再次感谢郭小利博士，是她的鼓励和帮助才有此书的翻译和出版。还要感谢本书的责任编辑赵学敏，她的严谨和认真使本书更臻完美。最后，要感谢的是亲友们和山西师范大学临汾学院我的学生们，没有他们的关心、支持和帮助，我是不可能完成这个任务的。

由于水平有限，译文中错误与不妥之处，恳请各位读者批评指正。

窦红梅
2013年10月